PAR CŒUR

DU MÊME AUTEUR

Chez le même éditeur : (en collaboration) ENCYCLOPÉDIE FASQUELLE DE LA MUSIQUE (3 vol.), 1958-1961.

Chez Armand Colin : (en collaboration) ATLAS BELFRAM-PROVENCE etc., 1969.

Au C.N.R.S. : (en collaboration) ATLAS HISTORIQUE FRANÇAIS, 1973-1979, *Anjou, Agenais, Savoie etc.*

Dans *Le Nouveau Commerce* (1963-1967), « Préface d'un traité d'esthétique ».

Dans *Combat* (1973), « Prolégomènes d'une tablature de France ».

FRANÇOIS MICHEL

PAR CŒUR

I

(1916-1951)

BERNARD GRASSET
PARIS

A Alvaro, à Jean-Matthieu. Fasse le ciel que la splendeur de la virginité que je leur souhaite rayonne sans fin.

A Joseph. A la grâce de Dieu.

A tous mes amis à qui, depuis trois ans, je dois de survivre, en tête, François II, Blanche, Odile Cail, Laurent Dominati, Jacques Drillon, Nicole Fabre, Eileen Finletter, Bernard Frank, François et Claude Lalanne, Bernard Minoret, Béatrice Rosenberg, Soulima et Françoise Stravinsky. Puisse leur générosité surhumaine retomber sur eux en bénédictions.

A mes amis morts. Qu'ils me pardonnent de les faire attendre.

« Je crois que l'autobiographie fausse, habillée en œuvre d'art, est mauvaise (ou risque infiniment de l'être, c'est à cause de l'habit), et l'autobiographie directe, au contraire, si modeste, si splendide, par force, de modestie. »

JEAN PAULHAN
(Lettre à Marcel Jouhandeau.)

AVANT-PROPOS

A l'origine, ce factum est une commande : un éditeur préféra mon autobiographie à deux autres projets que j'avais. Cette commande me fit l'effet que l'on dit que le divin Mozart ressentit à celle d'un *Requiem*, à cela près que j'ai la chance d'avoir terminé sans être interrompu par Atropos. A l'égard des mémoires, j'avais mainte réticence : ayant une prédilection pour le clair-obscur, je ne suis pas du tout « médiatisé »; je n'ai pas le moindre narcissime (cette mienne lacune est même pathologique) : narcissique, il le faut être, pour « se pencher sur son passé », et, à soixante-huit ans, cette opération vaut plus d'amertume que d'exultation. Difficultés du genre : comment concilier la relation de ce qui fut avec le respect dû aux autres et à leur postérité, avec la ... déontologie? Comment ne tomber pas dans le plaidoyer *pro domo*, alors qu'on a prétendu à tout sauf à être exemplaire? A l'âge que j'ai atteint, une autobiographie est farcie d'un immense obituaire (c'est presque un *Livre des morts*...). Ayant lu et relu bien des mémoires, souvenirs, autobiographies, que je préfère désormais aux romans, j'y déplore la rhétorique et l'autosatisfaction (Chateaubriand, hélas!). Autant de raisons opposées à la recherche formelle, aux effets de style (d'où l'exergue de feu mon ami Paulhan). J'ai donc voulu sacrifier le plus possible au continu de l'*anima* [1], cette ennemie intime du réel (discontinu). D'où un certain halètement, celui du « rechercheur du temps perdu », celui du

1. L'*animus?* Il en sera question dans la postface.

conteur, dont l'histoire est longue, qui a peur d'oublier, qui craint que la trame soit trouée par les incidents [1], que le dessin soit noyé dans les couleurs, qui, sans cesse, s'impatiente de la longueur de son récit. Si la sympathie du lecteur lui est acquise, ce halètement peut contribuer à l'aspect de véracité de l'aveu. Reste la crainte que le récit ne devienne terne, monotone... De quoi être fourbu.

J'aimerais avoir donné une résonance, avec harmoniques, au cri de Rimbaud : « Je est un autre. » *Je est des autres,* dont la réfraction, en chambre noire, est peut-être une grande part de ma lumière (c'est aller du côté d'Elée), et chacun détient peut-être une part d'un moi que je chéris moins qu'eux. De plus, si je me définis, si je me décris, je n'ai pas fini que je suis déjà autre. Enfin, si on me définit, si on me juge, je suis certainement un autre.

Prend place ici mon regret (mon scandale) que les langues européennes (je ne sais pas les autres) emploient le verbe *être* [2] – et le verbe *avoir* – comme « auxiliaires ». Je *suis* chrétien, je *suis* licencié, je suis B.O.F., président de la République, je *suis* né, je *suis* aimé, je *suis* consterné, blond, malade, ruiné etc. Je ne *suis* évidemment rien de tout cela, sauf né et, peut-être, chrétien.

Autre difficulté, déjà abordée : quand je décris un autre, des autres, quelle est la part de *je,* quelle est celle de l'autre, des autres, dont la grandeur est fonction de la leur? Chez un familier de Napoléon, la part de ce personnage est forcément grande. Mais, dans Proust, celle de Françoise, celle d'Albert(ine) sont énormes : le quotidien, les anciens rapports de maître à serviteur engluent, et l'amour déifie. D'où un ordre de grandeur, affectif, qui, chez certains, supplante les grandeurs d' « établissement »; chez moi, plus que de raison, et je suis ainsi fait que, après celle de mes dieux et de mes familiers, ma liste des grands ne coïncide en rien avec celle qui est proclamée.

Les historiens comptent par siècles (il est difficile de trouver division plus stupide) : j'ai eu la chance de naître en 1916.

1. A cause de quoi, j'ai rejeté à la fin un grand nombre de portraits et de paysages.
2. Elles ne distinguent pas *être* d'*exister.*

1916-1984 : c'est presque un siècle d'historien. Commode. Mon enfance a coïncidé avec la fin du long XIXe siècle qui, selon moi, va d'environ 1789 à la fin de la guerre de 1939. Le XXe siècle est court : 1945-vers 1980 (un peu comme le treizième mois du calendrier copte). Il me semble évident que nous débutons un XXIe siècle : fin du scientisme, du capitalisme, du socialisme, début de l'informatique, de l'automation etc. J'ai vécu de grandes catastrophes [1] : dévaluation et réforme scolaire d'Édouard Herriot (1926), Front populaire et guerre de 1939, fin des empires coloniaux, concile Vatican II et « événements » de 1968, suivis de la réforme de l'enseignement de De Gaulle et d'Edgar Faure; agonie du catholicisme romain (Vatican II), mort de la littérature (Joyce), de la philosophie (Heidegger), de la psychanalyse (Lacan), du marxisme (le crime d'Althusser), de la musique (Stravinsky), de la peinture (Picasso). Voilà beaucoup de décès, dont plus d'un m'a surpris.

A l'aveu biographique, à l'énoncé desdites catastrophes, j'ai ajouté, par moments, des énumérations qui pourront sembler fastidieuses : j'ai voulu esquisser un contexte, rendre compte d'un « tissu social », d'un emploi du temps, d'us et coutumes, de comportements qui ne survivent à peu près plus.

Je n'avais pris aucune note : d'où le titre, *Par cœur*, avec son ambiguïté, qui ne me déplaît pas. Il m'a fallu faire de grands efforts de mémoire – mais elle est la mère des muses –, appeler bien des amis à l'aide (qu'ils en soient remerciés). J'ai été injuste dans la part que j'ai faite aux différentes périodes, mais exact en ce qu'elles gardent d'actuel en moi. Pour le titre, j'ai été tenté par *Mes moires :* le français préfère les *Parques*, elles qui, avec les *Heures*, se partagent notre demi-supplice : *uulnerant omnes, ultima necat.*

Le premier tome de ces mémoires va de 1916 à 1948-51, le deuxième, jusqu'en 1982; le troisième contiendra un répertoire chronologique, qui réparera des oublis, d'ores et déjà nombreux, une liste des corrections qui s'imposeront, des portraits et des paysages, comme j'ai dit, enfin une postface, où je tenterai de trouver un sens à ce que fut ma vie.

1. Par catastrophe, entendez lézarde, puis éboulement.

Il y a bien longtemps, non sans témérité, j'ai pris comme devise *Conueniant nomina rebus faxo :* je suis sûr d'y avoir failli.

Septembre 1984.

Je suis lorrain, rien que lorrain : en ligne paternelle, mes ancêtres semblent avoir été, de tout temps, hommes des bois, de ceux qui habitaient les pentes sud-ouest du Donon, côté Lorraine ou Salm. Ce durent être des paysans-bûcherons-charbonniers et métiers annexes. Je n'ai connu aucun de mes grands-parents. De mon grand-père, Charles, je ne sais rien, sinon qu'il fut suivi dans la mort, sous quarante-huit heures, par sa femme Apolline Claudon, qui, sans être latiniste le moins du monde, passe pour avoir su par cœur tous « ses » psaumes et être morte « en odeur de sainteté ». Ils eurent quatre enfants; mon père, Jules, était le benjamin. Cette branche paternelle était fixée à ce qui fut de 1871 à 1919 la frontière franco-allemande (mes deux oncles furent déportés dès les premiers jours de la guerre de 1914). Mon père quitta son pays, épousa Marthe Mougeot et vint habiter chez elle. Le mariage avait été arrangé par les Delchard, amis nancéiens de mes trois grands-parents, et les futurs époux ne s'étaient vus que deux ou trois fois avant la célébration (1899).

Ma mère était l'onzième et dernier enfant de François Mougeot et de Constance Berthet (de Remiremont). Ces Mougeot étaient depuis le XIVe siècle, d'après ce qu'on a conservé des archives dans la paroisse de Bains, meuniers au moulin des Voivres. Bains est à la frontière comtoise : l'actuel canton a près de la moitié de ses communes en Petite-Comté, groupe de paroisses qui ressortirent à l'ancien diocèse de Besançon.

Je suis né à Ferragosto en 1916, à minuit, par les soins de la mère Pinot, sage-femme : je me suis toujours couché et me couche encore tard, même si, devenu vieux, je me lève tôt. D'être né un jour férié m'a donné une vocation de paresse certaine, à laquelle j'ai trop souvent dérogé. Né sans doute pour faire l'appoint (avec trois enfants, mon père, au lieu d'aller à Verdun, fut versé dans la territoriale), par souci d'économie de temps de guerre, j'eus comme parrain et marraine, mes frère et sœur. On omit de me choisir un patron parmi les nombreux saints François [1] : la Sainte Vierge suffisait à ma mère.

Bains est une petite station thermale qui s'enorgueillit d'avoir été fréquentée sous les Gallo-Romains (un bain « romain » subsiste, même s'il ne l'est que de nom). C'était un *quadrivium* (carrefour) des routes Toul-Luxeuil et Metz-Besançon, dont les dalles servaient encore de bornes aux champs de mon enfance. Qu'en a-t-on fait?... La Saône naît à 14 kilomètres, dans le canton de Bains; le Bagnerot se jette dans le Coney, qui va à la Saône. Ce Bagnerot divise Bains en deux; la rive gauche s'appelle le Charmois : tout fait penser que ce Charmois relevait des comtes de Fontenoy (à la fin, fief des Croÿ, ducs d'Havré), alors que Bains l'était de l'abbesse de Remiremont : le curé en était le « grand doyen ». La région appelée niaisement la Vôge fait partie du Xaintois, qui s'étend entre le plissement sud des Vosges, inexactement dit Faucilles, les ballons de Servance, d'Alsace et de Guebwiller, le plateau de Langres, le Jura, les hauts de Meuse et le signal de Lorraine (Sion-Vaudémont). C'est un petit Tibet : à quatre kilomètres de Vioménil, où naît la Saône, surgit le Madon, affluent de la Moselle, qui naît à Bussang. La Meuse prend sa source à quelque quarante kilomètres à vol d'oiseau, la Marne, à quelque cinquante. Je m'attarde sur ces données géographiques : elles ont fait beaucoup rêver l'enfant que je fus, comme elles font encore le vieillard. La paroisse de Bains a comme patron saint Colomban, moine irlandais, qui, après avoir fondé

1. Au collège, où il me faudra en avoir un, on me conseillera saint François de Sales, évêque de Genève (diocèse incluant jadis une grande part de l'Ain actuel). D'abord perplexe, je serai plus tard enchanté d'avoir comme patron le grand et suave ennemi de la R.P.R.

en 590 l'abbaye de Luxeuil (à 25 km de Bains), sut, en vingt ans, recouvrir le territoire ultérieurement français d'une toile d'araignée monastique; il est à l'origine de la civilisation dite de Saint-Gall et fonda Bobbio, en Piémont, où il mourut en 618. Ce héros de l'ascétisme, excellent latiniste, m'a beaucoup inspiré...

Chose qui m'a toujours frappé : mes quatre arrière-grands-parents étaient du XVIIIe siècle. Revenons aux Mougeot. Mon grand-père, François, dont je porte le nom, était fils unique, du moins seul survivant, mais il avait des sœurs. Pour des raisons que j'ignore, il quitta le moulin ancestral pour l'armée, que, malade, il dut abandonner prématurément et sans pension. Il mourut en 1891. Sa femme était la fille d'un vétéran des armées napoléoniennes, hébergé aux Invalides, à Paris. Ma tante Amélie resta près de sa mère comme surintendante, puis, à la mort de ma grand-mère, près de la benjamine, ma mère : j'en parlerai longuement. Deux enfants m'ont précédé : Germaine, née en 1900 (femme de Paul Caillier), et Pierre, né en 1905 (époux de Suzanne Tagot); ma sœur s'est mariée en 1922, mon frère, en 1929. Pierre entra aux Arts et Métiers, à Châlons, quand j'avais six ans : c'est suggérer que je me suis senti fils unique.

A peine étais-je né que mon père, selon son vœu probable, fut expédié en Algérie, d'où il ne revint qu'à la fin de la guerre : il était militariste pour les autres. On m'en a rebattu les oreilles, mais je crois me rappeler que, à son retour, je manifestai une vive réprobation qu'il partageât le lit de ma mère; elle me gardait dans sa chambre : il m'en expulsa. Adoré de ma mère, je l'obligeais, pour m'endormir, à me chanter *Combien j'ai douce souvenance,* de Lucile de Chateaubriand, ou la complainte d'un prisonnier dialoguant avec un oiseau, qui, tout autant que *Le pont du nord,* me tirait des larmes. Mon père intervint très vite pour mettre fin à ces exigences : je lui ai pardonné, je n'ai pas oublié.

Je crois avoir été un enfant insupportable. Ma sœur m'a reproché, pendant des années, d'avoir cassé sept bouteilles de lait lors d'un voyage en train vers ma tante Léontine. Ma mère ne m'a jamais « nourri » (il n'y avait plus de nourrices en temps de guerre) : je me soûlais de lait de vache et, ivre, cassais les bouteilles. Qu'y puis-je?... En naissant, j'avais altéré la santé de ma mère, qui mit une dizaine d'années à s'en remettre.

Mes premiers souvenirs? J'ai peine à croire que le premier soit réel (il n'est peut-être que d'ouï-dire) : d'avoir trempé les lèvres dans un verre de champagne, lors d'une fête qu'avait donnée un colonel américain hébergé à la maison, dont le fauteuil d'osier était naguère en ma possession. Du deuxième, d'avoir assisté dans une voiture d'enfant à un défilé militaire (1919?) où figuraient des Noirs, je suis plus sûr : c'est un choc, à trois ans, que de voir ses congénères peints en noir.

Pendant cette guerre, ma mère dut héberger les familles de ses deux beaux-frères déportés et quelques autres parents, dont ma cousine Madeleine, fille d'Edmond; jamais la maison, qui était grande (vingt-cinq pièces), ne fut aussi gaie. Gai, je l'étais de nature, et sociable autant que despotique; je m'accommodais au mieux des hommages qu'on avait accoutumé de me faire : je suppose que, d'instinct ou par diplomatie, on sentait que, pour plaire à ma mère, maître à bord, il fallait en passer par le culte de son idole. Je n'ai guère trouvé qu'à l'armée un milieu qui me fût aussi favorable. Cependant, je n'ai observé le culte ni de la famille ni de l'armée : vous en aurez la preuve.

J'étais gourmand plus que de raison : j'avais encore (je n'ai plus rien), il y a peu, une photographie où, à deux ans, je fais quasiment le beau devant un Pierre Schaeffer qui me tend un chocolat; ses parents venaient tous les ans à Bains. Je ne l'ai jamais revu; ses parents, oui.

Donc, ma mère m'adorait : elle avait rudement raison. Plein d'affection pour elle, j'affirme que, passé l'âge de « discrétion » (on l'accordait alors aux 6-7 ans), je n'ai jamais pratiqué la métrérastie, malgré qu'en aurait eu le docteur Freud. Ma mère était tout à fait « artiste » [1] : elle peignait fort bien (en

1. Elle avait « le goût » des meubles anciens : la maison comptait bien une vingtaine d'armoires, où elle serrait ses quelque deux cent cinquante paires de draps de vieille toile – quelle merveille! –, dont beaucoup venaient de sa mère; elle était très fière d'une crédence Louis XV, que j'ai récemment donnée.

élève de La Providence), brodait, faisait du crochet, cousait « à la perfection », presque aussi bien que Mlle Romary, laquelle fit et restaura des nappes d'autel jusqu'à en perdre la vue. Elle disait aimer la musique : en fait, elle pianotait et n'avait chanté que par piété virginale. Cependant, si j'ai hérité la musique, c'est d'elle : mon père ne l'entendait pas du tout et dut retenir son instinct de répression quand on m'y voua.

Il faut maintenant que j'évoque tante Amélie, qui fut ma mère savante : grâce à elle, à quatre ans, je savais lire et écrire couramment, avec des rudiments d'anglais et d'allemand, toutes choses qu'elle m'enseignait quelque deux heures par jour. Elle fut jusqu'à sa mort préfète de la congrégation de la Vierge : elle rédigeait les méditations que sa charge lui imposait, s'inspirant de saint François de Sales, de Bossuet, de Bourdaloue, de Massillon. A ces lectures « spirituelles », elle joignait la pratique quotidienne des lettres de Mme de Sévigné (j'ai encore son édition reliée en neuf volumes) et... celle des feuilletons du *Petit écho de la mode,* la philatélie, que je haïssais (coller des timbres m'était un supplice), la reliure. Tout était pour elle objet de collection : boîtes, paniers, ficelles... Grâce à elle et malgré moi (déjà, je me baissais sans zèle), je botanisais. Tous les jours, elle me menait en promenade et me faisait cueillir des champignons : cèpes, coulmelles, chanterelles (en lorrain « jaunottes »), ou des fleurs : perce-neige, boutons d'or (je n'ai nulle part vu d'aussi belles renoncules qu'au bord des ruisseaux du pays de Bains), orchis (militaires), giroflées, chèvrefeuille, ajoncs, genêts (dits « balais », fleuris à l'Ascension), colchiques (« veilleuses » en Lorraine), églantines, aubépines...

Les haies d'autrefois, quels spicilèges de merveilles (fleurs et fruits : fraises, mûres, framboises [1])! Les champs, tapis de bleuets, de coquelicots et de nielles, les prés semés d'orchis et de serpolet, puis de juliennes, les étangs couverts de nénuphars, les marais parsemés de roseaux, de reines-des-prés, de droséras, les ruisseaux, de boutons d'or. L'automne venu, ma mère commandait des feuillages rouges, dorés ou roux, qu'elle donnait parfois à Mlle Romary, qui les enduisait de paraffine;

1. Dans les bois : myrtilles.

j'apportais aussi des colchiques, si peu durables une fois cueillis. Les forêts de Bains et leurs futaies de hêtres ont eu la chance que les « gros » marchands de bois n'y troquent pas les hêtres contre les résineux ; d'ailleurs, dans toutes les Vosges, le bostryche s'est chargé de contrecarrer les intentions desdits marchands. J'étais fasciné par les hirondelles et leur rassemblement sur les fils électriques, en septembre-octobre... Autant j'aimais la promenade et les animaux [1], autant je haïssais chercher et cueillir : tante Amélie morte, je ne l'ai plus jamais fait.

A tante Amélie, je dois d'avoir gardé une certaine détestation (totale, quand j'étais d'âge tendre) des impromptus de Schubert, dont deux (*si* bémol et *mi* bémol) étaient ses préférés ; « avec le temps, on exagère », mais je crois qu'elle me les réclamait tous les jours... Quand l'électricité fut implantée en Lorraine, elle la refusa ; elle est morte en lisant à la lueur de sa lampe Pigeon (sa « loupiote », dans les chansons de raille de ses neveux et nièces – vieille fille, elle était en butte au ridicule injuste de cet état). Ma mère, qui ne pouvait se passer d'elle, en ressentait quelque agacement : il en est souvent ainsi lors d'une longue familiarité, d'une longue passion. Tante Amélie voussoyait ma mère [2], ma mère la tutoyait... Je lui reprochais de m'empêcher de jouer « avec les autres, sur la place » ou ailleurs... Je trouvais prestigieux que, certains hivers, elle allât passer un mois à Cannes (j'en ai rêvé d'autant plus que je ne devais voir la mer qu'à dix-sept ou dix-huit ans). Chère tante Amélie, je vous bénis de m'avoir rendu facile (trop facile ?) ce qui, à tant d'autres, semble hors de portée. Pardonnez-moi d'avoir été cruel et grégaire : vous ne m'en avez jamais voulu, mais je me repens de tout mon cœur de vous avoir fait de la peine...

J'allais omettre une ébauche de portrait : elle était plutôt petite, très pâle de teint, comme toutes les femmes Mougeot, très myope, toujours vêtue d'une jupe et d'un corsage noir ou gris, à cause des innombrables deuils portés avec rigueur et

1. Les écureuils... Il y avait encore des chats sauvages, en voie d'extinction.

2. Bien qu'elle eût vingt-cinq ans de plus.

exactitude; je crois qu'elle mettait un chapeau à rubans au-dessus d'une voilette. Du printemps à l'automne, une ombrelle blanche la préservait « des atteintes » du soleil. Elle serrait dans un sac de velours noir son livre de prières, son missel, son chapelet, un roman, ses lunettes (en étui), des pastilles Valda ou des bonbons à la violette, des boules de gomme ou du chocolat (pour moi). Elle en avait un autre, de paille, plus profond, doublé vert (son « cabas »), pour y insérer le fruit des cueillettes qui m'étaient imparties.

Mes premières expériences de l'horreur de la condition humaine? Aller chez le coiffeur, qui s'appelait Poupon : il martyrisait ceux qui s'offraient à la tonte... A quatre ans, à Nancy, on m'opéra des amygdales (j'avais sans cesse des angines croupales); je me rappelle la torture de la cloche à chloroforme... Un peu plus tard, je tombai dans l'escalier de la maison, en allant chercher un ballon qu' « un autre » lançait au balcon : je me vois, revenu de l'évanouissement, sur la table de la salle à manger; j'ai au coin de l'œil une cicatrice commémorative... Les arrachages de dents : le docteur Rose accrochait une ficelle à la porte de son cabinet et l'ouvrait violemment... Déjà l'odieuse expérience de la douleur... Et je détestais la Toussaint! Le glas sonnait pendant des heures, et mes parents récitaient l'office des morts en entier; il était interdit de faire de la musique, comme le vendredi saint.

Toujours à quatre ans, j'allais à l'école Saint-Léon, fondation d'une famille de même nom, dans la classe de Mlle Bonnard [1], aidée de « la fille Gabrion ». Le gouvernement de tante Amélie avait été efficace : j'étais toujours premier [2] et, accumulant les « bons points », j'avais en permanence la croix d'honneur. La directrice de cette école était Mme Barry, qui fut mon premier professeur de piano : je me demande comment je jouais; en tout cas, mieux que ledit professeur, qui n'a jamais su. A six ans,

1. On devait savoir, beaucoup plus tard, que Mlle Bonnard s'adonnait à l'ivrognerie : Dieu merci, il s'agissait de Bénédictine. Elle avait été initiée par Élizabeth Demazure, l'organiste bénévole de Bains; si cette dernière put rester pâle, la tête de Mlle Bonnard devint celle d'un épouvantail, polychrome et boursouflée.

2. Cette place de premier, je devais la conserver jusqu'à la 4e, puis, en alternance avec le Ténébreux, jusqu'à la 3e.

j'avais à mon répertoire des sonates de Mozart, des valses de Chopin, des impromptus de Schubert...

Comme tous les écoliers lorrains, je portais une pèlerine [1], un béret, un tablier noir et des galoches; le dimanche, un costume marin. Jusqu'à dix ans, que j'allai au collège, j'étais coiffé à la Jeanne d'Arc.

J'avais six ans quand ma sœur se maria; ce fut un grand événement : cent vingt personnes à la maison pendant huit jours. Costumé, je fus Monsieur Denis (de la chanson de Béranger?). J'y pris le goût de la fête, que je devais renouveler au mariage de Pierre Renault et de Marguerite Godot, deux ans après celui de ma sœur : plus de la moitié des invités étaient hébergés par mes parents...

Je venais d'entrer à l'école communale. Enfant très pieux, très prude, je fus scandalisé de la grossièreté de langage et des gestes de ceux de mes camarades que leur famille n'élevait pas dans « le comble de la distinction ». La plupart des paysans parlaient le patois lorrain (hélas! je n'en ai jamais su que quelques mots) : il avait l'avantage de voiler les immondices que *le Mada, le Pitou* et autres déversaient chaque fois qu'ils ouvraient la bouche, que leurs gestes obscènes faisaient plus salissantes (ceux de neuf à dix ans se masturbaient sous leur pupitre, en appelant à voir). Dans les Vosges des années 20, les gens de la campagne et nombre de bourgeois avaient un sobriquet : j'ai mis longtemps à savoir que *le Mada* s'appelait Durand, *le Pitou*, Jeanpierre; il y avait *les Diaudot, la Rouge* et *la Noire Gorette, la Marie-pisse-trois-gouttes* et bien d'autres que j'ai oubliés, dont celui de *la* Georgette Bernot, aussi voleuse que sale, qui fut néanmoins bonne chez nous un certain temps et qui m'amusa toujours par sa bêtise profonde et ses pataquès : elle fit un beau mariage en épousant *le Gazeux*, qui jouissait d'une pension de guerre (pour avoir été gazé, d'où le sobriquet).

Au début de cette mienne intronisation à l'école communale, mon premier maître fut M. Martin, époux de Marthe Poirson, couple que mes parents aimaient d'autant plus qu'ils étaient comme eux « calotins » : il était le seul instituteur qui « allât à la

1. A Bains : *pèlèrine*.

messe ». Cela devait nuire à sa carrière : au bout de quelques mois, il fut muté dans un hameau de moins de deux cents âmes, La Forêt, où il devait rester jusqu'en fin d'activité. J'eus les meilleurs rapports avec les autres maîtres, tout anticléricaux qu'ils étaient : c'était les Laprévotte (dits Laprevotte), les Guénot (dits Guenot).

Je me passionnai vite pour les jeux garçonniers : la cachette, les billes; en hiver, la luge, qui me valut la seule fessée que j'eusse reçue de mon père (je me rappelle encore ma fureur) : j'étais rentré avec deux heures de retard; il ne devait faire pas loin de moins dix degrés.

Avant d'aller à cette école, je ne jouais guère qu'avec des filles (aux palets, à la marelle, à la corde). Jusqu'à sept ans, que je fis ma « communion privée », étant enfant de chœur depuis un an, j'étais intime avec Lucienne Rose, Suzanne Virot, Odette Vautrin, plus vieille que moi, les filles Jeanpierre. J'aimais beaucoup les dames, les belles « baigneuses », qui venaient en cure à Bains. J'avais une passion pour une certaine comtesse de Grammont (fausse ou vraie, je ne sais) et me montrais plus audacieux qu'il n'eût convenu avec Mme André de Lorde, femme du directeur du Grand-Guignol : j'étais très câlin. J'avais une amitié amoureuse avec Sabine Lyon, fille du chef de l'orchestre du Grand Hôtel, qui m'apprit à jouer au tennis : nous y jouions avec les filles Rose, les filles Henry (filles de l'autre médecin du lieu : Monique est de la même année que moi) et les jumelles Andlauer, de Saint-Dié, nièces d'une vieille fille amie de tante Amélie. En général, le beau sexe me plaisait plus que le fort. J'idolâtrais « tante » Lucie [1] et sa fille Yvonne, contemporaine de ma sœur, et détestais son mari, qui était fort grincheux (ils étaient de Nancy). J'aimais Claude Gérard, dont la grand-mère habita un temps à la maison : elle était la fille d'un officier de marine, mort à la guerre, et d'une Dauguet (des actionnaires du « Moulin aux Bois »). Ce penchant pour les femmes me venait peut-être de l'accoutumance que tante Amélie m'avait fait prendre, depuis que j'avais trois ans, en me menant quotidiennement faire visite à tout ce qui était de sa génération dans Bains : rétrospectivement, je me demande

1. Mme Victor Renaud.

comment je me tenais lors de ces longues visites; elles étaient fort charmantes, bien sûr, ces veuves, ces vieilles filles, qui me gavaient de sucreries; l'accent de Bains [1] leur faisait faire des vocalises de rossignol; un intervalle de quinte séparait la syllabe accentuée des autres. Que disaient-elles? Je ne me rappelle que le remugle de leur vieille maison, leurs vieux sièges, leurs vieilles étoffes, leur vieille peau, leur vieille odeur, ambiguë [2]. Je répugnais à leurs baisers moustachus, regrettant ceux des « baigneuses ».

Je suis sûr que, dans la campagne française, le XIXe siècle, qui a débuté vers 1789, a fini entre le Front populaire et la fin de la récente guerre. Il y a autant de différence entre le style de vie des années 1920 et celui d'aujourd'hui qu'entre celui du règne de Napoléon et celui de Ramsès II. On voyageait par le train ou en voiture à cheval. Très peu d'automobiles : quand il en arrivait une, ce n'était qu'un cri, transmis à la gauloise : *« un nauto! »* [3], et l'on sortait sur sa porte pour la voir. Nous étions amis des Clément, industriels de Fontaine-lès-Luxeuil : ils avaient une torpédo De Dion-Bouton [4], puis une Panhard. Ils venaient nous chercher, ma mère et moi, pour faire une « balade » : j'aimais plus que tout ces balades qui me permettaient, comme à Proust, de raccorder les différents côtés de Bains (à pied, on assemble mal).

Ce pays de Bains n'est pas sans beauté, même si cette beauté n'est peut-être guère applicable aux tiers non intéressés. C'est une clairière dans de très anciennes et immenses forêts. Parmi les collines, qui culminent entre 500 et 600 mètres, ma préférée était le Noirmont, d'où l'on voit, en fond lointain, les ballons

1. Hélas! les accents disparaissent : la France entière se met à parler *télé*. France dévitalisée. Dans l'amas des désastres et des ridicules, je choisis les toponymes franco-provençaux dont l'orthographe est burlesque, flamboyante. Dans l'Ain, on trouve Hauteville-Lompnes. Lompnes doit se prononcer *Lonne*. La télévision, la radio, qui ont souvent l'occasion de la citer (c'est une station pour tuberculeux), disent *Lomp(e)nès :* les gens du pays disent désormais *Lomp(e)nès*. *Idem* pour les innombrables La Clusaz de Savoie (c'est évidemment *La Cluse* qu'il faut dire).

2. Sécrétions et eau de Cologne.

3. L'*o* est bref en lorrain.

4. Bien plus tard, mon frère aura une Amilcar : le roi ne sera pas mon cousin.

d'Alsace, de Servance et de Guebwiller, la Forêt Noire, le Jura, français et suisse, le plateau de Langres (les tours de la cathédrale), le Signal de Lorraine. On dit que, du Noirmont, on voit le mont Blanc : je ne l'ai jamais vu, mais rien n'empêche. Ce sont tant de rivières, de ruisseaux rapides, clairs, poissonneux [1], où toute la gent mâle pêchait – mais je haïssais la pêche –, pleins d'écrevisses; des étangs remplis de brochets, de carpes et de tanches; et le beau parcours du canal de l'Est. Des vallées étroites, trop longuement ombreuses, en demi-saison, avec deux périodes d'éclat : le printemps et l'automne.

En automobile, nous allions à Vittel, à Contrexéville, à Plombières, à Luxeuil, mais jamais à Épinal; je ne sais pourquoi, on « n'allait pas » à Épinal. En train, nous allions à Nancy, chez tante Lucie ou chez les Delchard (deux frères, Émile, futur jésuite, et Henri, dont les parents avaient fait le mariage des miens), ou à Cirey, chez oncle Charles. J'admirais Nancy, et sa Pépinière. J'y entendis *Tosca :* je revins plus mort que vif; *l'Arlésienne;* à un concert du conservatoire, et avec stupéfaction, *Pacific 231*, d'Arthur Honegger... Qui plus est, je raffolais des macarons et des bergamotes.

A Cirey, je passais une quinzaine de jours, parfois plus, lors des grandes vacances (alors du 1er août au 1er octobre). On devait « changer » à Blainville et à Avricourt; de 1871 à 1918, la gare d'Avricourt fut double : Avricourt et Deutsch-Avricourt, état de choses qui se prolongea un certain temps après la guerre. Je me rappelle l'effroi qui me saisissait (qui me saisira en 37-38, à Sarreguemines, à Bitche) au contact, à la simple évocation de la redoutable Allemagne. J'étais horrifié par les ruines de la Grande Guerre, qui subsistèrent longtemps, notamment celles des ex-douanes allemandes... Les Lorrains d'alors n'étaient pas germanophiles : je ne le suis point. Les séjours chez oncle Charles et tante Marie me plaisaient; j'avais beaucoup d'affection pour mon cousin Paul [2] – sept ans de plus que moi –, et non moins pour mon cousin Jules (benjamin de Lucien), qui, vétérinaire, devait mourir prématurément d'une maladie que les vaches transmettent à l'homme (comble de dérision : ç'avait été la matière de sa thèse!). Il n'en mourrait

1. Truites saumonées.
2. Fils de Charles.

plus aujourd'hui. J'y faisais du latin avec l'abbé Louis, professeur à Saint-Pierre-Fourier de Lunéville, où allèrent tous mes cousins. Cet abbé Louis, oncle de mon actuelle cousine Odile, avait beaucoup de nez et s'en servait : il nasillait. J'étais fort ami avec des frère et sœur, voisins de « chez oncle Charles » (leur nom m'échappe), et nous allions jouer avec d'autres dans les ruines de l'abbaye de Haute-Seille. A Cirey, tourtes, quiches, pâtés étaient très remarquables; je n'en ai jamais mangé d'aussi bons (on ne sait plus du tout faire ça). De Cirey, nous allions au Rougimont, par le val Saint-Sauveur, au Donon, à Sarrebourg, à Dabo, à Luxelbourg, à Sainte-Odile, à Colmar, à Strasbourg : le Rhin! le pont de Kehl! Tout cela était pour moi fort émouvant, et la vue sur la Forêt Noire...

Je faisais un peu de latin avec le curé de Bains, le chanoine Pariset : c'était un homme élégant, original, austère; il m'intimidait (je n'avais pas d'élan vers lui). Le lundi de Pentecôte, il menait ses enfants de chœur à l'ex-prieuré de Clairval, près d'Hennezel, dans la forêt de Darney (c'était une bien longue marche, près de trente kilomètres, aller et retour). A côté, à Clairey, quelques verriers soufflaient encore le verre : la verrerie avait appartenu aux Finance et aux d'Hennezel d'Ormoy, maîtres verriers des ducs lorrains. Voir souffler me fascinait. Il fallait huit jours pour se remettre.

L'année paroissiale avait ses grands moments : la semaine sainte (du mercredi au samedi, les enfants de chœur annonçaient les offices au bruit des crécelles), Pâques, la Fête-Dieu – on y marchait à reculons, avec encensoir et boîtes de pétales de roses –, la Toussaint (les vêpres étaient doubles). Noël n'était que fête religieuse; en Lorraine, pas de Père Noël ni de sapin, rien que la crèche : l'équivalent était la saint Nicolas, le 6 décembre (avec le père Fouettard). Le sacristain, Candide Bouton, cordonnier de son état, avait une voix d'ophicléide et transformait le latin en une sorte d'arabe de muezzin : des vierges plus ou moins anciennes lui répondaient à la tribune, où l'orgue était tenu par Élisabeth Demazure : elle était à l'aise partout sauf sur un clavier... N'importe! en quittant Bains, j'étais initié à la liturgie.

Le curé Pariset et Léontine Phulpin me menèrent un jour chez Mgr Foucaut, évêque de Saint-Dié, qui séjournait tous les ans à Bains, à la villa Chantal, donnée par Béjot aux sœurs de Thaon. Sa Grandeur avait demandé que je vinsse lui jouer du piano (ce que je fis tous les ans jusqu'à sa mort). Mélomane, il était l'auteur de cantiques dans un style proche de Gounod ; je lui trouvais toute la noblesse du monde, avec une rare exquisité : il me gratifia de suaves approbations et de plusieurs images-portraits de sa personne.

Le piano me valait un nombre considérable de pratiques, de toutes sortes, avant tout parmi les « baigneurs » [1]. A partir de 1921, Félix et Fanny Fénéon – elle était originaire de Marcilly-sur-Loire – vinrent de nombreuses années à la maison : je faisais des quatre-mains avec Fanny (qui jouait très mal) ; elle chantait plus qu'elle ne parlait et agaçait « Féli » par trop de prévenances. Plus tard, j'ai su qui était « F.F. » : ce fut alors un autre. Ce vieil ami, au teint saumon, lisait beaucoup, avec de grosses lunettes sur le nez ; sa voix, quasiment sans timbre, à la différence de son rire, était sans cesse couverte par celle de Fanny la jacassante. Elle souffrait de la maladie de Parkinson : elle l'aura jusqu'à sa mort. Je reviendrai sur Fénéon, dont l'influence (osmotique) fut grande sur moi et le rôle, dans ma vie, déterminant.

Vient ensuite « Bonne Rivette », c'est-à-dire Mathilde Rivet, élève d'Antonin Marmontel, professeur de piano, qui recrutait ses élèves dans l'aristocratie parisienne. Tous les ans, elle prenait les eaux à Bains. Tous les ans, pendant un mois, elle me donnait des leçons : solfège (elle avait, pour lire les clefs, un système qui ne me semble pas avoir été « dépassé ») et piano. Ç'a été mon premier vrai professeur. Bonne Rivette, c'était tout à fait la mère Mac-Miche d'*Un bon petit diable* : décharnée, les yeux exorbités roulant des éclairs, hurlant comme une sirène d'alerte, les bras sans cesse agités en je ne sais quel ouragan, ses cheveux s'échappant en ondes folles de chapeaux toujours de travers, sur-décorés. C'était un épouvantail, mais un grand professeur, sévère, et, si son comportement me donnait beaucoup de mal (comment ne pas rire ?), je l'aimais et tâchais, au piano, de la satisfaire. Elle me fit aborder Jean-Sébastien Bach,

1. Notamment le sculpteur Bourdelle et sa femme, attentifs et silencieux.

Beethoven, Chopin... Elle devait mourir très vieille, à un âge indistinct, dans son appartement de la rue Washington.

On me poussait beaucoup à devenir virtuose. Malheureusement, autant j'avais de « facilités », autant je détestais gammes et exercices. J'avais eu l'occasion de savoir que j'avais deux défauts majeurs, pour un virtuose; ayant remplacé au pied levé vers huit ans le « pianiste du Grand Hôtel », j'avais dû jouer en « vedette » : bien que je ne fusse nullement timide, j'ai tout de suite su que j'avais horreur du public. Cette horreur du public, je l'ai étendue à tous les publics, y compris le littéraire : encore maintenant, je vais disant que les lettres ont dû être séduisantes à Athènes, à Rome, au XVIe siècle, mais le « grand public »! Ce public en quête de « goût » : s'il finit par en trouver un, c'est toujours le mauvais; cela va de soi. L'autre défaut : j'ai une bonne mémoire; mais je répugne à l'exercer à vide, à répéter jusqu'à savoir par cœur : revers du don et de la facilité.

Dès l'enfance aussi, j'aimais le théâtre. Les greniers de la maison étaient pleins de masques et costumes, et il y avait encore des carnavals. Je ne manquais pas un spectacle de la tournée Barret. En classe, en les récitant, on mimait les *Fables* de La Fontaine. Mes talents ne s'exerçaient que dans ces saynètes qu'en milieu « bien pensant » on destinait à mon âge. Tant pis, j'étais aux anges dès que je théâtrais; *commediante,* mais non *tragediante :* je suis resté tel.

Ce que j'aimais par-dessus tout, c'était lire. Je lisais tout ce qui me tombait sous la main : de *L'écho de Paris,* auquel mon père était abonné – il était pour Méline, Poincaré, Madelin, Barrès, Henri de Kérillis, contre Jules Ferry, contre Herriot, qui le faisait vitupérer, de conserve avec le docteur Marcelin, qui, lui, était d'Action française et me prédisait que je serais, comme mes oncles, victime des « Boches » –; de *La semaine de Suzette* (j'adorais Bécassine), du *Pèlerin* et du *Messager boiteux* de Strasbourg (un des premiers almanachs), aux romans de Delly, pain quotidien de tante Amélie et de ma mère, au *Mariage de Chiffon,* de Gyp (la comtesse de Martel), à *Un bon petit diable,* qui me terrifiait, mais que je relisais sans cesse, à *Robinson Crusoé,* à *l'Ile au trésor,* au *Tour du monde en 80 jours,* à *Paul et Virginie,* à *Eugénie Grandet,* aux *Élévations sur les mystères,* à *l'Introduction à la vie dévote,* à *Télémaque,* aux *Fables* de La Fontaine, aux *Misérables*, à Dieu sait quoi. J'étais tellement boulimique et rapide qu'il me fallait déjà un livre par jour. Mon préféré fut longtemps *Bruges-la-Morte*, de Georges Rodenbach. Les récits de l'exécution de Marie-Antoinette [1] et de Louis XVI, de la boucherie d'Ekaterinenbourg me faisaient pleurer à chaudes larmes, non moins que la vie d'Alexandre, cet adolescent roi du monde : j'appelai Roxane une de mes chattes préférées... Je me couchais tard : j'attendais en lisant que mes parents allassent dans leur chambre pour gagner la mienne. J'avais peur « du noir » et d'être seul à l'étage : les fleurs de la tapisserie de ma chambre se mettaient à zigzaguer et le moindre bruit me mettait « dans tous mes états ».

Outre les Fénéon et Bonne Rivette, venaient chaque année à Bains les Tagot, qui devaient fournir sa femme à mon frère; les Kampmann, de Strasbourg, et leur fils François; les B., de Nancy, elle suissesse, géniteurs de Charlie et d'Yvette, avec la « nounou » russe et sa fille Véra – la nounou faisait un riz au lait avec un zeste de citron et de la cannelle qui m'enchantait – : on pique-niquait souvent, munis de « pots de camp » pleins de café au lait. J'aimais beaucoup Yvette et Véra, peu Charlie; pourtant, c'est lui qui me déniaisa (n'en est-il pas toujours ainsi? le déniaisage n'est pas la voie ordinaire de l'amour).

J'aimais par-dessus tous Odette et Alexis Escande. Leurs parents étaient de Saint-Girons, en avaient gardé l'accent, habitaient Neuves-Maisons, près de Nancy, où lui était ingénieur. Alexis, ainsi nommé en souvenir du jeune tsarévitch martyr, a été mon premier grand amour (et totalement chaste) : je lui voue encore un culte, bien que je ne l'aie jamais revu (il est père du Saint-Esprit). Pour lors, le culte d'Alexis impliquait de lui servir la messe : il avait un matériel adéquat, pour enfants. J'aimais beaucoup le rite de la communion : l'hostie était un sablé ou un *digestive* de Huntley and Palmers. Il me concédait parfois d'intervertir les rôles... Enfant, j'aimai, outre Alexis, René Mathieu, qui ne l'a jamais su – je crois qu'il

1. Cette Lorraine si patriotiquement tenue pour « autrichienne » par les sans-culottes (mais l'empire d'Autriche date de 1806!), et qui aura eu la gloire posthume et sinistre d'être la grand-tante de Napoléon!

est devenu gendarme –, Henri Déchaseaux, le cadet d'un des bouchers, alors que le cadet de l'autre, René Faivre, incarnait pour moi le diable. J'aimai beaucoup Pimpin, petit-fils du notaire Guépet, qui ne venait qu'en vacances (il habitait, je crois, Chalon-sur-Saône), qui me rendit bien mal l'amour que je lui portais. J'ai eu une amitié « intellectuelle » : René G., fils du directeur d'école : il était laid.

Tous les ans, en juillet, arrivait celui qui était avec Fénéon le doyen de mes amis, et l'illustration de Bains, académicien des Sciences et professeur à l'Institut catholique, où il enseignait la chimie organique : le chanoine Henri Colin. Il aimait passionnément la musique et put m'entendre au piano un certain temps, avant qu'il ne devînt totalement sourd. Je faisais avec lui de longues promenades, mêlées de botanique. Il était, lui aussi, d'Action française : de sa voix caverneuse, il me prédisait, comme le docteur Marcelin, les pires catastrophes, qui eurent lieu, d'ailleurs. Sa bête noire était Verdier, supérieur des Carmes, futur archevêque de Paris : à travers lui, il prophétisait la destruction de l'Église, qui a eu lieu. Tout cela ne l'empêchait pas d'éclater d'un rire étrange, shakespearien, qui souvent concernait son collègue Branly : le trouvait-il simple bricoleur?, qu'il me montra de loin, lors d'une des visites que je lui faisais rue d'Assas. Son frère René s'était marié, à la grande fureur d'Henri, qui fut néanmoins le parrain de son fils aîné, tout à fait charmant (qu'est-il devenu?). Le chanoine mourut en 1943, le jour de mon retour d'Allemagne. J'aimais beaucoup Colette Déchaseaux, dont il a été le guide, mais elle a l'âge de mon frère.

Léontine Phulpin, née Caymant, était une figure remarquable : fille d'un secrétaire de mairie, elle était devenue « immensément riche », en tant qu' « héritière Perrin [1] », et avait épousé un « gros » marchand de bois de Saint-Dié, que j'ai fort peu connu. Mais elle, oui. Elle reste pour moi un prototype de mondanité essentiellement provinciale (dans ma bouche, ce n'est pas un blâme). Elle avait de l'affection pour moi, à cause de mes « dons » : « Quel artiste! » Elle hurlait plus qu'elle ne parlait. Son visage n'avait de grâces que chevalines; sa vêture,

1. « Les héritiers Perrin » : grande entreprise de tissages dispersés dans la haute vallée de la Moselle.

quasi épiscopale, fut longtemps vouée au violet : elle était l'égérie des évêques de Saint-Dié, où elle avait sa résidence principale [1]. A Bains, sa « Grande Maison » n'était que son palais d'été (jusqu'à la Toussaint, comme tout le monde : il fallait « aller sur ses tombes »). En tout cas, cette affection, elle me l'a gardée non pas jusqu'à sa mort – je n'étais plus à Bains quand elle mourut –, mais jusqu'à mon dernier long séjour à Bains, en 44, sous l'Occupation, où elle me demandait de venir coucher chez elle, tant elle avait peur, seule qu'elle était avec sa gouvernante, Mlle Renard : peur des Allemands, peur des Américains. Une de ses dernières conversations que j'aie en mémoire : « Mlle Renard, donnez un peu de porto à mon bon François. – Mais Madame a la clef des liqueurs. » Et Léontine de fouiller dans sa poche de jupon sans trouver ladite clef. Il appartint à Mlle Renard de la trouver : sous le matelas de la despotesse... Très fardée, les cheveux teints d'un blond outrageusement vénitien, les chapeaux campés à la diable, des parures superposées de toutes les couleurs vives, une voix de rogomme, de plus en plus grave : idole bariolée d'Amérindienne, serpent à plumes, hippocampe géant, oiseau de feu : que sais-je? Pas grand-chose d'humain. Sa piété n'avait d'égale que son snobisme : sa théophagie quotidienne ne l'en dissuadait pas. La seule de ses filles qui n'épousa pas un « de » fut dans une disgrâce définitive. Eh bien, moi aussi, je l'aimais : tant il est vrai qu'on attache du prix à ce qui vous est donné contre toute attente. J'ajoute qu'elle avait l'âge de mon père.

Que je n'oublie pas, dans ces *balneana*, la soirée annuelle passée chez Victor et Léa Brocherez. Comme Juliette Grandmougin, mère de Colette Déchaseaux, Léa était « camarade de communion » de ma mère. Ils avaient trois filles, très gaies, dont l'aînée, Guiguitte, était quelque peu mongolienne : *la bêtote;* Jeannette était un boute-en-train et la benjamine, Bébette, très mutine. On se costumait, on se travestissait, on charadait, on jouait au furet, au nain jaune. Victor était un homme en or et Léa une pâte de femme. Ils habitaient le Haut-Champ (quartier de la voie Toul-Luxeuil, côté Pont-du-Coney). Je ne sais plus ce

1. J'y suis allé une fois, qu'elle voulut me « faire entendre » par le gratin de Saint-Dié et par Max d'Ollone.

qu'elles avaient d'extraordinaire, ces soirées d'hiver (ils étaient cultivateurs) : *mutatis mutandis*, elles constituaient un événement pour moi comparable au carnaval de Venise.

Un peu plus loin, vers le Pont-du-Coney, La fontaine aux Bois : la nièce du docteur Marcelin, Henriette Grandgury, avait épousé le médecin-général Hirtz, du Val-de-Grâce, lui apportant les soixante-douze fermes de sa dot, qu'il devait « manger » en faisant des recherches opiniâtres sur le traitement de la poliomyélite à l'électricité, dans son cabinet privé de l'avenue de Lowendal. Ils habitaient à Paris rue Le Verrier et passaient les vacances à La fontaine aux Bois. Le docteur jouait de la flûte, Henriette et l'aînée des filles, du piano, les deux autres, du violon et du violoncelle; le fils ne jouait rien, jusqu'à la mort de son père, qu'il dut remplacer comme flûtiste. Ils allaient à la grand-messe en file indienne, Henriette en tête, son mari, les trois filles, par rang d'âge (le fils allait à la messe de sept heures). Personnage exceptionnel, Henriette était aussi républicaine que son oncle était royaliste; elle détestait ce qui tenait lieu d'aristocratie à Bains. Après la mort du docteur, ils quittèrent Paris, et ce fut une longue décadence. Henriette devint ivrognesse et misanthrope; elle qui avait interdit le mariage à tous ses enfants (l'aînée fut frappée d'une « maladie de langueur » qui n'en finit plus), elle alla jusqu'à ne traiter plus avec sa domesticité qu'à travers une trappe, puis par poste. J'étais à peu près le seul admis qui ne fût pas de sa clientèle paysanne : nous faisions de la musique ensemble. Henriette morte, ce fut la fin des fins : un jour, arrivant de Paris par Neufchâteau, je vis une foule dans le parc de La fontaine aux Bois : un huissier vendait tout à l'encan. Pris d'une rage incoercible, je tentai en hurlant d'empêcher l'huissier d'instrumenter, sans autre résultat que d'être par lui menacé de poursuites à mon tour. Les quatre, vêtus de toile de sac, sans meubles, sans rien, vendaient petit à petit leurs bois... leurs moutons... Je n'en sais pas la fin (est-ce fini?), sinon que, avec ma chère Lise Deharme, que j'avais persuadée qu'elle en était cousine, nous les évoquions souvent, peut-être à la façon surréaliste.

En 1925, je crois, mon père me mena à Sion-Vaudémont pour la mise au tombeau de Barrès. Il y eut des discours, que j'entendis peu. J'étais ému, peut-être plus par le site que par le fait. C'est le seul voyage que j'aie fait seul avec mon père, sinon son dernier, de Montègre à Bains, en 1967. La même année, ma mère et moi, nous étions allés chez les Escande à Neuves-Maisons. Paradisiaque (paradis alexisé), séjour rehaussé des merveilles de la coulée de la fonte, dans les usines. Nous en fûmes brusquement rappelés par un coup de téléphone de mon père : tante Amélie était morte la nuit précédente; mon père l'avait trouvée, au matin, un livre tombé de ses mains, sa lampe Pigeon étant restée allumée. Le voyage de retour fut éprouvant : ma mère était en larmes, et je ne l'étais pas moins : tante Amélie était en fait ma première morte. J'étais allé avec elle à l'enterrement d'une mienne grand-tante au Clerjus : bien que Le Clerjus ne fût qu'à quelques kilomètres de Bains, cette grand-tante, je ne l'avais jamais vue qu'une ou deux fois. Je me rappelle encore le « grand deuil » de tante Amélie, dans ses sept mètres de drap noir et couverte de crêpe de la tête aux pieds. Ma mère fit de même pour sa sœur : ç'a été son dernier deuil à l'ancienne. La veillée funèbre, très fréquentée, dans la plus grande chambre à coucher de la maison, miroirs drapés, à la seule lueur des bougies, aurait dû m'impressionner. J'avais eu un choc devant le cadavre de tante Amélie, le visage recouvert d'un mouchoir, que ma mère ôta pour la baiser une dernière fois... Choc devant la mort concernante (j'avais déjà vu des cadavres en accompagnant mes parents qui allaient « jeter de l'eau bénite », sans que je fusse très ému). Hélas, la veillée funèbre de tante Amélie fut outrageusement gaie pour moi. La garde des morts était assurée par la mère Charton. Bien que de la parenté fût déjà arrivée, je pus m'échapper du repas du soir et gagner la chambre funéraire, où je trouvai mère Charton, en train d'avaler d'innombrables cafés, qui devaient la réconforter de sa macabre besogne. Elle était la commère la plus drôle du monde : fort émoustillée par « son café », elle me raconta mi en patois, mi en français, des histoires qui me firent rire aux éclats avec elle, et rire d'autant plus qu'il me fallait battre en brèche mon désarroi devant le cadavre. Ma mère rejoignit le chevet de la morte et me trouva dans cette folle gaieté : il me semble que les collatéraux présents émirent des doutes sur ma sensibilité (« cet enfant n'a pas de cœur »)... Toute la parenté vint pour l'enterrement, sauf tante Léontine, clouée au chevet de son mari moribond, la mère de Madeleine, toujours souffrante, et l'affreuse Paulette [1]. Mon souvenir de ces funérailles est plus gai que triste. Ma mère était peut-être comme moi : elle quittait une tutelle. Nécessaire ingratitude des survivants.

1925 encore : exposition des Arts décoratifs. Les Tagot nous invitent à Paris, ma mère et moi. J'en garde un souvenir qui ne colle avec rien de ce que Paris sera pour moi ultérieurement. Nous allons au théâtre, à Sarah-Bernhardt (elle était morte naguère), voir *Michel Strogoff*, et *L'Aiglon*, au Trocadéro, où *La petite chocolatière* est déjà doublée par le célèbre écho, à la Gaîté-Lyrique, entendre *Le petit duc* [2], au Grand-Guignol, où les de Lorde nous ont donné des billets (André en était le directeur – ma peur est indescriptible). Peur? J'ai encore peur au musée Grévin, sur la tour Eiffel, où le vertige me prend, dans les catacombes (j'ai la phobie des souterrains et des tunnels). Notre-Dame, les Invalides et Montmartre me vont. Le Panthéon me paraît une morgue dissuasive. Un soir (c'est l'automne), ma mère et moi, je ne sais comment, nous nous perdons dans la rue des Saints-Pères, y faisant un va-et-vient cauchemardesque, comme mouches prises au piège... Nous allons voir Mme Hertz [3], rue Clément-Marot, les Netter, boulevard Saint-Germain : le docteur est un ami de mon père; ils ont deux fils, Louis et Albert, actuellement professeur à la faculté de médecine. Nous allons chez Bonne Rivette, dans son antre de la rue Washington, chez les Chailley, chez les Fénéon, rue Eugène-Carrière (la collection me stupéfie), chez la comtesse

1. Déjà brouillée avec ma mère. Fille de Marie Mougeot et de Paul Lallemant, femme de Jules Gérard, cousin germain de mon père.

2. La *leçon de solfège* de cette opérette est une des rares choses que je sache par cœur (je ne l'ai jamais réentendue). Comme cet air plaisant est en *sol*, j'ai proposé à une écuyère de Fontainebleau qu'il fût pris comme hymne des usagers de l'hippodrome de La Sole. Sans succès.

3. Veuve d'un directeur du théâtre de la porte Saint-Martin, femme d'un grand charme, « d'une grande distinction ».

de Grammont, chez Max d'Ollone (rue Vaneau, dans l'appartement qu'aura plus tard Anne de Bavière). Comme nous avons dû les ennuyer... A la vérité, Paris m'éblouit.

Cette même année encore, j'irai à Belley avec ma mère, réclamée par sa sœur Léontine au chevet de son mari Jean-Baptiste, dont les derniers moments approchent. C'est en octobre. Pour gagner Belley, on prend le *Dijonnais* (train Nancy-Dijon) : on arrive à Dijon vers minuit, pour y attendre (deux heures) la correspondance avec le Paris-Genève. Tant pis pour l'attente : cette gare me semble un carrefour d'où aller à tous les midis, à toutes les méditerranées, plein de matelots, de gens à l'accent pointu, de gens de partout; je lui trouve une vertu que, de nos jours, on dirait « érotique ». Je revois le Paris-Rome, train de wagons-lits, et j'entends encore le bruit du marteau contre les essieux, auquel je trouvais autant de charme qu'au chant d'un crapaud-buffle. Par le Paris-Genève, on atteint la gare de Virieu, gare qui dessert Belley (encore que, à cette époque, la ligne de Saint-André-le-Gaz desservît Belley). Mon cousin André Morcel (dix-sept ans de plus que moi), qui vient d'être guéri d'une poliomyélite par le docteur Hirtz et d'échouer dans une tentative de mariage avec une fille de Bains (idée baroque de ma fantasque mère), André Morcel, dis-je, est là, qui nous attend avec sa voiture à cheval (le cheval s'appelle Coquet).

Il faut que je tâche de faire entendre quel coup de foudre j'eus pour le Bugey. Le paysage : danse de montagnes à fond de mont Blanc, danse hiérarchisée d'Alpes et de Préalpes, plus beau que celui du Piémont transalpin. Le Rhône, les lacs, les gorges, les cascades, grottes et lacs souterrains, résurgences, sources vauclusiennes, intermittentes (toutes les merveilles des pays calcaires), tout cela donne une grandeur et un sens à l'inanité minérale. Admirablement dépeint dans les *Cinq Grandes Odes* et les cantates de Paul Claudel, Bugiste d'adoption et Vosgien d'origine, comme moi [1]. Beauté de la végétation (feuilles glauques, fleurs odorantes). La beauté du pays l'em-

1. Autre Vosgien devenu lyonnais : Édouard Herriot.

porte sur toute autre considération, et l'excellence de la chère (diversité des produits du sol)... C'est un éden dont s'éprit plus d'un. Pays mixte, tenant du Nord et du Midi (pour un Vosgien, c'est le Midi). L'accent local? On y parle un patois franco-provençal, assez lent, voisin du parler vaudois, relevé d'une pointe méridionale (le Bugey ressortit un temps à la Deuxième Narbonnaise). La nonchalance du parler, le sybaritisme d'un pays de cuisine (Brillat-Savarin), la vivacité d'une civilisation du vin contrastent avec la noblesse du siège épiscopal de Belley (l'évêque en fut prince d'Empire – érection de Frédéric Barberousse–). Ce siège naturait la capitale, de conserve avec un tribunal et une sous-préfecture. Évêché, maisons canoniales, grand-séminaire, couvents et collège avaient survécu aux convulsions révolutionnaires, amoindris mais présents. La place de la cathédrale et quelques rues adjacentes étaient serties de maisons canoniales. De la cathédrale, incendiée vers 1940, ne subsiste d'ancien qu'une chapelle. Le palais épiscopal du XVIIIe siècle (attribué à Soufflot), racheté vers 1930 par l'évêque après les spoliations de 1904, sera par lui revendu après la dernière grande guerre. De la ville, il ne reste à peu près rien d'antérieur au XVIIe siècle. Une seule industrie : la tannerie Sans-Couture... D'où un cachet ecclésiastique et bourgeois suranné – telles Saint-Omer, Luçon, Bayeux, Auch [1]...

Nous arrivâmes donc dans ce merveilleux pays, conduits par André et par Coquet. Tante Léontine me fit une impression mitigée (il ne lui restait qu'une dent); si sa pâleur mougeotte attestait sa race, elle était devenue totalement bugiste... jusqu'à manger de l'ail! Quand tous les enfants de ma grand-mère furent élevés (dont ma mère), elle avait pu enfin se marier, par un arrangement conclu entre tiers. Elle ne vit qu'une fois son futur époux : pour se fiancer. C'était le petit-neveu d'un général des chartreux : la patrie de ces Morcel est Bénonce, sur l'ancien domaine de la deuxième chartreuse de l'ordre, celle de Portes. Il était l'homme de confiance, l'intendant de l'évêque et pratiquait horticulture et paysagisme. Diabétique de longue date, il ne quittait plus sa chambre et, par la fenêtre, donnait

1. Avant les « développements » hideux dont les villes françaises ont été gratifiées depuis 1950.

ses ordres à sa femme, qui les transmettait. Il devait mourir l'année d'après. Léontine réservait ses trésors d'adoration à son fils unique... Promenades en voiture à cheval : Hautecombe, Pierre-Châtel (autre chartreuse) etc. Fruits, raisins : nourritures inaccoutumées, que, à l'instar de ma mère, j'appréciais grandement... Mon cousin était un acteur remarquable, l'un des meilleurs Harpagon que j'aie vus (au théâtre du patronage de Belley). Il avait une très belle voix de ténor, qui était largement utilisée à la chorale de la cathédrale, dirigée par le chanoine Charassel, lui-même baryton de premier ordre. L'organiste, Eugène Baetz, avait été l'élève de Niedermeyer et condisciple de Fauré; il avait quitté son Alsace natale après 1870. Le chanoine Charassel et ledit Baetz apprécièrent mes qualités musicales, comme Pierre Revel, châtelain de Saint-Didier, près Pierre-Châtel, professeur au conservatoire de Paris, qui a bien voulu me témoigner jusqu'à ce jour une affection que je lui rends bien... Je rentrai de ce voyage les yeux pleins de Bugey et de Bugistes.

La dernière année que je passai à Bains, marquée par mon désir d'être ailleurs, fut celle que naquit mon premier neveu, fils de ma sœur : mon premier nouveau-né. Ma sœur accouchait sans histoire; après deux jours, elle était debout. Je fus assez choqué de voir la « nature » fonctionner : on ne suivait pas de cours d'éducation sexuelle.

Premier en classe depuis quatre ans, de l'avis même des instituteurs, je n'avais « plus rien à apprendre » à l'école. « Enfant prodige » au piano, mais sans professeur local, « gâté » par mes parents, je demandai à « aller au collège ». Pour tous mes cousins, le collège, c'était Saint-Pierre-Fourier, à Lunéville. Nous hésitâmes entre ce Saint-Pierre-Fourier, La Malgrange, à Nancy, Stanislas, à Paris, et le collège de Belley, épluchant les prospectus de ces établissements et pesant le pour et le contre, sans négliger les prix. Ma mère, craignant que l'internat fût trop dur pour moi, se décida pour Belley : j'habiterais chez tante Léontine, serais externe à l'Institution Lamartine [1] et

1. Quel dommage que ce collège d'antonins, puis de maristes, se soit (depuis la loi de séparation, je crois) affublé du nom de Lamartine, ancien élève. La description qu'il a faite du Bugey est à l'opposé de la mienne : ç'aurait dû être dirimant.

prendrais les leçons du « père Baetz ». J'en fus content : j'ai déjà dit combien le pays m'avait plu.

Sous la conduite de ma mère, je devins belleysan au début d'octobre 1926. Je retrouvai la même émotion que l'année précédente devant la beauté d'un pays que, plus tard, je dirai claudélien. Quel changement dans ma vie! D'abord la nourriture. Ma mère, capricieuse, répugnait à toutes sortes de mets : je l'imitais. Ma tante et mon cousin m'obligèrent à « manger de tout », et à la bugiste (bonne manière, ma foi!). Mais que de scènes, que de larmes, que de fureurs! Mon cousin, très violent, cassait tout, devant sa mère extasiée. De tempérament diabétique, comme son père, coléreux, autoritaire, gourmand, paresseux, personnalité hors du commun, que j'aurais beaucoup appréciée s'il n'avait eu pouvoir sur moi (chose que je n'admettais pas : il n'était pas mon oncle, mais seulement mon cousin). Il avait l'attrait d'être environné d'amis tendres, dont la séduction m'était aussi évidente qu'à lui. Sa motocyclette, sur laquelle il m'admettait rarement (moins souvent que ses favoris), compensait une obésité pathologique, séquelle de poliomyélite. En querelle incessante avec lui, je n'avais qu'un seul atout : je l'accompagnais au piano quand il chantait.

Quant à ma tante Léontine, je la détestai de tout mon cœur, et cette détestation ne devait que s'aggraver durant les deux années que je devais passer chez elle. Fort pieuse, elle allait à la messe tous les matins. Autant elle était laxiste avec son fils, et Dieu sait pourtant s'il était impie, autant elle était sévère avec moi. Je devais avoir la mention très bien au tableau d'honneur; si je n'étais que second en classe, mère et fils (il avait pourtant été un cancre) retentissaient d'imprécations. Heureusement pour moi, ils subissaient la domination du chanoine Charassel, que j'ai déjà dit chancelier de l'évêché et maître de chapelle de la cathédrale : ce fut l'un de mes boucliers. L'autre fut le supérieur du collège, le chanoine Besson, homme très noble, de ce fait très détesté, que la cruauté des enfants avait rendu cardiaque. Le chanoine Charassel avait traité avec lui à mon sujet : je quitterais l'étude du soir une heure avant la fin pour aller chez lui « faire mon piano » (les Morcel n'avaient qu'un mauvais instrument, mais le sien ne valait guère mieux). Comme dans beaucoup de maisons bugistes, sa salle à manger, rutilante, à la Vermeer, sentait fort la pomme. Élève du « père Baetz », je m'attirai la haine de l'abbé Rochet, préposé à la musique et organiste du collège; cette haine – c'était une âme vicieuse et répulsive –, je la lui rendis comme je pus, bien que je dusse tenir compte de ses fonctions de professeur d'histoire, à partir de la 4e : là, il avait barre sur moi. Le chanoine Charassel était, lui aussi, « un caractère »; ses colères, foudroyantes, le faisaient écarlate : il en réservait un bon nombre [1] à l'ordinaire du lieu, Mgr Magnier, qui détestait la musique.

Le « père Baetz », qui était dans ses quatre-vingts ans, n'était pas moins coléreux (lui aussi détestait l'évêque). Il avait conservé son accent alsacien, ne quittait pas sa calotte, prisait, utilisait bruyamment un crachoir qu'il installait à un coin du clavier et que je faisais parfois tomber. Il habitait avec sa femme un appartement dont l'odeur m'était très pénible... Belley surabondait de gens de caractère.

De la maison des Morcel on avait une vue magnifique : à l'extrême ouest, le Grand Colombier, au centre, entre la montagne de Saint-Champ et celle de Parves, le massif du Mont-Blanc, surplombant le Dôme du Goûter, la Tournette, le Semnoz; à l'est, les cimes de Balledonne et les montagnes du Dauphiné, dont le Granier et le massif de la Grande-Chartreuse; à l'extrême est, le Vercors.

Je fus adopté par le supérieur du collège : je l'adoptai non moins, et sa noblesse. Le professeur de 6e (le père Thévenin) s'enticha de moi. Mon goût pour le latin et l'analyse logique l'enthousiasmait. C'était un homme scrupuleux. Avec une heure d'étude de moins que les autres (celle du piano), j'entamai une carrière de premier pour laquelle je rivalisai avec René Assumel, que j'étais loin de haïr, carrière qui devait se poursuivre jusqu'à la 4e. Le père Thévenin me fit faire de longues promenades à bicyclette [2].

J'arrivais à Belley dans une période charnière, à deux égards; d'abord, c'était la première année d'application de la réforme Herriot, qui n'était guère faite pour me plaire : elle avait inséré mathématiques et sciences dans le baccalauréat A

1. En revanche, il était tout indulgence pour moi.
2. Mon frère-parrain m'en avait donné une « d'homme ».

et supprimé les épreuves de thèmes latin et grec. Les professeurs déploraient cette réforme (comme ils avaient raison!) et l'appliquaient sans conviction. Hommes admirables, ces professeurs! Avec un traitement de 100 francs par an (un peu plus pour ceux qui avaient une licence), évidemment nourris, logés, chauffés et blanchis, ils avaient à peine de quoi se vêtir... Heureusement, s'ajoutaient les honoraires de messe. Certains n'étaient même pas bacheliers, qui n'en étaient pas moins de remarquables professeurs. A tous, je garde une immense reconnaissance, sauf à l'abbé Coux, alors professeur de mathématiques : il m'exaspéra autant que je l'exaspérai, et, en 3e, je fus, en sa discipline, un cancre opiniâtre. Il avait une tête de polichinelle à ressorts. J'ai puisé toute ma vie dans ce que j'ai acquis près d'eux durant mes cinq années de collège. Les agrégés docteurs d'aujourd'hui ne viennent pas à la cheville de ces prêtres pauvres, passionnés des lettres et voués sans réserve à l'éducation des enfants qui leur étaient confiés. Admirables gens, auquel l'État a substitué des « enseignants » syndiqués, si souvent perméables aux diffluences à la mode, si souvent amoindris par la crédulité, apanage des « incroyants » (alors que mes ecclésiastiques, pour la plupart, gardaient distance et humour... jusqu'à l'excentricité).

L'autre volet du changement de 1926 était musical et ecclésiastique à la fois : c'était la première année que la réforme du chant « grégorien », instituée par un décret de Pie X [1], sous l'instigation de Solesmes, entrait en application, tant pour la prononciation du latin – auparavant on latinisait à la française, en *u* et *o*, au lieu d'*ou*, en *s* au lieu de *tch* (italianisme délirant) etc. – que pour la prétendue égalité des notes (devant quoi?) que les solesmites avaient extraite de Bède le Vénérable (comme si la formation du « grégorien » n'était pas antérieure de trois siècles au moins aux méditations dévotes de Bède!). A Belley, le chanoine Charassel était un violent adversaire de cette réforme : il trouvait appui en la personne de Dom Jeanin, organiste érudit de la voisine abbaye d'Hautecombe, mensuraliste convaincu et partisan des origines proche-orientales du chant d'église. Il dut cependant

1. Elle avait mis du temps à entrer en vigueur!

s'incliner et, lui aussi, faire appliquer une réforme qu'il n'approuvait pas, sous les vociférations du « père Baetz », à qui Dom Mocquereau donnait de l'eczéma.

Voici comment Baetz répartissait sa leçon hebdomadaire de piano : gammes et exercices, un prélude et fugue de J.-S. Bach, Mozart ou Beethoven, un romantique, un « moderne » (jusqu'à Debussy et Fauré inclus). Il avait l'avantage fondamental d'avoir bénéficié de la tradition directe pour « interpréter » Mozart, Beethoven, Chopin etc. ; un vice majeur : d'avoir subi le retour à Bach via Mendelssohn, Lemmens et Niedermeyer, qui avaient fait de l'œuvre de Bach, non sans anachronisme, un phonodrome du *legato*, une gymnopédie d'allure quasi militaire, celle qui a fait dire aux Chinois que notre musique est une musique de fantassins. Il n'empêche qu'il m'apprit beaucoup : ce fut mon deuxième professeur.

Donc, de lorrain, je devins bugiste. Mes cheveux « à la Jeanne d'Arc » me valurent dès l'arrivée (le Bugey était moins conservateur que la Lorraine) des quolibets tels que, fou de rage, trois jours après mon intronisation, je les fis couper. Aveu trivial : j'étais, de toujours, constipé (en Lorraine, pas de vignobles [1]). J'aimais beaucoup le raisin et m'empiffrai des chasselas de tante Léontine (qu'elle conservait sur claies jusqu'en février), au point d'être en proie à des coliques péremptoires. Malheureusement, ma pudeur était extrême, ma capacité de dégoût, profonde : les chiottes du collège, sans eau, pestilentielles [2], envahies de mouches, avec un espace béant entre toit et porte, sans fermeture, me faisaient tellement horreur que, parfois, il m'arriva de faire dans ma culotte. Qui veut faire l'ange tombe dans la fange...

Voici l'horaire et le *cursus studiorum* du collège [3], la rentrée ayant lieu début octobre, la sortie, début juillet : 5 h 30, lever et

1. Sauf celui du vin gris de Toul : étonnante pierre à fusil.

2. Des odeurs stercoraires, très fortes, envahissaient le Bugey en octobre : on répandait le purin dans les champs par « tombereaux » et la distillation du marc empuantissait des kilomètres à la ronde. Mêlées à celle, âcre, spleenétique, des feuilles mortes (avant tout marronniers et platanes) de la cour de récréation, elles composaient une essence d'automne spécifique, dont l'instabilité faisait en quelque sorte sonner les contraires.

3. Pour les internes.

toilette [1]; 5 h 50, messe; 6 h 30, étude de leçons et « explication » grecque, latine ou française; 7 h 45, petit déjeuner (soupe de pommes de terre!) et récréation; 8 h 15, classe; 10 h, récréation; 10 h 30, étude de devoirs; 12 h, déjeuner (immangeable); 12 h 45, récréation; 13 h 30, étude de leçons; 14 h 30, classe; 16 h 30, récréation et goûter (thé de feuilles de ronces); 17 h, étude de devoirs; 19 h, dîner (immangeable); 20 h, étude; 21 h, coucher. Le mardi et le jeudi, promenade de 13 h à 16 h 30, suivie d'une étude de devoirs. Le dimanche, de 6 h à 7 h, étude de devoirs; 7 h, messe basse; 10 h, grand-messe; 16 h 45, étude de devoirs et tableau d'honneur. Les internes ne pouvaient sortir chez des correspondants ou se joindre à leurs parents que le dimanche, de la sortie de la grand-messe à l'heure de vêpres. Une seule « sortie » par trimestre : trente kilomètres à pied; on revenait brisé de fatigue, les pieds en sang... La nourriture était exécrable, plus qu'à l'armée : je ne mangeais guère que du chocolat. Les dix premières minutes des repas étaient consacrées à la lecture (faite par un élève, *recto tono*) de textes pieux, la plupart du temps médiocres, sinon ridicules : au signal du supérieur, le silence était levé et le vacarme, assourdissant... Bon an, mal an, on remettait chaque jour un devoir : versions et thèmes latins ou grecs (ou de langue vivante), composition française ou dissertation, mathématiques, sciences, histoire. Avec « l'explication » matinale quotidienne, quel athlétisme! Tous les devoirs étaient rendus corrigés. On devait savoir par cœur le texte des versions grecques et latines. On débutait le latin en sixième, le grec en cinquième. En français, une faute d'orthographe enlevait un point : 0ingt fautes étaient sanctionnées par un zéro. En anglais, si je ne me trompe, on abordait Shakespeare en quatrième. (On tenta d'apprendre par cœur *Macbeth* et *Hamlet*.)

J'appartenais à la maîtrise et à la chorale de la cathédrale : j'y pris un goût très vif du « grégorien » et de la liturgie, goût qui ne m'a pas quitté (jusqu'aux abjectes destructions de Vati-

1. L'hygiène était pour mémoire; en hiver, toutes les conduites étaient gelées; il n'y avait qu'une séance de douches par trimestre, dans un baquet. Personne ne s'en plaignait, et les garçons, même sales, ne sentent pas mauvais.

can II). J'étais fort pieux et « mystique ». Bien qu'elle fût plus vive qu'un contemporain pourrait croire, cette piété était contrariée par mes péchés « contre le sixième commandement » : d'où des confessions fréquentes, avec questionnaire, près du directeur spirituel [1], petit supplice qui devint vite routinier et mêlé de quelque comique, car le pénitencier l'était fort, et les pénitents, en file d'attente, chahutaient.

Je tentais, sans grand succès, de surmonter la redoutable luxure et me laissais envahir par la mystique, la nuit surtout : je me vois, cheminant entre les deux hauts murs de l'évêché et du grand séminaire, dans la rue du Chapitre, sous les étoiles, m'arrêtant tous les deux mètres dans une quasi-extase. Mon mysticisme fut accru par la mort, après quelques jours de maladie, de Francisque V., fils d'un pharmacien de Belley, qui m'aimait, à qui je tâchais de rendre ce que je pouvais, n'étant pas amoureux de lui. Sa mort me frappa brutalement : on pouvait mourir à dix ans [2]! Et j'avais manqué de générosité en ne lui donnant pas amour pour amour...

Que voulais-je « être plus tard »? Tout! Un saint, cardinal, « virtuose », ambassadeur, avocat, écrivain[3] (comme Chateaubriand, pour qui j'eus un culte – les Récamier sont bugistes –, plus encore comme Pascal, que j'admirais par-dessus tous). Je n'aurai été rien de tout ça.

1928. Février. Le « père Baetz » meurt. J'assure l'intérim à l'orgue de la cathédrale. Cela me vaut, d'évidence, un statut

1. C'était un homme du Gard, qui prisait sans cesse, jusqu'à être en larmes en vos lieu et place, au récit de vos péchés. Il se mouchait dans un immense mouchoir à carreaux de la même couleur que son péché à lui : pain brûlé. Il avait gardé un accent languedocien, et ses « méditations », fort hypnagogiques, surabondaient d'adverbes en *-ment*.

2. La mort, on ne manquait pas de nous l'enseigner (le vitalisme n'était pas de mise), et la crainte d'elle : *veniet sicut fur...* Un « trait » rassérénait, emprunté au jeune saint Louis de Gonzague à qui, en récréation, on demandait ce qu'il ferait s'il savait qu'il mourût sur l'heure et qui répondit : *« Je continuerais de jouer à la paume. »*

3. A l'époque, on n'avait pas le ridicule de prétendre être « grand écrivain ».

privilégié, à la grande fureur de tante Léontine. Mes rapports avec elle se détériorent chaque jour davantage. Elle voit d'un très mauvais œil mes « relations mondaines » avec la *gentry* locale (surtout féminine), dont je suis un peu la « coqueluche » : organiste de la cathédrale à douze ans... Elle accuse le chanoine Charassel et le supérieur d'être ensorcelés par moi. A la tribune d'orgue, nous jouons des trios (orgue, violon, violoncelle), Manon M., Mme Saint-Pierre « avoué » [1] et moi. Manon ne me hait point (elle a quelques années de plus que moi). Je suis le tendre ami de son frère Pierre, qui est mon condisciple à la maîtrise et mon compagnon obligé lors des promenades annuelles de la chorale, régies par Charassel. Ma tante m'accuse de choses aussi fausses qu'anachroniques. Je joue au tennis avec les May et avec bien d'autres; je joue au bridge avec les dames du lieu; je fais du deux-pianos avec Mmes May et Charlotte Chaboux. Charlotte me présente à Gertrude Stein, étonnante excentrique, qui loue la ravissante demeure de Bilignin : elle m'amuse et m'intimide; je suis d'un âge trop tendre pour qu'une amitié naisse entre elle et moi : ce sera pour plus tard, et jusqu'à sa mort [2].

Tous les quinze jours, la plupart du temps sous la houlette du chanoine Charassel, je vais à Lyon, prendre leçon chez Edouard Commette, organiste-mécanicien de la primatiale Saint-Jean [3], puis chez Paponaud, plus sensible, titulaire de Saint-Nizier. Le chanoine et moi, nous déjeunons, et fort bien, au restaurant des Terreaux, sur la place de même nom, dont les tenanciers, les Trivier, sont apparentés avec une Belleysanne. Le cher chanoine est aussi gourmand que moi.

Je serai deux fois félicité publiquement, sous le règne de l'évêque Magnier, lors de la Saint-Anthelme; ce chartreux, évêque de Belley au XIIe siècle, est le patron du diocèse et celui (secondaire) de Belley. La première fois, à la procession de sortie, baiser de Mgr Chassagnon évêque d'Autun, qui me prédit que je serais évêque (...?); la seconde fois, baiser du cardinal Binet, archevêque de Besançon, métropolitain de

1. On la nommait ainsi pour la distinguer de sa cousine, Mme Saint-Pierre « notaire ».
2. Elle ne s'intéressait pas à la musique.
3. Il m'ennuya.

Belley [1]. Je n'en serai pas peu fier. Vers ou en 1928, l'évêque Magnier mourra et sera remplacé par un curé du Nord, Mgr Béguin, ultérieurement archevêque d'Auch. Pas de chance : s'il a une voix de stentor, il n'est pas musicien (ni distingué)... Le chanoine Charassel finira protonotaire.

L'exquise et fantasque Charlotte Chaboux me présentera encore à son ami Ennemond Trillat, professeur au conservatoire de Lyon, mort naguère, près de qui je prendrai des leçons [2] en 1932; aux Châlon, gens « très riches », ambigus (deuxième bureau, dit-on), propriétaires du château de Cuzieu, chez qui fréquentaient Prokofiev, Stravinsky (Pierre Souvtchinsky a été leur hôte). Par « Sainte-Pé » (Mme Sainte-Marie-Perrin), je connaîtrai Paul Claudel, son beau-frère : paralysé, je ne trouverai pas un mot à dire, tant sa superbe paysanne, naïve, pompeuse [3], cocasse, si loin de moi, m'abasourdira.

Je fus en constante intimité avec les May, Jacques et Michel, avec tous les Saint-Pierre, avant tout Jean II, le plus proche de moi en âge, futur bâtonnier de Belley, avec qui je serai toujours en amitié, lui, sa femme, sa fille, ses fils, surtout Dominique (je suis le parrain de sa fille); avec les Martin (qui m'aideront tant); avec Jean Pernollet, descendant du célèbre restaurateur, que Picabia, hôte de Gertrude Stein, parrainera en peinture.

Comme j'ai dit, Belley est alors un vivier d'« originaux » : Mme Maynial, femme d'un président du tribunal, qui possédait la Lavanche, ancien cellier de chartreuse, très masculine. Mme Zappa, grecque, a acheté la chartreuse de Pierre-Châtel, qui surplombe les gorges du Rhône, que, plus tard, elle voudra

1. Les déprédations qui ont suivi « Vatican II » ont fait de Belley un suffragant de Lyon, l'ôtant à Besançon. Le diocèse de Belley, fondé par Besançon au VIe siècle, peut-être transféré de Nyon, n'a appartenu à Lyon que de la Révolution à 1823. Anhistorisme de l'Église... Interversion de maternité... Évidemment, il y a un autocar Belley-Lyon.

2. Leçons bien peu magistrales : impressionnistes...

3. De Charles-Albert Cingria : le nonce à Paris fait construire une nouvelle nonciature (en 1924?); il mande son architecte et passe commande en ces termes : « *Fatemi qualcosa semplice, ma pomposo* ». Traduire *mais non sans quelque pompe*.

léguer à des « gens chastes, spiritualistes et végétariens »; elle y élève des paons blancs; quand sa gouvernante mourra, elle mettra longtemps à faire la déclaration de décès, nullement gênée par un cadavre en pleine... évolution. Les quatre demoiselles de Boissieu (je crois que nous les appelions les quatre sans-homme), chanoinesses, vont à la messe tous les matins en file indienne, par rang d'âge, et jouent au tennis en gants de filoselle. Le chanoine Tempier, professeur de physique et chimie au collège, se pastiche soi-même, tant ses tics et manies sont proverbiaux. Le chanoine Gruffaz, dit *la Chèvre* [1], le dernier des chanoines prébendés. Le chanoine Alloing, historien, grand pénitencier du chapitre : roux, sourd, et d'autant plus bénin. Mgr Tournier, vicaire général, archéologue passionné, qui croira un jour avoir avalé son dentier, que Tempier repérera à la radiographie et que sa « babette », heureusement, retrouvera dans son lit, quelques minutes avant qu'il ne soit opéré... Tant d'autres qui, si on les évoque, font taxer de fadeur l'humanité contemporaine.

Tout le temps du collège, cinq ans, je ne cesserai d'avoir des passions. D'abord René A., en 6e, mon premier rival – nous n'en sommes pas moins bons amis –, Gabriel L., qui me sera ravi par le Ténébreux, mon aîné de deux ou trois ans, mon second rival, envieux, jaloux (il l'est resté, ce semble); non que je le haïsse : je crois au contraire l'avoir aimé; mais il n'est que hargne mal contenue à mon égard; il deviendra supérieur du collège : nous aurons à en reparler. D'autres, devenus flous...

De mes professeurs, celui qui a compté le plus pour moi, c'est l'abbé Chauffin, en 3e. Il me voulait tout le bien du monde : j'en abusai de mon mieux. Sa chambre devint mon P.C., où je fumai mes premières cigarettes (hélas blondes). Fort intelligent et subtil, haï des élèves, il enseignera ultérieurement la philosophie, enfin l'allemand, avant de se retirer comme aumônier de l'hôpital psychiatrique Saint-Georges, près Bourg (il s'est engoué, hélas, du docteur Freud, qui fascine si fort le clergé). A l'époque, son *nec plus ultra* était Maurice Blondel : ce n'était pas le mien. Il est mort l'an dernier, je ne l'ai pas revu

1. Ténor, il chevrote.

les dix dernières années de sa vie. Ce qui donnait du prix à son amitié, aussi vive qu'irréprochable, c'est qu'il était pour tout autre que moi d'une sévérité sèche (le Ténébreux le haïssait). Grâce à lui, en lettres et grammaire, j'ai consolidé pour toujours mes acquisitions antérieures.

Printemps 1929. Le séjour chez tante Léontine devient infernal. Elle m'accuse d'être l'amant de M. (à treize ans!) et va porter ce grief devant Charassel et Besson... qui la désavouent, la renvoient chez elle et me relaxent. J'obtiens d'être interne : ce sera plus d'un an de bonheur, quelque mauvaise que soit la nourriture (et elle l'était!). Il y a des épreuves dans cette république d'enfants : pour moi, le patin à glace, le football, le ski, la varappe, la piscine...

Les vacances à Bains, je les trouve toujours un peu longues, regrettant mes privilèges de Belley. Je m'y adonne aux longues promenades, de plus en plus épris du dragon du sol de Bains, de plus en plus « romantique ». Vers 1930, j'ai pour compagne de promenade Mlle Andreux (Irma), vieille fille « voltairienne » qui a dirigé près de trente ans un pensionnat à Dresde : si elle parle français, elle pense en allemand. Elle s'est entichée de moi, non sans folie, mais, Dieu merci, « en tout bien tout honneur ». Je resterai son ami, jusqu'à ce que sa germanomanie la fasse hitlérienne. En 1937-38, je ne pourrai l'en absoudre : même ses amis allemands Stier (elle, française, lui, banquier, qui a longtemps séjourné en Iran) s'indigneront de son nazisme de néophyte [1]. Elle mourra pendant la guerre, haïe des gens de Bains, indemne de collaboration avec les Allemands, mais hitlérienne invétérée...

A la fin de la 3e (1930), je décidai de me consacrer plus à la musique (Bonne Rivette m'y poussait beaucoup). Rétrospectivement, je me demande si c'était pour tâter d'une carrière de virtuose ou si, tout bonnement, ce n'était pas pour vivre à Paris. J'avais ravivé ma passion pour Paris cette année-là : mon frère

1. A son retour d'U.R.S.S., Gide citait le cas d'une Française russomane, restée en Russie après la révolution d'octobre. En dépit de toutes les avanies qu'elle subit, en dépit de sa misère, elle ne cessa de chanter les louanges de son éden... Elle rédigea le récit de ses enchantements séraphiques et remit son manuscrit à Gide, qui ne lui trouva pas d'éditeur.

s'y était marié. Bonne Rivette me trouva une logeuse, Mme Singer, boulevard Péreire, très vieille dame, attristante, sternutatoire... Par l'accordeur de pianos d'Épinal, Lebarillier, j'avais été présenté à Pierre Maire, élève de Cortot, professeur à l'École normale de musique, fondée par ledit Cortot, dirigée par Mangeot. Pierre Maire me prit dans sa classe. On était censé travailler le piano cinq heures par jour : je crois n'en avoir jamais fait plus de deux ou trois. A l'école, je vis (plus que je ne connus) Cortot, Thibaud, Casals, Stravinsky (titulaire théorique d'une classe de composition) et son fils Soulima.

Nadia Boulanger. Coup de foudre : si elle n'avait pas eu à être si partagée, cette passion intellectuelle aurait persisté jusqu'à sa mort. Elle devait me donner maint témoignage d'affection, dont sa lettre annuelle de compassion au jour anniversaire de la mort de ma mère (qu'elle avait vue une fois). Par elle (ne quittons pas son domaine d'élection, extra-musical), j'eus la révélation d'une pompe funèbre [1] grandiose : au printemps 1931, à l'enterrement de sa mère, « née princesse Mestchersky », à la Trinité. Étonnant caparaçonnage... J'allais à son cours d'histoire de la musique, à l'École normale, et à son club de cantates, rue Ballu, le mercredi, rehaussé de figurants de prestige : Pierre de Monaco, les Loudon, la princesse Edmond de Polignac, Mme Paul Valéry... J'y vis (connus?) Marie-Blanche de Polignac, Ginette de Chambure, Hugues Cuénod, les Kédrov, Roland Bourdariat, des Américains... Son souffre-douleur était Mme Dujarric de la Rivière, née Friedmann, aussi zélée que peu douée. Son dieu? Igor Stravinsky (j'en fis le mien; c'était l'année qu'il créa, avec son fils Soulima, son *Concerto à deux pianos*). Son idole? Igor Markévitch, alors beau comme Lucifer. Je partageais *in petto* les drames passionnels qu'il suscitait (Diaghilev, Cocteau, Marie-Laure de Noailles). Malheureusement – ou plutôt Dieu merci –, il ne daigna pas jeter un regard sur votre serviteur. Je ne l'aurai jamais connu [2] : tant pis pour lui! Nadia citait sans cesse

1. Peut-être la perfection en était-elle due à l'intervention de Christian Bérard, apparenté, dit-on, aux Borniol.
2. J'ai connu sa seconde femme, Topazia Caetani.

Monsieur Bergson, *Monsieur* Valéry, *Monsieur* Gide... Si le contrepoint m'amusait, l'harmonie m'assommait, et je n'étais pas fou d'Annette Dieudonné. Une partie de mon snobisme [1] vient de Nadia, snobisme qui, peut-être, ne m'aurait pas quitté si le snobisme n'était devenu aussi désuet (qu'y a-t-on gagné? Rien d'évident). J'ai trouvé chez elle (j'étais « avancé pour mon âge », même « sexuellement », comme on ne disait pas) nombre de mes futurs amis. Nadia avait la plus haute idée de la musique et le don, rare, de la faire passer à autrui.

A son propos, j'ai eu l'occasion de savoir la haine. Je ne sais plus comment, en 1930, je connus Marie-Louise Boëllmann : elle haïssait Nadia, jusqu'à suffoquer et faire suffoquer, sans donner d'explication plausible [2]. (Elle détestait aussi Marcel Dupré, qu'alors je trouvais l'organiste des organistes, après Widor!). Cette haine me glaçait, quelle que fût mon affection pour Marie-Lou, chez qui j'allais de temps en temps faire de l'orgue et dîner. Il reste que, bien qu'elle fût boiteuse, Marie-Lou fut longtemps la gaieté personnifiée... jusqu'à ce qu'elle s'aigrît.

Cette année-là, comme toutes les autres, j'eus des passions. L'une pour Radu M., roumain, très bon pianiste (qu'est-il devenu?) : cette passion tomba d'un coup lorsque le pauvre, plus vieux que moi de quelques années, tenta de tirer de moi quelque bénéfice tangible. Sans succès. Je devais être un odieux provocateur [3]. Une autre pour France Franchat, belle-fille du metteur en scène Jean Choux (*Jean de la lune*), avec une petite hésitation pour son frère... En moi, la pudeur profonde,

1. *Sine nobilitate*. Est-ce l'étymologie? Alors je méritais de l'être, snob, puisque de parfaite roture. J'avais de la chance : bien qu'il fût déjà mort, c'était une bonne part des personnages de Proust qui figuraient chez Nadia. Si je compare ça à ce qui tient lieu de snobisme aujourd'hui, c'est comparer une orchidée à un bégonia de square! Je reviendrai sur le snobisme dans *Choix de pensées caduques*.

2. La même et inexplicable haine, à sens unique, je la retrouverai de Moré à Massignon, de Lise Deharme à Louise de Vilmorin : ces haines fondamentales, obsessionnelles, restaient unilatérales, en apparence, du moins.

3. Je n'ai jamais eu la moindre beauté : je ne suis pas « mon genre ».

dissimulée derrière une sorte de cynisme d'enfant « précoce » – mais, à Rome, on prenait la robe prétexte à treize ans ! –, l'emportait toujours sur cette ardeur, contenue, mais brûlante [1], à laquelle, au fond de moi, je donnais la primauté. La suite de mon existence ne le prouvera que trop. Des lectures innombrables affermissaient sans cesse ma passion de la passion.

J'allais beaucoup au concert, comme il se devait. Mes meilleurs souvenirs? Igor et Soulima Stravinsky (première audition du *Concerto à deux pianos*), les petits Cosma, Menuhin et sa sœur, Schnabel, Gieseking, Paderewski; au clavecin, Wanda Landowska (à Saint-Leu; ses interventions parlées étaient burlesques!); le trio Cortot-Thibaud-Casals; le quatuor de Budapest; à l'Opéra, *Iphigénie en Aulide*, avec Germaine Lubin; au concert du Triton (chère Hélène de Wendel!), Guillaume de Van faisant chanter par ses paraphonistes et le collège arménien le processionnal des Rameaux avec accompagnement de castagnettes; Toscanini *(La scala di seta)*; Monteux, Furtwängler, Mengelberg (j'ai changé d'avis); dans le genre super-comique : Cortot dirigeant les *Concertos brandebourgeois* salle Gaveau (les couacs de Nicolaï!). J'ai gardé d'Élisabeth Schumann un souvenir enchanteur.

Revenons à Pierre Maire, qui ne me voulut que du bien : il reste pour moi une énigme. Bon pianiste, excellent professeur [2], il était cultivé, comme rarement musicien à l'époque. Issu de riches industriels protestants d'Épinal, il n'était pas l'ennemi des échanges, mais il restait noué, et son humour, bridé. C'est lui qui, au piano, m'a fait passer au niveau supérieur. Et pourtant, j'étais un drôle d'élève. Pis : au cours, je chahutais; j'étais le benjamin des deux mâles [3] du cours, où je me liai beaucoup avec ma charmante payse (d'Épinal), Suzanne Vautrin, excellente pianiste; plus encore avec Éliane Accault, d'Hesdigneul, près Boulogne-sur-Mer, qui sera mon amie jusqu'à sa mort; elle tentera un jour de se suicider (d'amour, pour son Philippe) et mourra trop vite de tuberculose (il n'y

1. Le déniaisement que j'ai dit n'avait pas eu de lendemain.
2. Mon troisième et dernier.
3. Et quel mâle : quatorze ans. Toutes ces demoiselles avaient dans les vingt ans. L'autre mâle : Carasso.

avait pas encore d'antibiotiques). Bien que j'aimasse Pierre Maire, je chahutais irrésistiblement : rien de plus ennuyeux qu'un cours de piano, où il faut entendre *x* fois le « morceau imposé ». Pierre Maire n'a jamais paru s'apercevoir de ma mauvaise tenue au cours... Sa fin de vie sera navrante : à la fin de la guerre, il perdra son fils (maquisard), ne s'en consolera pas et se pendra. Cette fin ne fait qu'obscurcir davantage une vie dont le sens m'est resté opaque... Je devrais me repentir du chahut dont j'étais responsable, mais ne le puis : j'ai été, je suis encore, je serai toujours un élève [1] à déconseiller.

Je m'en voudrais d'omettre l'efficacité des cours de solfège (à l'École normale) de l'aveugle Raymond Thiberge : je lui dois en grande partie mes facilités de lecteur. Certes, ses cours étaient fastidieux ; mais comment ne pas se féliciter d'avoir maîtrisé, au plus tôt et au mieux, les mécanismes « psycho-physiologiques » nécessaires à toute discipline. Là, le zèle paie, là est le moindre ennui : devenues réflexes, ces associations, qui ne vont pas de soi, ne demandent plus d'effort et libèrent l'essentiel.

Je supportais mal l'hospitalité de Mme Singer, fortifiée derrière des constitutions domestiques contraignantes, assorties de basse surveillance. A Pâques 1930, je convainquis mes parents de me laisser émigrer place Malesherbes, chez Mme Gougenheim : c'était plus cher, mais la chambre, avec vestibule et salle de bains, était indépendante, donnait sur un jardin, et c'était à deux pas de l'École normale. Je lisais beaucoup, m'étant abonné à une librairie du quartier : Bergson, Valéry, Gide, Claudel, Larbaud, Maurois (qui n'était pas encore devenu l'objet du mépris des *happy few*, intellectuels ou autres). En dépit de la « permissivité » parisienne, j'avais la nostalgie de mon collège, de cette république de garçons, du lyrisme de la nature bugiste. La désolante inculture des musiciens d'alors me consternait. Je décidai de rattraper le temps de collège perdu et de « passer mon bachot ». Pendant les vacances, j'expliquai ça à mes parents. Ma mère, surprise, désolée, regretta une fois de plus que je remisse en question la carrière de virtuose (elle

1. Un auditeur, un spectateur *idem*.

rêvait toujours que je le devinsse). Je crois que, dès lors, j'avais *in petto* décidé de la rejeter [1]...

Je ne voulais pas me retrouver une classe au-dessous de mes condisciples de toujours. Je choisis d'aller à Nancy, au lycée Poincaré : bref cauchemar, que j'atténuai très vite en m'inscrivant au conservatoire, dans la classe Thirion; en dépit de quoi, je ne restai qu'un mois à Poincaré. Dès novembre, j'habitai chez ma cousine Madeleine [2] et, muni d'un maître de mathématiques, je fis seul une pseudo-classe de première. En fait, je ne « travaillai » guère : je décidai d'apprendre par cœur tous les théorèmes de géométrie, pour éviter le zéro (j'aimais assez l'algèbre) et d'ignorer la physique, qui me répugnait (j'aimais assez la chimie). J'étais en proie à la fureur de lire : Huysmans, que ma cousine lisait et relisait, mais surtout Proust, dont les derniers volumes étaient en train de paraître en librairie. Il m'envoûta. Je le lus et relus, bus et rebus jusqu'à « plus soif » (cette soif ne cessera que beaucoup plus tard).

A son sujet, je veux dire que, chez lui, je préfère, et de loin, les parties narratives, et, avant tout, les relations de soirées mondaines, leurs listes, leurs analyses. Son érotisme est aussi loin que possible du mien, et son ruskino-bergsonisme, de ma philosophie (si j'en ai une). Depuis que Proust règne universellement, la littérature « abonde », et les thèses qui traitent de lui [3]. Gide, qui ne cessa de le détester que du bout des lèvres, me racontera plus tard que, à la fondation Meyrisch, à Cabris, arrive un jour un professeur australien, qui vient de passer une thèse sur Proust avec mention « très honorable ». Gide le socratise et, après une longue patience, lui dit [4] : « Vous ne faites pas un instant allusion aux mœurs de Proust. Il ne me paraît pas possible d'ignorer que ces jeunes filles en fleur, à l'ombre desquelles Proust fait son ouvrage, ce sont des garçons,

1. Voilà qui révèle bien mon perpétuel balancement entre les contraires. J'aurais été sybarite à Sparte et laconien à Athènes.

2. Fille de feu Edmond, frère aîné de ma mère, et de Marthe Herbinot.

3. Le petit livre de mon ex-ami Deleuze n'échappe pas à la grisaille dans laquelle baigne ce qui se dit de Proust.

4. Je ne cite qu'en reconstituant : j'ai oublié les termes exacts. Que feu le contempteur des citations inexactes me pardonne!

qu'Albertine, c'est, entre autres, Alfred etc. Votre thèse n'en tient-elle aucun compte? », et Gide de faire révélation sur révélation au sujet des « déviations sexuelles » de Proust. L'honorable professeur, convaincu, accablé de honte d'avoir consacré son temps à un pédéraste et d'avoir souillé son nom en l'accolant à celui d'un sodomite, fit ses bagages et partit à jamais... Avec le recul, et toujours charmé par la part mondaine de l'illustre auteur, j'en suis venu à estimer que « le narrateur » en question est le plus menteur des écrivains, avec l'effrayant Aragon et Malraux l'affabulateur [1]. Sans m'attarder davantage, je convie mon lecteur, même indigné, à relire Proust, muni de mon révélateur. De surcroît, je suis outré qu'il ait adopté avec tant de crédulité les théories psycho-biologiques, voire psychiatriques, de l'amour : quelle réduction! comment se rallier à ces billevesées scientifiques? Quant au mécanisme des réminiscences à illumination, je n'y comprends rien. Je l'aime quand même... Il est certain que l'envoûtement de lui que je subis cette année-là n'aida en rien mon travail scolaire...

Ma cousine Madeleine, qui a aujourd'hui plus de quatre-vingt-dix ans, était enfin débarrassée de sa mère et, pour un temps, de l'armée [2] (elle détestait ses patrons militaires, sauf un, un appelé, le frère d'Edmonde Charles-Roux, qui allait se faire religieux en Angleterre). Élevée chez des nonnes en Belgique, elle n'avait eu que des mérites (faire face à la pénurie, pour sa mère et pour elle), sans avoir la moindre vocation pour la sainteté; elle était bavarde jusqu'à ne plus savoir ce qu'elle disait, têtue à en perdre la tête : au demeurant, la meilleure fille du monde. Fiancée au fils d'un colonel de Saint-Dizier (sa mère était de là), mort à la guerre de 14, elle lui resta fidèle et

1. Dans ses *Anti-mémoires*, il dit que son grand-père alsacien s'est défoncé le crâne avec sa hache en fendant du bois. Moi : « Il est vrai, André, que vous êtes un peu alsacien. » Lui : « Pas du tout. Je n'ai jamais eu de grand-père alsacien. » Etc.

2. De l'intendance (on disait « les riz-pain-sel »), où elle avait un emploi.

reporta son affectivité sur la colonelle Belin, mère du défunt, sur sa fille, Adrienne, et... sur Saint-Dizier. J'émettais des réserves : si sa mère était perthoise, son père était lorrain, que diable! Non, elle ne savait que Saint-Dizier, qu'elle a fini par regagner, vers quatre-vingt-cinq ans... Pour lors, la divine Providence, dans sa bonté, lui avait fait cadeau d'un long congé, en l'accablant d'une crise de tuberculose (elle ne trouvera le bonheur qu'à l'âge de la retraite), vaincue par un médecin de Nancy, qui était pour elle le vicaire de Dieu sur terre. Sa piété était toute tribale, sa dévotion, à dose homéopathique. L'année que j'étais chez elle, elle « finissait un pneumothorax ». Elle m'aimait beaucoup; c'était réciproque; je la trouvais savoureusement irrationnelle : qualité que j'ai toujours révérée chez les autres, encore que je ne fusse pas sûr d'en être dépourvu. Elle aimait la musique et Huysmans, et ses amies, dont les meilleures, à Nancy, étaient Mlle Godard, vierge prolongée, professeur de piano, sa sœur, Mme Beaugeard, veuve à Strasbourg, les deux sœurs Grumbach, tout à fait charmantes, Odette et Mimi, qui habitaient la même rue, avec qui nous jouions au tennis (fort médiocrement). Mimi, rousse, nasillarde, était un ange : en 1945, je devais apprendre qu'elle était morte en déportation...

Je m'étais fait quelques amis au lycée : Jean de Solliers, qui était également mon camarade au conservatoire, Picard, Axelroud, Jupille... Je voyais le plus Solliers, personnage énigmatique, qui semblait intéressé par moi, sans que je comprisse pourquoi... Tante Lucie était toujours là, bien vieille, bien seule; les Escande aussi, à Neuves-Maisons, mais plus d'Alexis (il était je ne sais où), plus d'Odette (elle était mariée avec un Italien de Bologne). Quant aux Delchard, Émile était jésuite, et Henri avait un fils : adonique [1]. En somme, ma vie « sociale » était simplissime : une fois par semaine, j'allais à la classe Thirion, au conservatoire, dont je suivais fidèlement les concerts, tous médiocrement dirigés par le médiocre Bachelet, de l'Institut, médiocre directeur dudit établissement. Thirion et moi, nous nous aimions beaucoup. Il était de Baccarat, et veuf (son fils aîné défraye encore la chronique littéraire, comme témoin du

1. Il mourra adolescent, quelques années après.

surréalisme). Louis Thirion parlait peu, mais souriait toujours (du moins avec moi), du bas du visage : les yeux restaient fixes. Il avait une liaison quasi officielle avec une de ses ex-élèves, organiste. Ses leçons étaient de pure forme : il ne disait rien, que ce fût au cours ou chez lui [1], où je dînais souvent. Sa classe du conservatoire comportait deux mâles [2] : Solliers et l'auteur de ce livre, et quelque dix femelles (les arts sont envahis par les femmes). Cette classe était outrageusement ennuyeuse : je la pris en main et en fis une cacophonie de chahut. Comme Pierre Maire, Louis Thirion ne sembla jamais s'en apercevoir. En matière de chahut, je trouvai une précieuse auxiliaire en Micheline Morris-Prévost, qui est de Luxeuil : quelques années plus tard, Thirion devait l'épouser et lui faire un fils, nonobstant ses trente ou quarante ans d'antériorité... Là encore, je ne « ferai » rien. En fin d'année, je n'aurai qu'un deuxième prix : faute de travail, j'aurai un trou de mémoire en plein milieu du « morceau imposé »; je n'en aurai pas le moindre dépit : cette scolarité de conservatoire n'avait été pour moi qu'un passe-lycée devenu inutile. Quant au bachot, je serai admissible avec 1 en mathématiques (le théorème!... Je suis naturellement tombé sur la géométrie); mais je serai recalé à l'oral : je suis naturellement tombé sur la physique et j'ai eu quelque chose comme 0,5. En dépit de cet accroc, j'avais réussi ce que je voulais : retrouver mes condisciples du collège. Je passai mes vacances à Bains, où je donnai maintes fêtes [3], qui déplaisaient fort à mon père, et tins l'orgue à l'église, sur la demande d'Élisabeth Demazure, quelque peu fatiguée par la Bénédictine; avec, comme constante mondaine, la Grande Maison, de Léontine Phulpin [4], et, constante passionnelle, l'étrange amitié de la vieille Irma Andreux. Il me semble que c'est à cette époque que le maréchal Pétain « illustra » Bains de sa présence et de sa cure : je lui fus présenté par une « baigneuse »

1. Il habitait avenue Foch, au-dessus des Schaeffer, chez qui j'allais dîner de temps en temps.
2. Constante.
3. J'occupais l'appartement de tante Amélie.
4. Ah! ses hurlements de triomphe : « Mon bon François, il paraît que vous avez passé vot' bachot! », qui explosèrent sur la place de Bains, la première fois qu'elle me vit cette année-là (encore que je n'eusse réussi que l'écrit).

étonnante, passionnée, Mme Z. ; en dépit de son âge, je répondais timidement aux élans d'un cœur resté jeune : dure épreuve pour ma pudeur, toujours intacte... Une autre « baigneuse » s'attacha à moi plus que de raison, Mme Devèze : elle chantait, avait enseigné au conservatoire de Rio de Janeiro ; elle souffrait de coliques hépatiques, qu'elle soignait au schoum et qui avaient anéanti sa carrière. Avec Bonne Rivette, toujours fidèle, toujours en activité, cela me faisait deux professeurs sur place, avec lesquels je consentais à faire l'élève, plutôt par affection et gentillesse : je n'avais strictement plus rien à apprendre d'elles... Je me liai un peu avec Monique Henry, fille d'un médecin qui n'était pas le nôtre : elle était devenue l'objet de la ferveur d'un Anglais vivant au Val-d'Ajol, Boulter, que j'avais rencontré dans le train Nancy-Belfort et qui me témoignait une flegmatique amitié. Avec Françoise Demazure aussi : j'atteignais un âge acceptable (elle avait quelques années de plus que moi). Je ne haïssais point un de mes partenaires, au tennis de Bains, très doué, Alain ; le sang portugais de son père faisait son visage un peu simiesque (je l'appréciais). Je l'aidais pour ses devoirs de vacances.

Victorieusement passé l'oral du « bachot » à Nancy, en octobre, je regagnai Belley, où je devins philosophe. Que de changements ! L'horrible abbé Rochet était devenu organiste de la cathédrale, en dépit du mépris qu'avait pour lui Mgr Charassel (pas question de le déloger) ; l'abbé Chauffin, celui du collège : inutile de dire que c'est moi qui le fus, sous son label (piètre prestige). Il m'était resté fidèle : nous avions longuement correspondu ; à des vacances de Pâques, il était même venu à Bains passer une huitaine de jours : il avait dû faire le pèlerinage de Noirmont, ma « colline inspirée », et avait aimablement participé à mon culte du dragon du sol. Ma classe, peau de chagrin, ne comptait plus que treize élèves. Disons, en bref, que je fus un cancre parfait : le chanoine Foras, maître de philosophie, m'endormait dans les dix minutes (quel raseur !). Je ne m'intéressai – étrange ! – qu'aux sciences naturelles, pas assez pour les approfondir. Je renonçai résolument à la place de « premier » au profit du Ténébreux, toujours aussi envieux, toujours aussi fascinant, lui et ses yeux de braise, et toujours amoureux de son Gabriel. J'avais cessé, et pour toujours, d'être un élève et ne me vouai qu'aux mondanités, à la musique et à la littérature.

Littérature? J'avais une grosse pièce sous la main : Gertrude Stein. Elle avait quitté le ravissant Bilignin pour Culoz (maison Doucet), était toujours aussi cocasse et gourmande; elle hébergeait Picabia, Francis Rose et un tas d'autres gens que je ne me rappelle plus. J'avais du mal à l'entendre quand elle parlait anglais... Charlotte Chaboux me menait chez elle en voiture. Elle me menait aussi chez ses amis Clairet, à Chambéry ou à Aix : lui était chirurgien; sa femme chantait, surtout les *Chansons de Miarka*, d'Alexandre Georges : je l'accompagnais. J'étais très sensible au charme de leur fils : il ne l'a jamais su. Mme May avait toujours ses deux pianos, mais Jacques était à Lyon et Michel à Grignon. Sainte-Pé restait le sarcasme fait femme, et si incongrue : elle me plaisait. Jean Saint-Pierre était en faculté à Lyon. J'aimais bien Monique Desjardins, poursuivie des ardeurs d'Albert D., revenu à Belley je ne sais plus pourquoi [1] : elle était sur le point de faire la bêtise de sa vie, *i.e.* épouser Cyrille R., fils d'un étrange auteur Plon (parti à jamais avec sa jeune bonne) et d'une fille Labâtie, de Marlieu, laquelle était en passe d'épouser en secondes noces Maurice Lorrain, P.D.G. de la Société générale (quelle abominable créature!). Je voyais souvent François Eyraud, que j'avais connu à sa dernière année de collège; cousin de Dullin, il était châtelain près Saint-Paul d'Yenne (il est mort naguère, après avoir été chirurgien à Feurs). Et puis les Franquin, dont Huguette (je reviendrai en septembre 1933 à Belley pour assister à son mariage avec Blanchet, qui mourra à la guerre : elle est devenue depuis la générale Buis); sa sœur Josette épousera Jean Saint-Pierre. Manon s'était mariée (elle aussi!) avec un futur colonel.

Ma vie au collège? (il fallait bien que j'y restasse un peu!) : fumer dans la chambre de l'abbé Chauffin, l'agacer par mon scepticisme libertin, qu'il tolérait plus ou moins bien; céder à une passion qu'avait pour moi Marcel L., fils d'un médecin de Saint-Julien-en-Genevois, tout en lui préférant Étienne du M., fils d'un châtelain de Marboz, mon cadet de trois ans, nanti

1. Par paresse?

d'un frère aîné qui, lui, était en 1re et me poursuivait de ses hypomanies. Étienne, dit Titi, mourra à la future guerre, dans son char. Quelle chance il a eue! Chance négative, mais certaine, qui lui vaut, dans ma mémoire, une place d'ange entre Ariel et Dargelos, des *Enfants terribles*. J'en aimais aussi d'autres (où sont-ils?) : akènes d'érable, qui tourbillonnent dans l'air du soir...

L'année se termine : il faut se présenter au second bachot, à Bourg. Sous les sarcasmes du Ténébreux, je suis admissible (je me demande comment). L'oral se passe à Lyon, où nous allons coucher, la veille, à l'hôtel; je partage une chambre avec Marcel : c'est ma première nuit d'amour [1]. Résultat : je suis recalé à l'oral (je n'avais pas dormi une minute); Marcel, lui, passe (il avait été meilleur élève que moi et ne haïssait pas la physique : toujours elle!). Le Ténébreux triomphe. Disons tout de suite que je réussirai l'oral en octobre et que le Ténébreux en sera pour ses frais (je devrai, sans zèle, potasser pendant les vacances quelques aide-mémoire destinés aux cancres des boîtes à bachot). Je ne reverrai plus le Ténébreux avant les années 60.

Les vacances 1933 ressemblent beaucoup aux précédentes (tennis, fêtes, mondanités). Je reviens en Bugey : chez les May, à Arcollières, exquise maison du Petit-Bugey, chez les Clairet, au Bisollet : j'ai l'honneur insigne de me baigner dans le lac du Bourget en compagnie d'Henry Bordeaux, phoque bénin, flottant entre ses deux filles au fil de l'eau. Cet idiot de Marcel m'ayant persuadé de me faire circoncire, « par hygiène », le docteur Clairet m'opère gratuitement : mais j'en vois trente-six chandelles. Je regrette encore de l'avoir fait. Je rejoins M. L. à Saint-Julien (nous passons notre temps à Genève). Chez les du M., à Marboz, séjour étrange : la mère est morte; le père termine une vie de hobereau toute digestive; la sœur aînée s'est mariée en Mâconnais; restent les trois fils, dont le dernier, élevé à la diable, parle comme un charretier. Drôle d' « atmo-

1. Dans un lit. Il fallait bien qu'il y en eût une.

sphère ». J'aurais pu y connaître Miquette Dulong de Rosnay, leur cousine : n'anticipons pas sur l'année qui suit. Pendant ces mêmes vacances à Bains, Suzanne Vautrin, qui vient souvent me voir d'Épinal, me persuade de me présenter au conservatoire de Paris. Soit! Je reprends quelques leçons chez Pierre Maire, en vacances à Épinal. Et pouf! la divine Providence [1]! Huit jours avant le concours, au lieu de couper du pain (je suis d'une maladresse insigne), c'est la main que je me coupe : le docteur Henry (où était donc Rose?) me met cinq agrafes – j'ai toujours la cicatrice. Adieu concours! A Paris, j'irai, en auditeur, au cours de Lazare-Lévy, qui me confiera à sa répétitrice, Mme Giraud-Latarse, la plus virulente mégère à piano du monde; je ne la supporterai que deux leçons (sur la sonate d'étude de Czerny) : c'est tout juste si elle ne tape pas sur les doigts à coups de règle. Lazare-Lévy n'est pas sans m'amuser; doué des mêmes facilités de lecture et aussi peu travailleur que moi, petit, myope comme une taupe. Il lui arrive, au concert, notamment quand il remplace Cortot dans le trio Cortot-Thibaud-Casals, de se lever de son tabouret et de se mettre le nez sur la partition pour déchiffrer. J'assiste aux mercredis de Nadia Boulanger, ne serait-ce que par affection pour elle, et par snobisme. En fait, j'ai de plus en plus la conviction que pianoter n'est pas un digne moyen de gagner sa vie [2].

En octobre 1933, je suis donc revenu à Paris, où je suis décidé de vivre désormais. Bonne Rivette – toujours elle! – convainc ma mère de me mettre en pension chez Mme d'Artemare [3] (née Buzonnières), au coin de la rue de Boulainvilliers et de la rue Bois-le-Vent. Je resterai deux ans chez elle. Veuve, elle vit avec

1. J'aime cette expression depuis que le cardinal Feltin l'a illustrée. Interrogé sur la mort de son successeur, le sinistre Veuillot, il répondit ainsi : « On voulut être évêque, on le fut; secrétaire de l'Assemblée du clergé français : cela se fit; employé de curie : pas d'obstacle; coadjuteur, archevêque, cardinal : on le fut... Et pouf! la divine Providence... » Admirable exemple d'humour et de haine feutrée ecclésiastiques.

2. « Gagner sa vie »! Vraiment? Il la faudrait gagner? Ah non! Gagnons le paradis, rien d'autre.

3. Artemare, paroisse du Bugey, aura été l'une des constantes de ma vie.

l'aînée de ses filles, Marie-Madeleine, qui œuvre avenue Mozart pour Mme de Bonneval. Son fils André, architecte déboussolé, sans chantier, et sa femme, Dany de Grandchamp, y viennent prendre leurs repas. Je m'efforcerai de supporter Mme d'Artemare, qui, dans la dèche, se compose une mine exagérément affable face à des hôtes qu'elle n'eût jamais souhaité avoir chez elle en des temps de moindre pénurie. Elle a du cœur, mais son lyrisme évaporé, avec syncopes, sonne faux, alors que ses cris d'oiseau chic et cruel sonnent juste. Elle est éprouvante : elle manifeste des malaises de susceptibilité aussi pénibles qu'héroïquement retenus. A table, elle est toute rigueur et n'admet aucune infraction aux usages. A dire vrai, c'est une mère poule étique. Marie-Madeleine, décolorée, fait front contre l'adversité avec une sainteté d'automate. André (a-t-il tout perdu au jeu?) laisse pantois. La merveille, c'est Dany : peu de femmes ont une suavité aussi naturelle, aussi enveloppante. Elle doit, elle aussi, travailler, pour compenser les échecs de son mari. Sa sœur, Plote, « endiablée », vient souvent. Elles sont très liées avec Madeleine de Tinan, héritière de Debussy, et avec Pierre d'Arcangues. L'autre fils, Philippe, marié à une Sérot-Alméras-Latour, parente des Chavane de la Manufacture, à Bains, habite à quelque 500 mètres de sa mère. Les deux autres filles ont épousé, l'une un Davout d'Auerstaedt (d'où postérité), l'autre, le délicieux Claude de Grivel (elle a pu faire annuler un mariage antérieur avec un élégant conservateur de petits pois, trop décadent, dit-on; les réticences de Mme d'Artemare suggèrent suavement une explication : il ne devait pas être très « porté sur les femmes »). Voilà pour la tendre nichée de Mme d'Artemare.

Nous sommes trois pensionnaires : Guy de Seilhac, Bayat, secrétaire d'ambassade persan, et moi. Bayat, célibataire en rut, brutal, va se précipiter sur moi, et ce n'est pas une mauviette : je n'aurai aucun mérite, mais beaucoup de mal, à ne lui céder point; de dépit, il quittera la rue de Boulainvilliers (encore un coup, étais-je tellement provocant?). Guy et moi, nous serons très bons camarades, bien que nous n'ayons rien en commun. Docteur en droit, il fait un stage dans une banque. Les Seilhac sont marquis en Bas-Limousin; la marquise est hollandaise et huguenote. Guy a un frère aîné, Martial, dit Marsy, que je ne verrai jamais – il est quelque part au Maroc, et mourra prématurément, de même que Guy –, et une sœur, qui deviendra la générale de N. Ses amours? (j'étais son confident) : une comtesse briochine d'extraction, en veine d'adultère, qui ne m'enthousiasme pas. Comble d'agacement, il est du Jockey et d'Action française (fleur de lys à la boutonnière et canne jaune). Il caresse souvent sa chevalière armoriée. J'aime bien sa cousine (née des Georges), Éliane de Castelbajac : elle est aussi rieuse que Guy est d'un naturel triste, aussi peu snob que Guy l'est. Pourquoi l'intéressé-je, Guy? Il ne m'intéresse pas, lui, ni son ami Marestaing, pour qui il a une grande admiration, et pour sa voiture rapidissime, avec laquelle ils vont vers leur sud-ouest ancestral. Il tient à me présenter à son ami Bernard Gavoty, A.F. lui aussi, qui débute une carrière musicale et pour qui mon antipathie est immédiate : je le trouve très mauvais pianiste, très médiocre organiste. Mes « dons » musicaux ne font que l'agacer, et il manifeste son dédain de ma roture (il n'est pourtant pas plus « né » que moi!). Après quelques rencontres fortuites, nous en resterons là : je ne le reverrai jamais. Il sera académicien et accablera monde musical et médias de sa notoriété indue [1].

En revanche, par Guy, je me lierai avec deux personnages qui, le second surtout, joueront un rôle dans ma vie. D'abord Roger, baron de Bonnafos, châtelain de Lamothe à Calvinet, Cantal. C'est un personnage. Il a fait annuler son mariage avec une Saint-Seine, à qui il a fait un long procès pour qu'elle lui restitue les bijoux de sa mère; il a un autre procès en cours [2], depuis des années, contre son curé, qu'il accuse de procommunisme (il est, lui aussi, d'Action française et vitupère contre le rédacteur en chef de *La Croix*, son compatriote auvergnat). Le curé a fait démolir son banc seigneurial, dans l'église du lieu : à cause de quoi il va à la messe dans un village voisin. Il est très gourmand, amateur passionné de musique (pourquoi?). Il s'est

1. Comme les trois quarts des notoriétés.

2. Bien entendu, en dépit de ou grâce à maître Boivin-Champeaux, il perdra son procès, comme la marquise de Boisseulh, dans les mêmes temps et avec le même avocat, perdra le sien contre les Giscard : elle était la dernière des d'Estaing, si je ne me trompe, du moins la dernière ayant droit de cette famille.

entiché de moi. Avenue du Colonel-Combes, dans son hôtel, il a un bon piano; en Auvergne, il a un orgue et un moins bon piano. Je lui jouerai tout ce qu'il voudra : sa table est exquise, aussi bonne que seront celles de Marie-Blanche de Polignac, de Ginette de Chambure, de Suzanne Tézenas. Me voilà donc enchanté de manger à ce râtelier et d'échapper au triste ordinaire de Mme d'Artemare. Mon snobisme a de quoi se satisfaire : chez lui, rien que de l'aristocratie, et « de la meilleure » : Candé, Sainte-Croix, « Lolotte » de Lasteyrie (c'est un monsieur), le colonel Kuhlman, délégué de l'Action française en Alsace pour les protestants (qui m'est fort sympathique), Durand (« tout ce qu'il y a de bien » en Languedoc, parent des d'Andoque), les Tocqueville, les frères comtes Ostrorog (dont l'un, qui a épousé une héritière de Zaharov, est possessionné sur la Corne d'or à Constantinople, et l'autre, diplomate), Isabelle de Chabrol, Mimi de Bernis... Il me mènera chez la vicomtesse de La Grandière, née d'Abzac (je crois) : brouillée avec son fils (mal marié : avec une fille pas née!), elle a une superbe collection de peintres « jansénistes ». Mes premières conversations avec ladite vicomtesse : « Cher Monsieur, j'ai bien connu votre grand-père, le baron Michel, qui fut préfet d'Orléans. C'est la seule préfecture où je sois allée danser. Quel homme merveilleux! » Deux ou trois fois de suite, je tenterai de rectifier cette fausse généalogie [1] – j'étais bien mal élevé –, jusqu'à ce que je comprenne que, selon son éthique, la vicomtesse, loin d'être sotte, ou sourde, veut s'en tenir à l'arbre auquel elle m'accroche, pour que je ne sois pas indigne d'aller chez elle... Il me fallait m'affiner davantage, si je voulais satisfaire mon snobisme, être « reçu », et comprendre que « le monde » est animé de tout autres valeurs que logiques. Quand j'irai en Auvergne chez Bonnafos – deux ou trois fois –, j'aurai sous la main tout le nobiliaire d'Auvergne : Miramon-Fargues, Miramon-Pesteils, Léotoing, d'Anjony, Sarret, d'Humières (ils sont faux!)... Berthe de Sarret, veuve d'Hughes, est mariée au marquis angevin de Pron-Leroy, qui « ne fait de bicyclette

1. Je suis d'un naturel modeste : l'idée de me prétendre sorti de la cuisse de Jupiter ne m'a jamais effleuré, et je suis de plus en plus fier de ma roture : du moins suis-je sûr de remonter plus haut que l'an mil. Et puis... un baron d'Empire! Piteuse volée!

qu'en Anjou, sur des routes plates », et parle comme un pigeon, « Coco » de Miramon-Fargues à Fargues *(von und zu)* : sorte de cacatoès à binocle, qui bégaie et se frotte sans cesse le nez; sa fille Thérèse, une bonne pâte, n'a pas dû trouver d'acquéreur : ils n'ont plus le sou. Le préféré de Bombonna – c'est ainsi qu'on l'appelle hors de sa présence – est son filleul, Roger de Sazilly le mutin; il ne le prendra pas pour autant comme héritier : par discipline généalogique, il testera en faveur d'un lointain cousin à lui, qu'il connaît à peine, mais qui porte son nom. Il a deux béquilles sur cette terre auvergnate, deux frères : son chauffeur, Paul, et son valet de chambre, dont le nom m'échappe (pourtant, j'avais un faible pour lui...). Je serai ami avec Bombonna jusqu'à l'année de mon service militaire; je cesserai de le « voir » quand j'aurai su, par les Demazure, de Bains, qu'il a pris près d'eux des « renseignements » sur moi : ma roture n'a cessé d'être fière, et, tout roturier que je suis, je ne suis allé que chez un seul flic, temporaire – oh combien! –, l'admirable Pierre Bertaut [1].

Je veux relater un voyage que j'ai fait avec Bombonna et Durand, de Calvinet à Maurs, Conques (quelle merveille!), Figeac, Rodez, Vezins (chez le colonel-comte du nom; quel beau château Louis XIV!), Millau, le causse du Larzac, le pas de l'Escalette, Lodève (la brusque substitution de la flore méditerranéenne à celle d'altitude ravit), Pézenas et Montagnac, où nous descendons chez Isabelle de Rodez [2]. Nous revenons par la Montagne Noire, En-calcat, Toulouse, Montauban (le collège a encore une maîtrise, et excellente), le château de Montal (alors aux Fenaille), le prieuré de Fénelon : Carennac, le château de Castelnau. C'est mon premier contact

1. Gendre de Supervielle, agrégé d'allemand, résistant, commissaire du Gouvernement provisoire à Toulouse, préfet de Lyon, enfin chef de la Sûreté, il sera appelé à témoigner, lors du procès des bijoux de la Bégum, en faveur de Lecca, son camarade de maquis. Il dira au juge quelque chose comme : « *Il ne faut jurer de rien; cependant les bandits ont peut-être leur honneur, plus sûrement que les magistrats.* » Cela lui coûtera son poste : il reviendra à l'université. Je pense que c'est le seul exemple d'une telle grandeur dans la police.

2. Nous nous aimions beaucoup, elle et moi : je l'aimais d'autant plus qu'elle avait quelque ressemblance avec ma mère. Nous avons correspondu longtemps.

avec la civilisation du Sud-Sud-Ouest... Voilà pour un Bonnafos qui mourra d'une crise d'urémie (ou d'apoplexie) vers la fin de la dernière guerre.

L'autre personnage qui devait compter dans ma vie, c'est Jacques G. : reportons-le à 1934-1935 (j'ai gardé l'habitude de penser par année scolaire). J'allais fort peu en Sorbonne, où j'étais inscrit à la faculté des lettres. André Verley, frère de Pierre, qui habitait rue Raynouard et jouait du violoncelle, se chargeait de « prendre » pour moi les cours non publiés; il est aujourd'hui moine à Randon. J'étais encore plus rare « au droit », mais le chahut infligé à Jèze m'y attira une fois : beau chahut, qui servit de prélude aux « événements » de 1934 (inverses de ceux de 68). A ma surprise (je n'ai fait qu'avaler *grosso modo* les cinq Dalloz qui traitent des matières au programme), je réussis à l'examen de fin d'année. Je revendis les Dalloz sur les quais. Je ne m'inscrivis pas en deuxième année. Seuls cours de Sorbonne qui m'eussent intéressé : Constans (César), Collart, excellent glossateur de Thucydide et d'Aristophane, Georges Dumas : tout au long d'une année, j'irai à Sainte-Anne, où il montrait ses fous, le dimanche matin. J'assistai une ou deux fois au cours mélodramatique de Gustave Cohen, le commentateur du *Cimetière marin* : ce grand invalide de guerre, assisté de Jacques Chailley et de son *Alauda,* traitait d'*Aucassin et Nicolette*. Gustave Cohen était une réplique de Sarah Bernhardt. Cours sternutatoire. Seuls bons souvenirs : « *les Perses* » et « *Œdipe-roi* », joués par les étudiants du groupe d'études grecques. C'est peu.

Mes visiteurs rue de Boulainvilliers : Bernard Michelin, le violoncelliste; il durera peu. Townsend, Anglais botticellien, qui m'a abordé à un concert et joue assez bien du violon; il flirte avec Odile de Lenoncourt (grand nom lorrain) et Geoffroy de Thoisy, qui habite Gisia, sur le dernier pli du Jura surplombant la Bresse. Townsend, pilote d'avion, est mort à la dernière guerre. Un camarade de Sorbonne, frère d'une future amie à moi, grande pianiste, vient me faire la cour, une cour très « poussée ». Il est trop poudré, trop parfumé, trop langoureux : je ne réponds à ses instances qu'au plus près de la courtoisie, le laissant s'activer comme il peut, jusqu'à l'orgasme, que j'atteins en écho [1] (je ne l'ai jamais revu). J'agis de même avec Jacques S., qui, plus tard, sera « dans le cinéma », je crois. Ces miens orgasmes m'inquiètent. Ces garçons étaient indéniablement efféminés, « pédérastes » : l'étais-je donc aussi? Guy me raille quelquefois (d'évidence, je ne cours pas les femmes). Le mot me fait horreur. Bien que j'aie eu une ou deux aventures féminines [2], je veux me confirmer sur-le-champ que je suis « normal ». Étant tout sauf riche, je vais avec la première fille venue, dans un hôtel de passe à bas prix, près de la République. En cinq sec, je lui rends les honneurs du mâle et quitte vite l'honorée et son palais. Je suis enchanté et rassuré : ouf! je ne suis pas pédéraste [3]! Fort de ce constat, je vais entamer sans vergogne une grande carrière érotique, avec la meilleure conscience du monde, sans céder au comique folâtre auquel trop de pédérastes se croient tenus de sacrifier, comme si c'était tous les jours carnaval.

L'amour-passion, qui m'a inspiré de la tendre enfance au soir de la vie, auquel je suis parvenu, ne m'a jamais donné de remords; tout au contraire. Très vite, j'ai eu assez de lettres pour savoir que c'est celui dont traitent Grecs et Latins (et tant d'autres). La détérioration [4] que je regrette plus haut est déjà patente dans Euripide (comparez avec Eschyle, Sophocle, Pindare), qui suscita les sarcasmes d'Aristophane. *Idem* de Virgile à Catulle et à Pétrone.

A ce sujet, je voudrais dire mon étonnement devant un fait peu remarqué : comment ecclésiastiques, professeurs, lettrés ont-ils pu, peuvent encore pratiquer ce que j'appellerais la *lecture aveugle*? Depuis quelque cinq cents ans, tout ce beau monde, nanti d'une morale sans faille, a lu Platon, Virgile,

1. Je n'ai jamais eu la moindre difficulté « sexuelle », avec quelque sexe que ce fût : aucun complexe... Je ne me crois pas pour autant le taureau de Vaucluse.

2. Par courtoisie, dans ce livre, je n'évoquerai aucune de ces aventures : d'abord j'en ai eu trop peu pour que ça valût la peine d'en parler, et elles ne furent jamais sources de vraie passion chez moi.

3. L'année d'après, pour la même raison, je referai la même expérience, au Sphinx, chez les frères Sarraut, avec une jolie Martiniquaise : même succès, même constat.

4. N'est-ce pas l'écueil de l'angélisme? « A trop faire l'ange, on fait la bête », disent les casuistes. Oui; mais, à trop faire la bête, on ne fait pas l'ange, Messieurs.

Shakespeare etc. sans relever l'« immoralité » de leurs écrits. Pendant tout ce temps, les législateurs, notamment religieux, sur lesquels la morale s'appuie ont condamné, incarcéré etc. des gens qui ont les mêmes mœurs que celles de leurs « grands hommes », de leurs « grands auteurs », de leurs « grands penseurs », de leurs « grands artistes ». Pendant tout ce temps, eux lisent (sans lire), admirent (sans voir) etc. Comment cette *lecture aveugle* est-elle possible? (qu'on se rapporte à l'anecdote de Gide et de l'Australien). Il est dommage que ce fait, si remarquable, si peu observé, n'ait pas donné lieu à une étude sérieuse, qui aurait élucidé cette étrange faculté, que l'on doit distinguer clairement de l'hypocrisie, bien qu'elle ne l'exclue pas.

Ne nous attardons pas sur la répression religieuse (juive, chrétienne, islamique) et laïque (de nos jours : Russie, Chine etc.). En France, depuis une vingtaine d'années, on a plus ou moins aboli la législation féroce qui sanctionne l'amour. Le corps médical n'aborde plus le sujet sans ambages; cependant, il en est toujours à le traiter de déviation, de perversion sexuelle, de pathologie mentale, bien qu'aucune observation clinique ne le justifie. Les médecins se déshonorent : ils ne peuvent qu'approuver la solution russe du problème, c'est-à-dire l'internement psychiatrique pour « dissidence » sexuelle (en Chine, chez Khomeyni, c'est la mort). Bien des pédérastes, d'ailleurs, consentent à insérer l'amour dans la liste des maladies mentales ou des anomalies biologiques (Proust). Bien des pédérastes, notamment par leurs récentes associations 1901, clubs etc., érigent leur « différence » en raison d'État, en syndicat de revendications, et, par là, justifient la répression (après la « permissivité », elle reprendra vigueur). Je ne souhaite pas que l'amour soit « reconnu officiellement » : il est trop haut pour être attaché si bas et n'a rien à gagner à l'être. Qu'on pense à ce qu'« ils » ont fait de l'autre amour, le plébéien, dit Platon : merde vendable, « porno », presse du cœur, chansonnettes, show-business, cabarets etc. Pédérastes syndiqués, si vous obteniez satisfaction, les ornières de vos chemins s'approfondiraient, et vous y seriez vite embourbés. Il faut continuer d'affronter les rigueurs de la tribu, que l'amour soit une victoire *secrète*, non une norme. Les passions de l'amour, ces mirage sont d'ordre personnel : elles ne concernent ni l'État, ni la tribu.

Quant à la pédérastie [1], elle n'existe pas.

Il m'a fallu un certain temps pour affronter, en moi-même, l'opprobre, la matraque du sens commun, les plaisanteries triviales, les allusions grasses, tout l'arsenal dont la tribu dispose pour se défendre d'un danger imaginaire. La victoire acquise (sans forfanterie, assez vite), je m'en remets à la « force tranquille »(!) qui désarçonne le héraut de la loi et, armée de l'esprit d'offensive pacifique, écarte la défaite. Je n'aurai jamais été « exemplaire », ni voulu l'être, ni mérité d'être pris pour tel. J'ai toujours préféré passer pour un « provocateur » et accorder plus de crédit au paradoxe qu'à la *doxe* (l'opinion publique), déjà tenue pour une non-valeur par l'inventeur de la philosophie [2]. Les lieux communs ne réfèrent qu'à des normes, notions abstraites s'il en fut : l'histoire, cette catin qui se couche devant le premier venu, n'en a confirmé aucune.

Ma camaraderie avec Guy fut mise à rude épreuve lors des « événements [3] » de février 34; il prétendait « aller au feu » (ce que je ne crois pas : il était loin d'être un héros). J'allai voir. Mon sentiment fut double. Peur que la plèbe-masse triomphât, comme en 93 ou sous la Commune, mépris pour les Croix de feu, pour l'Action française et pour les nationalards. Je lisais souvent *l'Action française :* j'appréciais les éditoriaux de Daudet, la revue de presse de Gonzague Truc. Mais Maurras me tombait des mains, lui, sa dialectique, son nationalisme et ses quarante rois qui ont fait la France (dont seuls les deux derniers me concernent, puisque lorrain suis). Guillaume II fut-il l'empereur des Alsaciens-Lorrains annexés? Ma politique, si j'en avais une – mais je n'en ai point –, me situerait « à la

1. Qu'on veuille bien me pardonner de n'adopter pas les fines distinctions scientifiques contemporaines : homosexualité (allemand!), homophilie, philhomie etc.

2. Platon.

3. Mon existence aura connu deux séries d' « événements » et deux seules : ceux de février 1934 et ceux de 1968. Litotes.

droite des gens de gauche et à la gauche des gens de droite », pas du tout au centre. J'ajoute que, à de très rares exceptions près, quelque catastrophiques et étendues que fussent leurs conséquences, les idées politiques m'ont toujours semblé tourteaux de dernier ordre, que, les politiciens que j'ai connus, je les ai la plupart du temps jugés pour le moins médiocres, que je regrette fort le temps qu'il n'y avait pas de politique : il devait être beaucoup plus coloré que le nôtre, engrisaillé par les nuées idéologiques ou englué dans les boues électorales. En fait, je n'ai jamais eu le moindre esprit civique : je n'ai jamais voté.

Tout s'arrangea, et je restai bon camarade avec Guy. En 34-35, le Persan fut remplacé par Toinon Bourdon de Nanclas, gentille petite bonne femme, primesautière, par qui je connus la follette Élisabeth Sauty de Chalon, nièce de Mme Octave Homberg, « la veuve Mozart ». Quelle drôle de nature elle avait! Elle m'adorait... jusqu'à épouser un Brésilien du nom d'Iollas, je crois. Je ne l'ai jamais revue, pas plus que la Toinon.

Aux mercredis de Nadia, en 1934, on apprenait la *Perséphone* de Stravinsky. La première eut lieu à l'Opéra, je crois. C'était une commande qu'avait faite Ida Rubinstein à Stravinsky. Le livret, de Gide, était des plus plats, mais fort belle la musique d'Igor que, ô dérision, Gide détestait. Chez Nadia, Edmonde Charles-Roux, l'actuelle chancelière de fer, était la récitante... J'étais très ami avec Alex de Graef, nièce de Loudon, l'ambassadeur des Pays-Bas à Paris : elle habitait au coin La Bourdonnais-La Motte-Piquet; avec Hugues Cuénod, dont les vertus inhérentes au protestantisme renforçaient l'helvétisme de son âme; plus encore, et pour toujours, avec Roland Bourdariat, l'un des esclaves de Nadia, qui était alors le Pollux d'Emmanuel Boudot-Lamotte [1]. Cette amitié me valut d'être convoqué devant un arbitre, un *pater Tmolus* pas très édifiant, dans une des boîtes de nuit de Rills, grand entrepreneur en ce genre de

1. La mère de « Nell », qui vénéra à la folie Bruno Walter, finira par mourir. Il mettra longtemps son couvert à table, mais le spectre de la défunte déclinera toujours l'invitation. Nell avait trop lu le docteur Freud. Il est mort naguère, m'ayant depuis longtemps pardonné.

commerce. Je m'y rendis. L'arbitre en question était André Fraigneau, lecteur chez Grasset. Il me traita avec beaucoup de hauteur : « Il paraît que vous êtes de Bains-les-Bains! » Je ne voyais aucun mal à cela, mais j'omis bêtement de lui demander d'où il était, lui. Je dus – très peu de temps – écouter une sorte de réquisitoire, entrecoupé de lampées d'alcool, qui tendait à établir que j'étais un voleur d'enfant (Roland a près de trois ans de plus que moi), un briseur de ménage, Dieu sait quoi. Je mis fin à l'éloquence éthylique dudit magistrat et me levai pour partir, sans menottes, m'en remettant sur le fond, avais-je dit, à la décision de l'intéressé. Je partis chat en poche : Roland me suivit, plantant là procureur et plaignant. C'est l'une des deux fois que je brisai un lien.

Chez Nadia encore, je trouvais François Valéry, fils de Paul, encore dans les jupes de sa mère, bien qu'il eût mon âge. Pouquoi me souvient-il que je le ramenai un jour, en taxi, de la rue Ballu à la rue Beaujon (il était toujours démuni d'argent). Ce ne fut pas le début d'une amitié. De conserve avec Markévitch, Nadia en fera une autorité de son royaume, la république, un diplomate du siège. Mais c'est anticiper.

Revenons en 1934. De la rue de Boulainvilliers, j'allais très souvent voir Éliane Accault, qui vivait à l'hôtel, rue Madame, éperdue d'amour pour son Philippe. Autour d'elle, s'était aggloméré un groupe hétéroclite, dont un architecte (Dubreuil), une énorme dentiste en apprentissage (« Trott »), que je détestais, et surtout Jean de la Salle, qui débutait dans la banque. Il était de Mâcon, ancien élève des jésuites de Mongré. Ce salace coureur de jupons, plus âgé que moi, me prit en amitié. Sa formation lui donnait une supériorité certaine sur les autres pensionnaires de Mme Bonvallet, tenancière du lieu. Il était ami d'enfance de Miquette Dulong de Rosnay [1], dont la mère, née Lamothe, était de Mâcon. Enjouée, bonne fille, salace elle aussi (ah! les civilisations du vin), elle m'adopta. Elle était la nièce de Mme Roserot de Melin, femme d'un président de tribunal, qui habitait l'île Saint-Louis. Je me rappelle un retour de dimanche soir, où nous étions allés ouiquender dans l'Aube : ladite Roserotte, ouvrant ses fenêtres qui donnaient sur le

1. Cousine des du M.

chevet de Notre-Dame illuminée, s'exclama d'un ton lyrique : « Enfin quelque chose de vrai ! » On est artiste ou on ne l'est pas.

Miquette, qui venait rue de Boulainvilliers, m'enrôla pour le camp [1] qu'elle organisait chaque année avec ses parents (qui habitaient Le Luc), près de Sainte-Maxime. Grâce à Miquette, je fis ma première communion avec la mer, la Méditerranée, cette mer que je vénérais, que je savais si bien à force de lire grec et latin, qui était pour moi le réservoir de tout ce qui comptait sur terre... Je débarquai à Saint-Raphaël, immédiatement saisi par la fragrance des odeurs méditerranéennes (quoi de plus flagrant que les odeurs ?) et le vacarme tant célébré des stridentes cigales... Arrivé au bord de mer, à la place de Fréjus, je fus transporté d'un coup au paradis de Neptune et d'Amphitrite. Cette impression, je l'ai présente en mémoire comme si c'était hier... C'est la première fois que je faisais du camping. Je mentirais si je disais que j'aimais ça : si ce n'avait pas été mon tremplin de Méditerranée, je serais resté deux jours, pas plus ; je n'ai jamais aimé et n'aime toujours pas le camping (les longs campings forcés que je ferai entre 40 et 43, comme hôte de Hitler, ne contribueront pas à exalter ce genre d'habitat). Autres handicaps : je nageais comme un sac de plomb ; le soleil, en une heure, faisait de moi une langouste ébouillantée et j'avais la phobie des moustiques. N'importe. J'étais au septième ciel.

Avec les Dulong, j'allai chez Hippolyte Tavernier, dont la maison surplombait le camping. Sa femme, Marie-Louise, d'Aÿ en Champagne, était à tics ; ils avaient un fils. Quels étaient les clients de Miquette ? Peu de femmes, mais Jacques de Hauteclocque, Xavier de Valence, un Bonnassieux, Vallavieille (je fis avec lui, en yole, la traversée Sainte-Maxime-Saint-Tropez ; au retour, un mistral inattendu fit du golfe de Saint-Tropez un massif volcanique en éruption ; il est miraculeux que nous n'y soyons pas restés, la capitainerie de Saint-Tropez nous suivant à la lunette marine... sans que le moindre secours ne nous parvînt). Ledit Vallavieille devait mourir à la guerre

1. Il était dressé au pied de la pointe des Sardinaux, qui appartenait aux Tavernier de Lyon : Hippolyte (peintre) était le protecteur de Mme Dulong.

comme capitaine de chars. Il y avait aussi André de Jerphanion – Miquette était médusée par son avion –, René-Luc de Clapiers, marquis de Vauvenargues, beaucoup d'autres que j'oublie. Les jours de gala, on allait faire une promenade en mer sur le yacht de Gramont, propriétaire de l'usine de torpilles de Saint-Tropez. Je me rappelle une visite aux d'Agay, à Agay, dans l'Estérel, une croisière à Cannes et à Nice... A Saint-Tropez, j'allai plusieurs fois chez les Signac, introduit par Félix Fénéon, qui était leur vieil ami : il en avait été longtemps l'hôte. Ils avaient un gendre Cachin, et le vieux Cachin y faisait des séjours. Me trompai-je? La fille de Signac était intime avec Denise Le Maresquier. Par les Signac, je connus Manguin, possessionné sur la route de La Foux, Camoin, celui des peintres que je préférais, et Dunoyer de Segonzac, qui se tenait à l'écart du Tout-Saint-Tropez. Miquette connaissait les Troisier, près des Salins : Mme Troisier passait son temps à chasser les estivants de la tombe de son père, Émile Ollivier. Elle était voisine de la princesse Georges de Grèce, née Marie Bonaparte, grand-prêtresse du docteur Freud, hôtesse fort affable, secondée par sa fille, alors princesse Radziwill [1]. Rentrant de là, nous passions chez Colette, dans son mas : elle avait sa fille, Colette de Jouvenel, qui avait épousé le docteur Dausse... On allait chez Adry de Carbuccia, à la Grande-Pointe : j'y rencontrai Bertrand de Jouvenel, beau-fils de Colette, l'un des plus élégants intellectuels qui fussent, que je reverrais de nombreuses fois... jusqu'à ce qu'il m'oubliât (bien qu'il eût fait profession d'apprécier ma tournure d'esprit). La gloire des Dulong, c'étaient les Chevron-Villette, à Flassans. Quand mère Miquette disait : « Ma cousine Chevron-Villette », le sucre lui venait à la bouche... Bref, on était débordé.

J'eus beaucoup de regret de quitter ce camping-paradis, étrange compromis entre le snobisme nobiliaire et la mouise débrouillarde des Dulong, îlot commode au milieu des vapeurs de stupre, de luxe, que mes moyens laissaient hors de portée. En « remontant », je fis un court séjour chez les La Salle à Mâcon, bien plus haut, un autre chez les Accault à Hesdigneul.

1. J'étais loin de me douter que je deviendrais l'ami de son fils Georges.

La Manche m'éblouit moins que la Méditerranée, mais je fus saisi par la beauté du cap Blanc-Nez et par les longues traînées de sable de Hardelot au Touquet.

A l'automne 1934, chez Hippolyte Tavernier, rue d'Assas, un soir que je dîne chez lui, j'ai un commensal : son neveu, René, qui fait Sciences-Po (il veut être diplomate et habite la cité universitaire) : coup de foudre. Je vais souvent lui faire ma cour à la cité, où j'ai pour rivaux deux Espagnols, Alvaro Guardiola, neveu du président Azaña, et Bernal, peintre surréaliste, qui mourra trop tôt pour être célèbre, bien qu'il figure dans les collections de Marie-Laure de Noailles et de Raval. René vient faire du violon, rue de Boulainvilliers, parfois avec Townsend.

Si acceptable que soit l'hospitalité de Mme d'Artemare, je ne veux plus être sous surveillance. « Les temps » sont plus que « troublés », angoissants : Hitler bat son plein, emplissant les radios de ses hurlements wagnériens. La France, à grands coups de tour de France et de chansonnettes, va s'adonner au Front populaire, partagée mollement (Dieu merci) en deux camps hostiles : par l'horreur qu'elle suscitera, la guerre d'Espagne, qui va éclater, lui épargnera les excès de la guerre civile, délicieuse au goût des vieilles nations. Cependant, elle fait ses choux gras des controverses « idéologiques » qui lui obscurcissent l'esprit : elles n'ont pas cessé de le faire. Plus les choses vont mal, plus elle se soûle de vaine dialectique. Soûle, elle s'amuse. Elle s'amusera jusqu'en mai 1940... De l'automne 35 au printemps 36, j'habiterai successivement à l'hôtel de la rue Madame, au Madison, boulevard Saint-Germain [1], puis tout à côté dudit Madison, avec Jean de La Salle et au-dessus d'un petit Wright et de Dick Delano, neveu de Roosevelt : deux charmants Américains, avec qui (plus un Finlandais d'un mètre quatre-vingt-dix) je fais d'interminables bridges au Balzar, jusqu'à cinq heures du matin... J'habiterai également au Grand Hôtel du Montparnasse, par... romantisme : ma fenêtre donne sur le cimetière, et, le paysage du boulevard, je le trouve très Utrillo.

1. L'appartement du boulevard Saint-Germain sera repris par René, avec Roland.

J'en viens à la rencontre, ménagée par Guy de Seilhac, qui marquera ma vie pendant vingt ans (incluant les six que je serai militaire). Il s'agit de Jacques G., mon aîné de dix ans. Son père est secrétaire général du préfet des Alpes-Maritimes. Jacques est de l'entourage de Maurice Petsche (quand ce dernier est ministre, il est de son cabinet). Son sourire me fait peur : c'est celui du chacal à l'agneau ou du vautour à la charogne. Je l'intéresse : il va faire le malheur de sa vie [1] en me présentant à son compagnon, Elzéar de Brageac (sept ans de plus que moi). Ils habitent rue Beaujon. Elzéar est à l'École libre des sciences politiques, où il va en melon et gants beurre frais. Il lui faudrait maîtriser la comptabilité, matière obligatoire pour les futurs diplômés : je crois qu'il ne le tenta pas. Il est féru de peinture et d'ésotérisme : il va chaque jour chez le rusé Rouhier, docteur en pharmacie (thèse sur le peyotl), qui, avec son abondante et noble sœur, Mme de Saint-Sulpice, tient la librairie Véga. Elzéar en est le meilleur client. J'y connaîtrai, entre autres, René Guénon et Warrain. Malheureusement, j'ai une répulsion pour Rouhier, qui me le rend bien. Elzéar aime beaucoup Philippe Laignel-Lavastine, qui donne des conférences ésotérisantes au théâtre Récamier (dans son entourage : Mme de Saltzmann et René Daumal). Autant G. me fait horreur, autant je suis fasciné par Elzéar, son authentique aristocratie (les Brageac prouvent jusqu'au Xᵉ siècle, comme les Rochechouart, et prétendent descendre de Labienus, lieutenant de César), son élégance, son dandisme, sa prodigalité, son amour du paradoxe (il est mon Des Esseintes), son anti-jockisme [2] (pourquoi serait-il snob? De la *nobilitas*, il en a à revendre). Il est environné de Philippe Lehodet, d'origine belge, d'Olivier de Langle, de David Fitz-Herbert, d'un Costa de Beauregard, d'Anne de Biéville, de Patrice et de Geoffroy de La Tour du Pin, de René Benedetti etc. Plus rare, mais stupéfiant : Joseph Desclauzais, disciple de Maritain, qui s'illustrera en s'offrant comme coupable-ersatz aux lieu et place de Pierre Laval, son idole : il gagnera ainsi un internement à quelque Sainte-Anne et disparaîtra à jamais. Olivier de Langle ne sera

1. De la mienne?
2. Entendez tout ce qui, à l'époque, faisait éternuer parmi les membres ou prétendants du et au Jockey Club.

qu'une étoile filante : il mourra du typhus la dernière année de la future guerre. David Fitz-Herbert se suicidera vers 1937. Je reviendrai sur Roger Peyrefitte et sur Henri d'Amfreville.

Les parents d'Elzéar habitent le Berry, où le père s'amuse avec les légumes, la mère, avec les fleurs. Sa grand-mère vit dans son hôtel de l'avenue de Tourville, où il va une fois par semaine, fidèlement, car il aime la choquer et la contredire sans cesse. Comble du paradoxe et de l'agrément, Elzéar conduit une Salmson décapotable avec la maîtrise d'un champion. Je lui dois beaucoup : il a assez de sang bleu pour que je me débarrasse d'un snobisme qui aurait pu tourner à la stupidité ordinaire et d'une roture qui serait peut-être devenue revendicatrice; par sa tournure d'esprit, il me familiarise avec l'« ésotérisme », qui, auparavant, m'échappait tout à fait; ses largesses, excessives, compensent mon impécuniosité congénitale; son art de conduire comble ma passion pour le sol et ses dragons et mon goût de la vitesse. Bref, je suis subjugué (je ne suis pas le seul) et pour longtemps. Il ne me hait point. Hélas, il a sept ans de plus que moi, et je n'ai jamais eu de passion charnelle que pour plus jeune que moi. Nous voilà tout de même liés, même par serment, pour le meilleur et pour le pire : bien sûr, ce sera le pire, pour lui comme pour moi. Je ne manquerai pas à mon serment; lui, si. Triste privilège de l'aristocratie, vain fleuron de la roture : la première oublie sa parole, la seconde essaie de la tenir. Le résultat est le même.

Jacques G. me hait de tout son cœur. Je le redoute, avec raison : il aura sa revanche, vingt ans plus tard. Elzéar veut que j'habite rue Beaujon. Je refuse, tant que G. y est. Sa présence, là ou ailleurs, m'est intolérable. Je cède et dois le supporter deux ou trois mois. Il partira. J'habiterai seul avec Elzéar, seul dans la mesure où, lui et moi, nous serons jamais seuls, étant aussi *promiscuous* l'un que l'autre.

Issu de Normands anoblis vers le XVIe siècle, devenus châtelains à Bourbon-Lancy, Henri d'Amfreville est un personnage extravagant. Il habite avec ses parents avenue Bosquet. Sa mère est « intime » avec les Henri de Régnier et avec le nonce (était-ce Ceretti, celui qui obtint de Pie XI la condamnation de l'Action française?). Elle roule les *r* d'une manière qui me ravit. Combien de fois ne l'ai-je pas entendue s'exclamer : « Henrri! Je suis consterrnée! », avec des intervalles de quinte (elle est bourguignonne). Son père est du genre rongeur à lunettes, comme son frère aîné, Jacques, alors conseiller juridique de l'archevêque Verdier. Henri l'emporte en étrangeté sur les trois autres, tant par sa voix suraiguë que par ses gestes déconcertants (il bat des bras comme un moulin quichottesque des ailes) et la foncière irrégularité de ses mœurs. Muni d'un alibi peu contraignant (il est l'associé d'un Breton prêteur à gages, astrologisant et végétarien, qui sera maintes fois mon commode usurier), il peint des gouaches dans la ligne d'Utrillo. Il écrit (de ses œuvres, je ne me rappelle que *Le naufrage des sexes*). Il est très lié avec Maurice Rostand et sa mère, Rosemonde Gérard, avec Louis Salleron, avec Georges Cattaui, avec Jacques de Ricaumont, avec Jean de Baglion, avec Montherlant, avec Mauriac (ce dernier l'appréciait-il?) : je le verrai chez Henri, sans l'aimer du tout (je n'aime pas son œuvre, et trouve qu'il sent mauvais, comme font souvent les démocrates-chrétiens). Malheureusement, Henri s'éprend de moi... et j'ai beaucoup de mal à le dissuader. Il n'aime que la roture. Je lui dois d'avoir été initié à la rue de Lappe, où il a ses aises. Chez Noaygues, bistrot extrêmement inconfortable et étroit, où officie un accordéon, je connaîtrai les « reines d'Italie et de Roumanie », un Grec superbe et bon, dont le nom m'échappe, deux cousins dont l'un, Richard, incommensurablement bête, à ce titre, me fascine. Une nuit, Henri et moi, nous trouvons chez Noaygues Claude Mauriac : le père aurait exigé d'Henri qu'il ne fît rien qui dévoyât le fils... Dès 1937, la rue de Lappe sera envahie par les cars de touristes *by night*... Henri, par qui j'ai connu bien d'autres gens qu'il serait fastidieux d'énumérer, finira par se marier et mourra, catapulté par un avion sur le Vésuve.

Roger Peyrefitte est au Quai d'Orsay, et déjà fort imbu de lui-même, par là suffocant. Il a dès lors je ne sais combien de fiches sur Alexandre le Grand, et d'autres destinées à bâtir ses *Amitiés particulières*. Il proclame *urbi et orbi* qu'il sera académicien : c'est le seul que j'aie jamais entendu avouer cette prétention à un tel âge – comble de dérision, il semble bien qu'il ne le sera jamais –. Il est d'une avarice remarquable : quand je vais avec lui au restaurant, on partage – il défalque de sa quote-part les cafés supplémentaires que j'avale (je suis déjà caféinomane). Elzéar l'apprécie peu, G. beaucoup (il restera de ses fidèles jusqu'à sa mort). Je le verrai de temps à autre jusqu'en 1954; après quoi j'abandonnerai : on se lasse d'être le déversoir d'un auto-flatteur [1] dénué d'humour, qui aura gâché ses dons à regarder le monde comme un huissier de ministère ou comme une concierge, par le trou d'une serrure ou la fenêtre d'une loge.

Je n'ai jamais eu qu'à me louer de Jacques de Ricaumont, avec qui j'ai beaucoup voisiné avenue de Tourville. Il me semble que, la première fois que je le vis, il était en compagnie d'un Scitivaux (était-ce celui qui avait cambriolé sa grand-mère à Brabois, près de Nancy?).

G. parti, je m'installe rue Beaujon, puis, en 1937, avenue de Tourville, après la mort de la grand-mère d'Elzéar. Des échanges ont lieu, à mon grand déplaisir; immanquablement, Elzéar s'éprend des gens que je quitte : malgré qu'on en ait, ce procédé fait de vous un entremetteur. Il vient beaucoup à Bains (ma mère l'« adore », mais lui, qui aima-t-il?). J'ignorais le Berry; je ne l'aime qu'à moitié : le Berry, comme la Touraine, comme l'Anjou, pour des raisons mystérieuses, porte au sommeil. Du Berry, nous allons à La Charité, encore intacte, à Vézelay, à la forêt de Tronchay, à Bourbon-l'Archambault, à Neuvy-Saint-Sépulcre, à Argenton-sur-Creuse... Grâce à la vitesse d'Elzéar, je commence à assouvir ma passion du territoire et des églises romanes et gothiques. Son bréviaire d'esthétique est *Vers une conscience plastique*, de Gleizes. Il est très lié avec Cattiau, qui peint dans une boutique appelée Gravitations, en communion spirituelle (?) avec Supervielle (cette boutique était près de Sainte-Clotilde). Elzéar, qui ne vote pas, fait une exception pour son potier. Il partage vite ma vénération pour Félix Fénéon [2], chez qui il se liera avec Claude Roger-Marx (Félix fait le catalogue Seurat en collaboration avec un Américain).

1. Le français, hélas, ne compose pas avec *ipse*.
2. Les Fénéon avaient quitté la rue Eugène-Carrière pour l'avenue de l'Opéra.

Vient beaucoup rue Beaujon Tatéossian, mari d'Irène, laquelle est plus ou moins cousine d'Ida Adamian, qui va devenir [1] la femme de Claude Bourdet. Irène est tout à fait exquise, et fort amie avec une Anglaise, Odile Wegg-Prosser, qui vient à Paris prendre les leçons du peintre Gromaire. Jusqu'à la guerre, Odile restera notre grande amie, à Elzéar et à moi [2] (Irène aussi). En 1937, j'irai chez elle quinze jours, à Hereford (c'est la seule fois que je serai allé en Angleterre). Les Wegg-Prosser : le père mort, la mère bienfaitrice et paroissienne d'une abbaye de bénédictins qui, à mon grand étonnement, jouent au tennis du matin au soir; sa sœur, Joan, oxonienne, helléniste, épousera un lieutenant de Sir Oswald Mosley, le fasciste anglais; son frère, qui est flou dans ma mémoire, se traîne d'un divan à l'autre. Odile m'a mené à un fjord du pays de Galles (lequel?), à Stratford-on-Avon, où je suis stupéfié de l'interprétation de *Macbeth* (*Macbeth* devenu *Hernani!),* à Oxford, que j'aime d'emblée, regrettant de n'y pouvoir plus être élève, à Malvern Hills, où a lieu un festival de je ne sais quoi. A Hereford même, règne un vicomte du nom, chez qui nous allons une fois. Les journées sont interminables, les parties de tennis, plus molles que les montres de Dali. A table, j'ai beaucoup d'hésitation sur le *blanc-manger,* aucune sur les *durhams,* rivaux permanents de nos charolais, ni sur les confitures que la mère d'Odile fait elle-même... Odile se fourvoiera, ultérieurement, jusqu'à être la énième concubine d'un polygame d'origine slave, je crois, frère d'un futur banquier à moi. Je ne l'ai jamais revue depuis 1939... Je rentrerai par Londres, où je ne resterai qu'une journée, agacé que personne n'y entende mon anglais. Je me rappelle avoir été écœuré par une glace à la naphtaline, proposée par Lyons, Oxford Street, dans un immense salon de thé, où cent *queens Mary* « célèbrent », sur des guéridons aussi exigus que ceux des Suisses... Je fais une escale de deux jours à Boulogne, chez Eliane Accault. Suit un court séjour à Saint-Tropez, où Elzéar bâtit. A Paris, il s'aménage un appartement dans l'hôtel de sa

1. Ou est devenue?
2. Je me rappelle une Pentecôte, lors de laquelle, elle et moi, à bicyclette, nous avons fait pèlerinage à Provins, aux admirables Rampillon et Saint-Loup-de-Naud.

grand-mère, grâce aux bons soins de Dupré, architecte ami de René T.

J'avais entre-temps été convoqué à l'armée : je décide de ne pas demander de sursis. Je prends la précaution de m'inscrire en Sorbonne pour un diplôme d'études supérieures sur saint Paul (que j'admire beaucoup) : précaution qui me vaudra une permission exceptionnelle de trois jours, en octobre. Je vais donc accomplir « mon devoir de Français » au 37ᵉ régiment d'infanterie de forteresse, à Bitche.

Avant d'entamer une longue période, dédiée par force au dieu des armées, faisons un bilan intellectuel et moral, très sommaire, de mes vingt et une premières années. Après tant d'années de lecture et d'école, quelles sont mes références de base? En grec : Homère, Eschyle, Sophocle, Pindare, Platon, le redoutable Thucydide (j'ai commencé une traduction, restée inachevée; j'en ai encore des fragments), saint Paul, Psellos, Constantin Porphyrogénète; en latin, César, quelques Cicéron (je le trouve souvent très difficile), Virgile; Villon, Maurice Scève, Erasme (allez savoir pourquoi!), le *Plutarque* d'Amyot, Calvin, le cardinal de Retz, Racine (pour le seul *Abrégé de l'histoire de Port-Royal*), Saint-Simon, Chateaubriand et tout le XIXᵉ siècle [1], de Huysmans à Paul Claudel [2], sauf Henri Beyle, que je déteste de plus en plus; en anglais, Shakespeare, Byron, Shelley; en espagnol (j'y suis bien peu initié), Cervantès et Calderón. Dans le domaine de la pensée « pure » : Maître Eckhart (Gallimard a publié la traduction de P. Petit, bien incomplète, la meilleure à ce jour; je suis un des quatre abonnés français de l'édition de Stuttgart), Montaigne, Descartes (que je trouve un grand écrivain), Pascal [3], *Logique* et *Grammaire de Port-Royal*, Spinoza (que je n'aime plus du tout), Fabre d'Olivet, Joseph de Maistre, René Guénon, les proses de Péguy, Albert Thibaudet, tout Valéry, *Idées* d'Alain (à l'exclu-

1. C'est-à-dire : vers 1789-vers 1945.

2. J'ai été fortement troublé par le *Voyage au bout de la nuit*, bien qu'il heurtât mon être profond. De Sartre, je n'aime que sa critique de Mauriac. Je vis avec Rimbaud, et son célèbre portrait ne me quitte pas. Plus tard, je préférerai l'œuvre de Verlaine à la sienne, trop logomachique à mon goût.

3. Fénéon m'a donné son exemplaire des *Pensées* publié aux éditions de Cluny : il approuvait le classement de Tourneur.

sion des autres titres), Lao-tseu (je suis toujours taoïste ; à l'époque, l'édition des jésuites de Tien-Tsin n'est trouvable qu'à grand prix), les « *Livres des morts* » égyptien et thibétain. Pour le védisme, je fais confiance à Guénon, mais la traduction des hymnes védiques de Renou m'enchante... Voilà, *grosso modo*, les auberges où j'aime manger [1].

En musique, comme en littérature, je ne vise ni originalité ni recherche. Au piano, je joue sans cesse Bach, Couperin, Mozart, Haydn, Beethoven, Chopin, Schumann. (En France, on joue très peu Brahms, en Allemagne, très peu Fauré.) Mon dieu est, sera toujours Mozart. En bon « boulangiste », je suis un inconditionnel de Stravinsky et j'abhorre Wagner. La musique française des XIXe et XXe siècles ne me retient guère (elle ne me convainc toujours pas). J'ignore les Viennois (j'aurais bien voulu continuer à les ignorer). J'aime toute l'école polyphonique, de Machaut à Monteverdi ; j'ai entendu fort peu d'opéras (à Paris, on ne donnait que des sottises) ; les cantates de Schütz et de J.-S. Bach sont l'ordinaire de la rue Ballu. Je suis tiède pour Debussy, sans voix ni bras devant Satie, exaspéré par la faconde de Chabrier, ennuyé par l'intimisme de Fauré (pauvre Nadia !). La musicologie, qui n'existe guère, ne fait que m'agacer, que ce soit le Combarieu de chez Armand Colin ou le dictionnaire de Riemann, revu et augmenté par Schaeffner. Comment aurais-je pu être convaincu par un Riemann, dont les éditions de J.-S. Bach sont monstrueuses et leurs commentaires... ? Quant au *J.-S. Bach* de Schweitzer, oncle de Sartre, il me tombe des mains, comme le *Schumann* de Victor Basch ou les écrits de Romain Rolland. Une exception : le *Beethoven* d'Édouard Herriot : il est vrai qu'Herriot n'est pas musicologue... Enfin, *la Revue musicale* de Prunières n'est pas sans intérêt (on n'a jamais fait mieux).

Et l'esthétique ? Je ne me rappelle pas qu'il y en ait à portée (sauf Gleizes, qui n'a rien d'usuel), et celle de Hegel n'est pas traduite. De Schopenhauer, je ne savais que les schémas insérés dans les manuels ; de Nietzsche, le peu qui était disponible était douteux, tant pour l'établissement du texte

1. Les surréalistes me laissent froid. Marx m'assomme, Freud me fait pouffer de rire.

que pour la traduction. Valéry et Claudel servaient de bouche-trous. J'estime que la critique d'art échoue aux mains de professionnels qui n'ont en général aucune pratique de ce dont ils traitent; sinon aucune pratique, du moins aucune maîtrise. En quelque domaine que ce soit, devient critique celui qui a échoué dans la discipline où il légifère... Quant à l'art, il n'y a pas de raison de mettre son décès en doute, puisque Hegel en a fait part. A l'époque, j'étais bien loin de penser ça. Si je croyais encore à la philosophie, je ne croyais toujours pas à la « science »... Tel est le bilan, approximatif, de mes jeunes années de lecture et de musique.

Pour le modelage du cœur, qui avait compté le plus? Alexis, Rimbaud (pour moi, il n'était pas mort), Roland, René, Elzéar; Fénéon, l'abbé Chauffin. Qui avais-je admiré? (je n'ai pas l'admiration facile) : le supérieur de mon collège, Nadia Boulanger. Qui m'avait étonné? Le chanoine Colin (sa voix gutturale et son rire indicible), Léontine Phulpin, Henriette Hirtz, Gertrude Stein (on disait que je me mettais à lui ressembler!). Qui avais-je détesté? L'abbé Rochet et Jacques G. Qui m'avait paru le plus comique? L'abbé Tempier, le chanoine Gruffaz, Roger Peyreffite, Desclauzais. Qui était mon modèle? Personne.

Début septembre 1937, je gagne Bitche. A Sarreguemines, où je me promène un peu en attendant le train, je vois sur les bords extérieurs de la Sarre un *Schupo* hitlérien : terreur mortelle, irrépressible (comme j'ai raison!). Je suis le seul à éprouver cela. J'ai fait route avec d'anciens condisciples de l'école de Bains, dont mon « conscrit » et le charmant Henri Déchaseaux. Pendant tout mon séjour à Bitche, trois ans (moins six mois à Toul), j'éprouverai l'horreur d'être proche du monde hitlérien. Bitche, apanage des ducs de Lorraine, aurait été un bourg charmant s'il n'avait été investi par l'armée. Dans l'un des plus beaux décors qui soit : la forêt palatine, attenante, les Vosges rouges (grès), avec leurs châteaux en ruines, immensité. Le clairon sonne le réveil, à l'aurore, dans la cour de caserne vide : « théâtralité simple », péremptoire... La ville elle-même est dominée par sa citadelle, qui surplombe le carrefour de deux rues, dont une très longue. L'église, baroque, est quelconque, un couvent de capucins, entièrement neuf. Rien que des casernes, dont certaines wilhelmiennes. A l'horizon, Pirmasens, les Allemands, invisibles (à la lunette, on les voit). La campagne de Bitche est bardée des ouvrages de la ligne Maginot. A peu de kilomètres, le camp de Bitche, siège du 2ᵉ bataillon du 37ᵉ : le 3ᵉ est à Langensulzbach, aux confins de l'Alsace. La beauté du paysage l'emporte sur la laideur militaire.

Je m'attendais au pis : je suis servi au-delà de l'imaginable. C'est l'enfer. D'abord la « piqûre » : comment l'éviter? En soudoyant un infirmier complaisant, j'arriverai à n'en subir que le tiers. Mis d'office au peloton des élèves caporaux, à destination des E.O.R. (élèves officiers de réserve), je suis livré à une brute, le lieutenant Hillairet, monstrueux salopard : il aurait pu être Allemand! Promiscuité, odeurs, difformité du langage commun, poncifs obscènes, nourriture infecte, abrutissement de l'apprentissage de la bêtise militaire, tourment du bricolage incessant que nécessitent les maudites armes, les vêtements, anti-logique des manuels, terreur du monstre déjà dit... Dès que ce sera permis, Elzéar et René viendront me voir : je reprendrai pied. Je continuerai à avoir des ennuis avec Hillairet : je n'arrive pas à saluer convenablement, mes bandes molletières sont toujours en débandade, et je ne sais toujours pas (et ne saurai jamais) démonter un fusil. En dépit de quoi, j'éviterai toute sanction (comment? je me le demande encore). Je ne me rappelle qu'un seul camarade de cette période sinistre : Jean Richer, le nervalien. Il était dans le même désastre que moi. Deux désastres ne valent pas mieux qu'un. En un jour, nous devenons l'un et l'autre des antimilitaristes convaincus. J'avais eu un avant-goût de la caserne avec le séjour d'un mois au lycée Poincaré. Je trouverai pis : les débuts de la captivité en Allemagne; mais il s'agira d'Allemands. Que des Français puissent être tels me comble de dégoût.

En février 1938, ce sera un grand soulagement que de gagner Toul, où le peloton est en subsistance à la caserne Thouvenot, au 8ᵉ chasseurs (plus près d'Écrouves et de sa belle église romane que de Toul). Ce sera passer de l'enfer au purgatoire. Du moins, l'atmosphère est respirable : les horaires sont ceux d'un collège, les permissions incessantes, l' « ambiance » quasi aristocratique, autant que l'armée peut le permettre. Quant au contenu de la doctrine à avaler, c'est une sorte de cours primaire : la « théorie » est un sottisier exemplaire; l'aggravent des exercices odieux, de longues marches forcées (en harnachement), d'interminables heures de gymnastique.

La plupart de mes camarades, dont beaucoup d'instituteurs, ont quelque charme. Quels noms me restent en mémoire? Combes, instituteur, hélas strabique, très bon type; Louis Pessin, même métier, déjà marié je m'en éprends : il répond avec grâce à ma tendresse, d'ailleurs innocente (comment ne le serait-elle pas dans un tel lieu?); Douceret, autre instituteur, que je fascine (pourquoi?), quelle que soit sa réprobation de mes penchants; Mac Donnel, l'un des plus élégants bestiaux du monde. Je ne sais plus qui m'a introduit chez le général Étienne, illustration de la guerre 14-18 : j'irai deux ou trois fois dîner chez lui et sa digne épouse et entendrai de lui tout ce qui se doit sur la bienheureuse Marie d'Agréda, pour laquelle il a un culte-panacée. Il habite non loin de la cathédrale, qui m'émeut : elle m'évoque son plus illustre titulaire, le pape saint Léon IX, issu de la famille d'Eguisheim-Dagsbourg, d'après Dom Calmet, famille collatérale de celle de Lorraine, originaire du pays de mes ancêtres. Un charme de Toul, c'est l'hôtel de Metz, où je vais de temps en temps me restaurer, surtout quand Elzéar vient me voir : il aime beaucoup le vin gris. Je vais en permission à Bains, à Nancy, à Cirey. J'enterrerai à Paris ma tante Pluchot, veuve de Paul Mougeot : à l'enterrement, il n'y a que ma cousine Madeleine, Elzéar et Charlotte Hockenheimer, grosse tisseuse d'art, qui s'est entichée d'Elzéar, après avoir été convertie au catholicisme par l'abbé-prince Ghika. J'enterrerai également mon oncle Lucien, frère aîné de mon père, à Petitmont : quand on est militaire, on ne rate pas un enterrement.

Le Toulois est un pays admirable, dont la limite ouest coïncide avec l'antédiluvien confluent de la Meuse et de la Moselle; l'immense forêt de Haye, la colline Saint-Michel,

Lucey, Bruley, paroisse vinicole; Toul, dont les évêques, de conserve avec eux de Metz et de Verdun, ont si bien contribué à la destruction de la Lorraine et à la colonisation française, à la ruine de la métropole de Trèves : refoulée en Germanie, privée de ses suffragants, elle n'est plus qu'évêché...

Ce séjour se terminera tragiquement, pour deux raisons : lors d'un tir réel à la mitrailleuse, Pessin et moi, côte à côte, nous sommes de corvée de cible; le lieutenant commandant le tir commet une terrible erreur : il sonne la reprise de tir avant que les cibles ne soient en place; à moins d'un mètre de moi, Louis Pessin, transpercé de balles, meurt sur le coup. Je ne m'en remettrai pas avant de quitter Toul (j'irai souvent sur sa tombe à Viarmes), et le « peloton » sera souillé de ce sang... L'autre raison : l'explosion de l'empire de Hitler... Inutile de dire que j'échouerai à l'examen de sortie du peloton d'E.O.R.; je ne voulais en aucun cas être officier et, d'ailleurs, je ne savais toujours pas démonter un fusil.

Après une permission passée à Saint-Tropez, mon retour à Bitche est sans joie. Je vais voir le chef de musique, un imbécile absolu, qui m'engage sur-le-champ comme pianiste, triangle et répétiteur des flûtes et clarinettes : c'est le salut, je prends en ville une chambre (gratuite) chez les capucins, puis avec André Berne, qui arrive à l'armée en septembre 1938, une autre, onéreuse, chez Barbara Wagner, mère célibataire et déboussolée d'un petit Américano-Lorrain. Une amitié commence avec lui, qui dure encore, après quelques nuages. Une autre, de moindre ampleur, avec Pabst (de Lunéville), futur juge d'instruction, militaire nonchalant. Berne est en deuxième ou troisième année de médecine. C'est pour moi une aubaine : il sera mon seul interlocuteur intellectuel jusqu'à la guerre, qu'il sera affecté je ne sais où. En septembre 1938, c'est Munich. C'est aussi le changement de chef de musique : le nouveau, Billard, est aussi peu militaire que moi : il m'accorde une chambre à la caserne et le droit d'y installer un piano à queue, loué chez Martin, à Nancy. Je fais venir ma musique de Paris et mes livres, dont le nombre ne cesse d'augmenter : je les mets chez Barbara Wagner. L'ancien chef de musique m'avait fait soldat de première classe : j'en étais enchanté, car j'évitais « les pluches ». Par espièglerie, Billard me fait nommer caporal de musique : je crois que c'est à peu près sans précédent, les grades dans la musique étant réservés aux militaires de carrière. Cela me vaudra, hélas, de faire le service de semaine huit jours par mois. Mes deux élévations « sociales », le caporalat et la légion d'honneur, je les ai dues à la taquinerie.

En dépit du caporalat, en dépit des menaces de guerre, de plus en plus vives, commence pour moi une année d'hédonisme. Soldat déniaisé, adapté (je m'adapte à tout comme un caméléon), inconscient (j'aurai mérité cent fois le conseil de guerre sans avoir été frappé de la moindre sanction), je m'aperçois, comme un dormeur qui se réveille, que l'armée est pleine de garçons et de ceux que je peux aimer d'amour (c'est-à-dire pas intellectuels, pas efféminés), que je suis de plain-pied avec eux. La différence de langage est une barrière, « dans le civil » : eh bien! mes camarades s'habituent au mien sans le railler. Très vite, je ne sais plus où donner de la tête, tant il y a de pain sur la planche. Citons-en quelques-uns : Charlot, de Lyon, corniste glaucopide, très tendre, très modeste; deux Alsaciens, l'un très vif, trompette, Rey, l'autre, dont le nom m'échappe, sans beauté, à grosse tête (mais son cœur est tendre comme celui d'une laitue de mai); un titi parisien, la cigarette toujours sur l'oreille, drôle comme on ne l'est pas. M'échoit une grande passion, partagée, pour un flûtiste, instituteur, « chtimi », bègue, sensuel jusqu'au bord de la frénésie et férocement jaloux : M. Il est fiancé et grand adversaire de la pédérastie. Il tombe dans mes bras, et je suis pris : malheureusement, il me soupçonne sans relâche d'infidélité. Toutes les nuits que je passe avec lui dans ma chambre, à la caserne, j'ai peur qu'il ne la réveille, cette caserne, par l'éclat sonore de ses épanchements. Chaque semaine, il me fait rédiger les lettres qu'il écrit à sa fiancée, elle-même institutrice. Il m'étonne sans cesse. Exemple : après trois mois d'érotisme extrême, il me confie : « Faire l'amour avec toi, c'est épatant! Mais la pédérastie, quelle saleté [1]! » A la longue, je supporte mal son exclusi-

1. Intéressante preuve du fétichisme des mots. J'en aurai un autre exemple, bien plus tard, pas tout à fait de même genre, venant d'un jeune Italien d'Amalfi, qui me dira : « Je ne veux pas me faire sodomiser (il emploie un mot plus trivial que celui-là); ma mère m'a dit que ça donnait la tuberculose. »

visme [1], ses orgasmes lyriques. En 1939, il sera supplanté par Paul M., de Villiers-sur-Marne, planton du capitaine de la compagnie de commandement, qui appartient à l'aristocratie ouvrière que sont alors les électriciens. Beauté, gouaille, facilité à vivre, grand artiste au lit (je suis pourtant son premier amant), intelligence vive, générosité totale... Il n'est bon bec que de Paris. Je resterai passionnément accouplé avec lui jusqu'à fin 1940 : c'est à cause de lui que je serai prisonnier en Prusse orientale.

Quelques officiers : le colonel Regard, qui commande le 37e R.I.F. et sera, à la guerre, général de brigade – mazette à la voix suraiguë; le lieutenant-colonel Combet, futur colonel du 37e de guerre, ancien élève du collège de Belley (nous en reparlerons); le commandant Exbrayat : il farde ses soldats, devant lesquels, lors des revues, il exécute à cheval des pirouettes qu'il voudrait persuasives; le lieutenant Onden : jeune breton, blond, qui m'invite souvent à dîner chez lui (il est marié) et à faire du tennis sur le court des officiers. Le général Gamelin vient en inspection, parfois accompagné du maréchal Lord Gort, chef d'état-major de Sa Majesté britannique. Les officiers, je les connais tous : la seule corvée qui m'incombe est de tenir le piano, lors des fêtes au mess : ils apprécient beaucoup mon talent (!); hélas, j'ai horreur de la musique de jazz. Lors des fêtes du régiment, je fonctionne à plein; il me faut notamment accompagner ce qu'il y a de chanteurs dans le rang (il y en a un ou deux de bons). Je préfère les « concerts » en plein air, donnés par la musique, où je tiens le triangle ou les timbales; comme caporal, j'estime avoir droit à un aide pour compter les mesures pour rien ou pour tourner les robinets (j'ai toujours été maladroit) : je le choisis judicieusement...

Mars-avril 1939. Hitler annexe la Tchécoslovaquie, Mussolini, l'Albanie. Les « B 2» sont rappelés. Tout espoir d'être libéré en septembre est désormais banni. A Pâques, sergent de semaine, j'envoie la moitié de la musique en fausse permission

1. Exclusif, je l'ai toujours été pour l'autre, pas pour moi.

et y vais moi-même, à Bains, en « m'arrangeant » avec l'adjudant de semaine. A peine arrivé à Bains, j'apprends par la T.S.F. que tous les permissionnaires sont rappelés : rentré à Bitche en taxi, j'envoie des télégrammes à tous mes faux permissionnaires. La moitié d'entre eux ne rentreront qu'à la date inscrite sur la fausse permission. Quels salopards! Je ne m'en tirerai qu'en « arrosant », fort cher, ledit adjudant de semaine... Inutile de dire que je suis communément « adoré » de tous mes co-soldats, que ma popularité dépasse largement la musique, et cette popularité n'est ternie d'aucune restriction : incompréhensible.

Au début d'août 1939, en dépit du chagrin que j'ai à me priver de Paul, je pars en permission de longue durée pour Saint-Tropez [1]. Ce n'est pas encore la panique, mais tout le monde croit à la guerre. Le Tout-Saint-Tropez s'amuse. Il y a là Pierre Keffer, Hubert de Saint-Senoch le mélancolique, Desurmont, qui ne fera pas de vieux os. On va tous les soirs chez Palmyre, où Cocteau tient sa cour; Marie-Laure de Noailles y vient parfois. Pour m'occuper, je m'éprends d'un petit Tropézien : H. Un soir, je trouve sur le port un beau marin corse, blond, avec qui je passe une nuit revigorante. Elzéar et moi, nous allons voir Fénéon à Valescure : il a pris un appartement dans l'ex-Grand Hôtel. Fanny fait marcher ses tablettes : Maïmonide déclare que la guerre n'aura pas lieu. A la fin du mois, les permissionnaires sont rappelés.

A Bitche, tous sont pendus à la T.S.F. Je suis de plus en plus terrorisé par les vociférations de l'épileptique wagnérien. Si je ne trouve pas injuste, loin de là, que nous exécutions les garanties données à la Pologne, je ne peux me persuader que Gamelin, nos officiers, notre armée (aussi délicieuse que peu aguerrie) soient vainqueurs, alors que je suis à peu près sûr que, sauf miracle, s'il y a conflit, la Bête vaincra. *O my prophetic soul!* Je profite d'un jour d'accalmie pour faire un saut chez mes parents et les rassurer. Adieu, charmant Billard. En temps de guerre, je suis normalement brancardier. Le

1. La guerre viendra, que je n'aurai pas encore épuisé les jours de « boni » auxquels j'ai droit (arrangement avec le Ciel).

médecin-chef est un ignoble étron. Je me débrouille pour être affecté temporairement à la réception des réservistes; cela me fera un bon mois de plus à Bitche, évacué. Paul reste avec moi.

Vers la mi-octobre, le dernier des réservistes est enfin équipé. Il faut partir. Combet commande le 37ᵉ. Le chanoine Besson lui a écrit en ma faveur : je suis pourtant un piètre appoint pour sa force de frappe. Je suis consterné de quitter le bleu horizon et les calots, que je gardais pointus [1], par sympathie pour les « bleus » : autant j'aimais le drap bleu et sa qualité incomparable, autant je répugne à la tenue kaki, dans laquelle on étouffe. Le mieux est de rester en treillis : j'aime le coutil. Drôles de considérations... Le lieutenant-colonel Combet a installé son Q.G. sur une colline qui surplombe Reyerswiller, à neuf kilomètres de Bitche. Il a fait construire des baraques, dans lesquelles, mon Dieu, on n'est pas trop mal : j'ai la phobie de ce qui est souterrain. Mais je n'ai pas grande envie de rester là. Je coïncide aussi mal que possible avec l'image du soldat que se fait ledit colonel. C'est pourtant un brave homme. Je lui demande de m'affecter, dans le village de Reyerswiller, au foyer du soldat, que je « tiendrai » sous l'autorité d'un sergent-chef, de conserve avec un bénédictin de La Pierre-qui-vire, Defarge, qui sera plus tard curé de Saint-Benoît-sur-Loire, après avoir été le chef vacher de son abbaye : petit, râblé, il a une tête de gros insecte et le sourcil circonflexe. Il est aussi tâtillon que je suis désinvolte : c'est lui qui tiendra la comptabilité. Paul, avec beaucoup d'astuce, se fait engager aux cuisines. Je fais transporter mon piano et mes livres de Bitche, tiens l'orgue à l'église de Reyerswiller, installe une chambre pour Paul et pour moi dans l'une des maisons du village évacué. C'eût été assez paradisiaque, si je n'avais été tout le temps déficitaire : les clients, que je surveille mal, les serveurs *(idem)* me volent de la bière sans relâche. J'ai de pénibles confesses avec Defarge, qui, tout bon camarade qu'il est, tique sur ma conduite (Paul), qu'il juge évidemment mauvaise, et sur mon manque d'autorité comme tenancier de bistrot. Je suis

1. Les « anciens » cassaient les pointes. C'était loin d'être plus beau.

offusqué par le pillage et le vandalisme de mes camarades : ils se chauffent en brûlant meubles et planchers, tout en vouant au diable ces sales « Boches [1] ». Une offensive « bidon », lancée par Gamelin sur la Blies, nous amène des blessés (les morts ne sont pas en montre) : quoi qu'il en soit de la grande kermesse nationale, c'est l'annonce de la mort à laquelle nous sommes conviés.

L'artillerie bombarde de part et d'autre, pour justifier des réapprovisionnements et donner lieu à des comptes rendus qui satisfassent les autorités. Nos tirs d'artillerie, nos coups de départ font beaucoup plus de bruit que les coups d'arrivée. De temps en temps, des obus tombent, l'un sur le clocher de l'église de Reyerswiller. Un concubin de passage, dont le nom m'échappe, bordelais, charmant, artilleur (c'est le comble), pousse des cris de terreur à chaque bombardement : plus question de dormir... J'ai une ou deux fois des nouvelles d'André Berne, d'Elzéar (la poste marche bien). Paul efface tout : je l'aime, de l'amour le plus pur et le plus impur du monde... J'accompagne quelquefois le sergent-chef au « ravitaillement », à Ingwiller ou dans Strasbourg évacué (décor pour film d'angoisse). Le foyer du soldat regorge de tout, tel un actuel drugstore. C'est ce qu'ils appellent « la drôle de guerre ». Je ne jette pas la première pierre : cette drôle de guerre, c'est pour moi une lune de miel extatique. Mon emploi du temps reste étrangement stable : lecture, piano, Paul.

A Noël, j'ai une permission : elle me sépare de Paul, première douleur possible. Les déplacements ferroviaires évoquent les récits de la première guerre. L'obscurcissement fait que tout change. Je reste un temps chez mes parents. Ma mère est fort angoissée. J'aide un jeune rabbin, réfugié à Bains, à surmonter les difficultés ordinaires du sabbat : je vais lui éteindre ou lui allumer son électricité. Nous avons de longues conversations philosophiques. Il est optimiste, je ne le suis pas : fasse le ciel que, pour lui, il ait eu raison. A Bains, s'est réfugiée également une créature étrange, Mme Galippe, veuve d'un médecin auteur d'une

1. Les malheureux habitants, lorrains, de Reyerswiller!

thèse sur le prognathisme des Bourbons (?). Cette femme, drôle de ne l'être pas, bavarde à longueur de temps (comme un robinet qui fuit), sans trop demander de réponse, et termine *en fading,* dans une sorte de rêverie confuse, douloureuse. Elle « adore la musique » et, plus que Mme de Cambremer, évacue de la salive et des larmes sous le coup de l'émotion esthétique. Elle a un fils, qui ne lui ressemble pas : il souffre du même prognathisme que les Bourbons, et son mental semble anorexique.

Je finis ma permission à Paris où, la nuit, tout devient conjecture, dans l'obscurcissement général. Henri d'Amfreville, qui occupe l'avenue de Tourville (il est mobilisé à Paris), loin de déplorer cette obscurité, comme jadis M. de Charlus, s'adonne à une grande enquête sur la sexualité juvénile et plébéienne en temps de guerre. Les Fénéon sont restés à Valescure... Paris est beaucoup moins gai que l'armée, où je rentre avec d'autant moins d'ennui que je retrouve l'unique objet de mes pensées, le dessus et le fond de mon cœur : jusqu'en avril-mai, je n'aurai rien d'autre à faire que d'approfondir l'amour de Paul, qui n'a rien d'un douloureux secret. C'est toujours le Parisien-merveille; s'il ferme les yeux, son masque est égyptien. Son paganisme ignore la mauvaise conscience, les « complexes ». Nous vivons dans le plus joyeux des paradis, dans l'extase mutuelle, sans jamais subir d'outrage. Pourquoi? Mystère de sa grâce et de sa gouaille. Aucune ombre n'assombrit la voie lactée des mirages. J'écris mes premiers épithalames. Nos camarades, avec le temps, radotent du matin au soir, à propos des femmes ou plutôt de leur absence; quelques-uns, de manière émouvante, ceux dont le mariage, neuf ou vieux, reste lyrique (2 %) ou consacre leur vie (femme et enfants) : la plupart ne rêvent que de gaudriole et du repos du guerrier. C'est lassant. Les soldats, qui sont en fait des Français en vacances, regrettent leur gibier de plage, de bar ou de passage. La guerre favorise-t-elle une éclosion de l'amour « qui n'ose pas dire son nom »? Non. Même en ma présence (je jouis de la sympathie générale, mais ne puis croire qu'on ne se doute pas de ma passion pour Paul), les « pédés » restent l'objet habituel des plaisanteries : aucune allusion ne m'est faite (à Paul, peut-être une fois : il est plus vulnérable). L'armée française rigole, se soûle, vomit, pisse, chie, se masturbe, en attendant Siegfried, dont la « ligne » est si proche : nous la regardons, du haut du Q.G. ou des collines.

Dans l'inconscience générale, vient la grande débandade... Sur la ligne Maginot, où nous sommes, seule la T.S.F. témoigne de la situation dégradée. Dans notre secteur, plus les nouvelles du front nord-nord-ouest deviennent mauvaises, plus la bonasse demeure, jusqu'à une sorte de silence angoissant. Mon défaitisme s'accentue. Je n'ai jamais cru que la route du fer fût coupée; à la mi-mai, j'estime que « les carottes sont cuites ». Là-dessus, quoi faire? Tous sont comme figés de stupeur, d'autant plus que notre mission (*tenir* la ligne Maginot) laisse totalement désœuvré. Le jour que les Allemands entrent dans Paris, nous la quittons. J'abandonne là piano, livres et richesses de toutes sortes accumulées pendant trois années. Le 37ᵉ, avec ses quelque trois mille hommes, sa dizaine de chevaux, sa dizaine de guimbardes réquisitionnées, marche silencieusement, à reculons, vers le canal de la Marne au Rhin où, nous dit-on, va se jouer... Dieu sait quoi (moi, *in petto :* la vie ou la mort). Le colonel m'a laissé seul dans un ouvrage pour assurer une liaison téléphonique avec le lieutenant Borlot (il est de Bains), qui commande un petit corps franc d'arrière-garde. Il doit appeler dans les deux heures : au bout de quatre, pas d'appel de Borlot, et Paul est parti avec la cuisine. Ne croyant qu'à l'absurde, je fiche le camp (Borlot me l'a reproché). Cela ne l'a pas empêché de nous rejoindre, sans téléphone. Je vole vers Paul et le colonel; je les retrouve près de Sarrebourg. Le haut commandement : Georges Revers (quel nom prédestiné!), Regard et autres, est déjà à Chalon-sur-Saône ou Mâcon. Sans emploi, je me contente de ne pas quitter Paul d'une semelle : au moins mourir ensemble. Combet, timide et incertain, est un pauvre chef scout désorganisé. Sa bataille, il l'aura : à Lorquin, la seule nuit de Walpurgis de ma guerre. C'est un accrochage-baroud d'honneur, meurtrier, inutile, avec des Allemands venus de Verdun (?). Nuit désastreuse, où plusieurs périssent, notamment un commandant de réserve, Féraud, fort civil, touché par un obus. Lorquin, que je connais depuis l'enfance, qui, cette nuit, donne son décor à l'horreur, me paraît présager le pire : ce retour désastreux au pays de mes ancêtres me semble prophétique et funèbre... Dans Cirey bombardé, plus personne de ma famille, rien que des serviteurs qui me disent que mes oncle et tante se sont réfugiés ils ne savent où. Nous montons vers le Rougimont par la vallée de Saint-Sauveur; de plus en plus effrayant : c'était ma promenade préférée. Le régiment a fondu aux deux tiers. Je dois, à mon corps défendant, prendre des grenades que, incapable de lancer, je jette immédiatement, de peur qu'elles ne m'éclatent au nez. Combet, à pied, avec un pistolet, suivi de son crétin de capitaine-major, un certain Lafont, ne quittant pas son RM 2, en tête de ce qui lui reste, gravit les pentes de mes Vosges ancestrales; nous redescendons dans la vallée de Senones [1] et nous arrêtons à Vexaincourt, où le colonel, privé de tout contact avec le haut commandement, apprend que Pétain a signé l'armistice. Va commencer une tragédie-bouffe indicible. Après deux ou trois jours d'attente, deux Allemands daignent venir vers nous : nous devons camper sur le Donon. D'après Combet, nous sommes « prisonniers d'honneur [2] ». La preuve? Les Allemands nous ont « laissé casque et ceinturon » (quel privilège!). Pourtant, ils réclament les armes, gentiment entassées quelque part sous la garde d'un Français. Le colonel menace du conseil de guerre quiconque « déserterait ». Pauvre homme [3]! Je dis à Paul que le pauvre Combet n'est qu'un sot et que, Bains n'étant qu'à cent kilomètres, nous devons y aller incontinent, plantant là le 37e et son chef scout [4]. Paul refuse : il veut à tout prix rentrer à Paris... L'amour de lui me fait céder.

Ce qui devait arriver ariva. Après quelques jours d'attente (toujours pas d'Allemands – ils avaient sans doute autre chose à faire), une dizaine de Transrhénans viendra enfin nous cueillir. A pied (sans le casque), nous gagnons Illkirch-

1. Mes ancêtres en seraient originaires : c'est l'ancien Salm supérieur.

2. Alors que, pour les Allemands, plus au courant du droit militaire, toute troupe encerclée est considérée comme prisonnière. Nous ne savions même pas que nous étions encerclés.

3. Bien qu'il habite Béon, près Culoz, je n'aurai jamais le courage d'aller lui rappeler sa sottise.

4. J'ai appris ultérieurement que les Allemands avaient collecté plus d'un million de prisonniers aux alentours de Donon.

Graffenstaden et l'usine Mathis, avec étapes à Sarrebourg et Mutzig. Soudain les Allemands changent, menacent d'abattre retardataires, traînards, éclopés ou assoiffés. A Illkirch, où nous resterons un mois, nous ferons l'apprentissage de la faim et de la soif (mes parents me feront pourtant parvenir des vivres). Il est à peu près impossible de fuir : l'usine est déjà un *Lager*. Combet continue à tirer des plans de démobilisation! Faim, soif, chaleur torride, panique : les derniers jours d'Illkirch...

Début août, de nuit, nous sommes menés à la gare de Strasbourg. On nous entasse dans des wagons à bestiaux – soixante-dix et plus, où étaient prévus quarante. Rien à manger, rien à boire, une halte par jour : l'horreur. Le voyage durera quatre jours. Par un trou de la cloison, j'arriverai à voir des noms de gare (Halle, Leipzig, Berlin, Thorn, Varsovie), des bouleaux de Poméranie, des étangs de Mazurie. Le terme est la gare de Hohenstein, en Prusse orientale, où, épuisés, il nous faut faire encore quelques kilomètres pour arriver au camp de Tannenberg, sans colonel, sans casque, sans rien du tout, sinon le profond désespoir, sous une chaleur mortelle. Ce camp, où Hitler fit un discours célèbre, avait servi, je crois, aux Jeunesses hitlériennes; il pouvait contenir cinq mille personnes : trente mille prisonniers doivent s'y entasser. Voyage au bout du jour et de la nuit. Les Allemands enragés, ignobles, immondes... Que dire de plus? Faim, soif, chiasse... et l'abominable mémorial de la victoire des chevaliers teutoniques sur les Polonais, puis de Hindenburg sur les Russes. Plus tard, j'aurai la même horreur, dans le Teutoburgerwald, devant l'Hermann colossal qui commémore la résistance d'Arminius contre les Romains, près de la Weser et de la *Porta westphalica*, au bout du monde romain, qui est mon monde, mon seul monde. L'effroi devant la chose germanique, sa mythologie, y compris Luther, Wagner... Il faudrait résumer tout ce qui a fait que, grâce à la France notamment, le Saint Empire romain germanique est devenu l'abject Empire allemand [1], avec Berlin comme capitale au lieu de Vienne, le deuxième Reich, avec ses deux Guillaume, le troisième, avec Hitler! Quelle digression, longue, justifiée,

1. Proclamé à Versailles en 1871.

serait ici nécessaire! Dans les lieux-limites où le monde contemporain se vautre, pour se mieux exalter, la trop longue exégèse de l'holocauste des juifs, des résistants, est probablement l'une des raisons de la déchéance onirique contemporaine et de son misérabilisme, avec l'inévitable Brecht, successeur des Wedekind et autres expressionnistes [1]... Pour moi, le plus difficile est de m'habituer à chier à cinq cents ou mille, en rang d'oignons, tête rasée, sexe pendant, cul ouvert, alors qu'on n'a rien à chier, parce qu'on n'a rien mangé, mais qu'on a pourtant la chiasse. Ne pas fumer, surtout : pendant toute la captivité, je troquerai le pain *kk* contre des cigarettes. L'horreur de se savoir, malgré qu'on en ait, gibier de sociologie, un numéro parmi ces foules sous-humaines, fabriquées par les hommes fous des XIXe et XXe siècles. Vivre en monde « concentrationnaire » révèle en vous des virtualités insoupçonnées, dont la pire : la panique; si, contre elle, aucun remède n'est connu, ses résultats le sont : la plupart des victimes meurent piétinées par les paniquards (Bazar de la charité, matches de football d'Amérique latine, bals des ardents).

Pendant les quatre premiers mois, le camp de Tannenberg fut un camp de concentration, avec les trente mille têtes de bétail qui l'habitaient, si on peut appeler ça habiter. Lors de la triste marche du 37e vers le fond de l'abîme, j'avais déjà vu beaucoup de sportifs tomber les premiers, sous l'effort à faire pour survivre, effort d'ordre beaucoup plus moral que physique : les animaux, même humains [2], ne s'adaptent pas à ce à quoi ils n'ont pas été exercés. Pour moi, qui hais le sport (le tennis n'est qu'un jeu), grâce à ma solide hérédité d'homme des bois et à ma haine des Allemands (la peur qu'ils me faisaient disparaîtra dès que je serai catapulté au milieu d'eux), je trouverai, sans héroïsme, le moyen de surmonter ces épreuves.

De temps en temps, nos gardes-chiourme nous prêtent à des paysans d'alentour. On me confie une vingtaine de vaches. J'emporte mon Crampon (le seul livre qui me reste), qui me sera d'un grand secours. Je me laisse absorber par la lecture;

1. Reste à comprendre comment des gens le plus éloignés du germanisme peuvent se délecter de sa mystagogie.
2. Je veux dire : les sportifs.

au bout d'une heure, plus une vache : elles ont disparu. Je ne me doutais pas qu'il y eût des vaches aussi prestes. On ne me remettra plus à cette tâche... Je ne savais pas un mot d'allemand : en vingt-quatre heures, j'en saurai assez pour tromper le geôlier, le suborner, obtenir de lui, grâce à sa vénalité [1], à sa boulimie, à sa monstrueuse bêtise [2], de quoi nourrir mon groupe. Car j'ai tout de suite eu un groupe : Paul, deux jeunes Catalans (Espagnols « rouges » engagés en France), qui, chantant un magnifique flamenco, m'assurent un luxe inouï en cette barbarie; Jean Devilliers (18 ans), de Haute-Marne, fait prisonnier au Prytanée militaire de La Flèche; un non moins jeune Corse, Dominique, dont la beauté luit comme la lumière d'un phare dans la nuit; un gentil garçon à lunettes, Lecourt etc. Nous avons comme interprète le fils d'un hôtelier de Bitche, Franken, pour qui ma sympathie est mince (il est fourbe). Quelque temps après, Pierre David s'agglomère. Étonnant Pierre David, mon aîné d'au moins trois ans, l'un des trois gendres Supervielle, marmoréen, zozotant, chez qui le snobisme est aussi consubstantiel que, dans le commun (?), l'instinct de conservation, amoral, inconscient, « sublime », comme eût dit son idole, Marie-Laure de Noailles, qu'il évoque sans cesse (il en a même donné le prénom à sa fille) devant un auditoire médusé mais ignorant, ainsi que Paulhan, Michaux, Supervielle, bien sûr, Jean Le Louët, Maritain etc. Son inconscience m'amuse. Une des cruautés allemandes consiste à vider périodiquement les baraques, pour éliminer tout ce qui aurait pu ressembler à un confort (le simple fait d'avoir *son* coin, *sa* paillasse [3], *ses* bouts de ficelle...). Un jour, après vidage, Pierre

1. Pendant toute la captivité, je me sentirai un nanti devant mes geôliers, qui se conduisent comme des mendiants. A l'époque, j'avais encore un peu d'argent, qui ne pouvait servir à rien, sinon à ça.

2. En fait de bêtise, le Français est certes bien servi, mais l'Allemand! D'où sa philosophie, tarte à la crème des petits pédants d'aujourd'hui. A propos de philosophie : une nuit que je me promène trop près des barbelés, deux sentinelles me hèlent et font les sommations. Inconscient, je baragouine avec elles. « *Du! Du! Was ist dein Beruf? – Ich bin Philosophe.* » Perplexité des préposés. « *Was ist das?* » Finalement, l'un des deux : « *Das muss judische Sache sein* ».

3. Elles sont pleines de poux ; toute la captivité, je dormirai sur la planche.

et moi, nous restons seuls dans une baraque où débarquent mille cinq cents douaniers français, qui nous regardent avec hargne et méfiance et se mettent à invectiver contre nous. Pierre David : « Il faut les faire fouetter », et de les fixer du haut de son dédain. Je crains que ces bestiaux [1] ne l'étranglent. Je réussis à les calmer en arguant de la fièvre obsidionale dont nous sommes atteints ou de Dieu sait quoi... Pierre David restera tel jusqu'à la fin de ses jours. S'il ne s'occupe de rien, du moins laisse-t-il faire les autres; il se laisse nourrir sans récriminer contre les insuffisances de la chère. Nous n'aurons qu'un seul différend : il voudra s'emparer de Dominique. Je proposerai que l'intéressé décide lui-même; il optera pour moi (sans doute aura-t-il eu peur de mourir de faim près de l'élégant, mais trop détaché commandeur). Pierre ne m'en gardera pas rancune... Paul n'est pas trop indigné de me voir infidèle, tant sa bonté est réelle et princière son indulgence [2]. Il faut dire que mon amour pour lui a souffert de ses effets : je ne peux pas oublier que ma présence à Tannenberg est due à lui et à son erreur d'avoir cru, comme Combet, que les Allemands nous ramèneraient à Paris. Je ne peux pas lui en vouloir : c'est à moi que j'en veux; mais l'amour fou s'est enfui. Il partira quelque temps en commando, pour manger un peu, ou par discrétion. Un peu plus tard, lui (revenu au camp) et moi, affamés, nous repartirons un temps en commando, à Mohrungen, chez un laitier prussien [3], très civil, tellement civil que, après avoir un peu bavardé avec moi, il ressentira quelque honte de m'employer à remuer des briques et me renverra au camp, gardant Paul...

La faim me poussant, je tenterai un autre séjour en commando, je ne sais plus où, dans un *latifundium* tenu par un abominable *Verwalter*, qui me frappera à coups de canne,

1. La France a toujours manqué de discernement en choisissant ses douaniers : comparez avec les Italiens.

2. Ce n'est pas le cas de M. L., dont la jalousie reste telle qu'il ne peut rester plus de quarante-huit heures dans mon « groupe ».

3. Les Français se sont toujours trompés au sujet des Prussiens : leurs « Boches », ce sont les Allemands du Sud-Ouest. Cf. l'erreur commune commise par l'opinion publique au sujet de Bismarck.

quand mes délicieux camarades, tous bretons, m'auront dénoncé (au lieu d'arracher les pommes de terre, je les enfonce en terre : ces Bretons, tous paysans, ne pouvaient sans doute admettre que l'on détruisît les produits de la terre). Après rossée et discussion, le *Verwalter* me nomme cuisinier : je réussis à avaler une énorme quantité de gros sel et à vomir pendant trois jours de suite, offrant le spectacle d'un moribond empoisonné : l'ordure de *Verwalter* devra me ramener au camp.

Aux environs de Noël, les victoires allemandes se succédant, nous sommes au bout du désespoir. Un petit groupe d'intellectuels, dont Cohen, l'arabisant, Maurice Pottecher [1], Pierre David et moi, nous décidons de faire une revue, *Le Cahier noir* (qui n'aura qu'un numéro et qu'un seul exemplaire) : j'en suis le secrétaire. La revue ne peut évidemment donner lieu qu'à une lecture publique. Je me rappelle mal l'accueil du public, mais je suppose que Pottecher en a été la normale vedette [2], ma contribution étant d'ordre poétique (un choix de fragments de ce qui sera *La reine Isaure* [3]), celle de Pierre David traitant des métaphysiques négatives (il aimait s'inspirer de ses amis indianisants, et son article, si je me rappelle bien, n'était pas sans quelque obscurité).

La nuit pénépolaire (il n'y a guère que quatre heures de jour), aussi lancinante que les jours d'été, le froid (– 40), aussi éprouvant que la chaleur et la poussière estivales... Le comput matinal, qui durait une heure : l'Allemand le recommençait deux ou trois fois de peur de se tromper. Aucune nouvelle de France (pas de courrier). La faim... En janvier, Dominique est muté : le grand génie avait l'intention de donner la Corse à son complice Mussolini. Plus de Paul, plus de Dominique. Je suis comme le *cervus desiderans ad fontes aquarum*... Par chance, début février, « ils » recensent les Alsaciens-Lorrains pour les rapatrier et, plus tard,... les mobiliser. Je prétends, comme Franken, être citoyen de Bitche (après tout, j'y ai résidé trois ans) et donne comme domicile celui de Barbara Wagner.

1. Il est de Bussang.
2. Il plaît au public.
3. Voir plus bas.

J'espère avant tout retrouver Dominique. En wagon de voyageurs, assis, nourri (c'est l'Orient-Express et ses wagons-lits!), je retraverse l'Allemagne jusqu'au camp d'Offenbourg, en Bade, en face de Strasbourg. Pas de Dominique : les Corses ont été parqués dans un autre camp. Désespoir. Évidemment, je rate mon examen de passage : les « autorités » refusent de me reconnaître comme citoyen de Bitche. Franken, lui, est rapatrié; il en profitera pour s'approprier le piano que j'avais loué chez Martin de Nancy : j'aiderai ultérieurement Martin à récupérer son bien.

« Ils » ne me font pas réintégrer la Prusse orientale. On me dirige sur le *Stalag XIII C*, à Hammelbourg, près de Wurtzbourg. Il me souvient que le docteur Schweitzer, pour qui je n'ai pas l'ombre d'une sympathie (en dépit de saint Paul, de J.-S. Bach, de sa parenté avec J.-P. Sartre), est docteur de Wurtzbourg. Le paysage ne me rappelle rien. Le camp est en pleine nature, sur un plateau qui surplombe la vallée de je ne sais plus quel affluent du Main et niché dans un creux : il est dépourvu de toute vue sur quoi que ce soit. Sous l'autorité d'un colonel, il est en fait dirigé par un personnage rabelaisien, l'*Oberfeldwebel* Rausch, qui parle français sans aucun accent : il a tenu un estaminet à Cambrai jusqu'à la guerre. Cruel, « gaulois », il est cependant plus abordable que les hommes de Hallstadt qui nous gardaient en Prusse orientale. Comme bras droit, il a un coiffeur de Nuremberg, surnommé *Baraken :* une brute. La Gestapo est représentée par l'interprète, docteur en je ne sais quoi, qui, lui aussi, parle français, moins bien que Rausch. Quant au cheptel français, le composent aux trois quarts des adjudants de carrière : c'est dire que la grâce n'y est pas surabondante. J'y traînerai un mois, le temps de m'informer, de me lier avec François de Chevilly et Coulomb (instituteur). François de Chevilly, savoyard, neveu de la comtesse de Foras, blond, géologue, sceptique, souriant, est un compagnon idéal. Coulomb est « très brave ».

Le voyage d'Offenbourg m'a redonné le goût de la liberté. Je veux m'évader. Je décide les deux derniers nommés. En avril, nous nous engageons dans un commando : il est trop difficile de s'évader d'un camp. Nous tombons sur ce qu'il y a de pis :

un village-frontière du Wurtemberg, Üngershausen [1]. Nous sommes une vingtaine de prisonniers (dont un seul a quelque charme : Leloup), enfermés le soir dans une maison très haute, qui, d'un côté, grâce à une dénivellation, a quatre étages. Le dortoir n'a qu'une fenêtre, avec barreaux. Lors d'un marché aux esclaves tenu à notre arrivée, je suis attribué à un paysan, Landeck, sec, avare, méfiant, nazi. Il n'a guère plus de trente ans. Le pauvre n'a pas de chance : tomber sur moi! Il a longuement hésité : mon allure ne lui va guère. Il me surnommera *Kuck in der Luft*. Frau Landeck, deux fois plus grosse que lui, est une semi-truie. Mes tâches? Donner à manger aux vaches, enlever les cailloux dont les champs de céréales sont pleins, démarier les betteraves (désespérant!), jeter de l'engrais, labourer, à la tête d'un attelage fait d'un taureau mal châtré et d'une vache maigre. Je ne suis bon à rien. Combien de fois n'entendrai-je pas l'hominien Bauer hurler : « *Franz! Wieder verkehrt!* » Je me trompe sans cesse en manipulant les ficelles de l'attelage (elles n'ont plus de cuir). La nourriture est aussi médiocre que chétive. La plupart du temps, suivant les ordres du *Führer*, il n'y a qu'un plat. Je déteste la soupe aux pruneaux, et l'on se lasse des *Knödeln*. Un seul bon jour de semaine, le samedi : ils vont au four banal cuire le pain et les *Kugeln* (le four banal me plaît : je n'en avais jamais vu en activité), et surtout, le lendemain, c'est dimanche. Comme j'aimerai Pâques et ses trois [2] jours fériés!

Dans le village, il y a des enfants réfugiés de Rhénanie, dont Klaus Martin (quatorze ans), qui s'attache à moi. Il est de Rheydt, près d'Essen. Tous les soirs, il vient me chercher chez Landeck et me raccompagne au *Lager*. Sa tendresse est pur délice. A lui seul, il sauve un peu l'Allemagne. Quel courage il a : accompagner un *sau Welsch!* Comment ne le lui a-t-on pas interdit? Il se promet, la paix revenue, de me rejoindre en France. Qu'est-il devenu? Sacrifié en 1945? Quand je m'évaderai, je ne pourrai évidemment pas prendre de conventions avec

1. Il y a une dizaine d'années, j'ai voulu revoir Üngershausen. Même haine des Français : à l'auberge, on n'a pas voulu me servir.

2. Dont le vendredi saint.

lui, et je perdrai son adresse (avec bien d'autres choses) en sautant pour fuir.

Nous choisissons pour cela le début de juin, bien que les nuits soient courtes, espérant que le temps sera acceptable. Je vole un pantalon à Landeck [1] et mets un pull-over reçu de France. A minuit, l'un après l'autre, passant à travers les barreaux de la fenêtre (bien que nous soyons sveltes, après tant de diète, il faut tout de même desceller un barreau), nous escaladons les quatre étages le long d'une corde et sautons sur un tas de fumier. Mon sac est mal ficelé et, quand je saute sur le fumier, il s'ouvre. Son contenu s'éparpille, non sans bruit. Des chiens hurlent. Dans l'obscurité de la nuit, je ramasse ce que j'arrive à distinguer. Je m'apercevrai qu'au moins le quart de mon bagage, de mes provisions, l'adresse de Klaus, que tout cela est resté sur le tas de fumier. Après un quart d'heure de marche, un orage éclate : une trombe d'eau nous trempe jusqu'aux os ; nous saurons plus tard qu'elle nous a sauvés, gênant le flair des chiens policiers qu' « ils » ont lancés contre nous. Ça commence bien. Sans carte, nous zigzaguons vers la vallée du Neckar, marchant la nuit, dormant le jour. Un matin, en nous réveillant, nous nous apercevons que nous avons dormi contre le mur d'un camp de prisonniers! J'apprécie Adelburg, Heidelberg, où nous nous risquons à flâner. Je suis partisan de franchir le Rhin à Mannheim, mais cela rallonge, et Coulomb a les pieds en sang. Nous optons pour le pont de Spire, hors la ville, entouré de marais de part et d'autre. Après l'avoir vu, nous cheminons le long du Rhin, gênés par l'autoroute. L'auguste présence du dieu Rhin et des marais satellites suscite des myriades de moustiques, que je suis incapable de supporter. Passons le Rhin! Nous dormirons de l'autre côté... Le pont est arqué : nous ne voyons pas une mitrailleuse dont le servant est camouflé dans une sorte de guérite et qui va être pointée sur nous : « *Achtung! Ausweis!* » Comment aurions-nous pu savoir que, précisément ce jour-là, Hitler déclarait la guerre à Staline et, par peur des parachutages anglais, faisait garder les ponts du

1. J'apprendrai ultérieurement que ledit Landeck a voulu me faire passer en conseil de guerre pour vol. Je lui ai restitué le pantalon par la voie hiérarchique.

Rhin? Je parlemente avec le *de cujus*, qui me trouve un accent saxon : j'opine, me disant de Dresde (chère Irma Andreux!). Ni Chevilly ni Coulomb ne savent un mot d'allemand, et François de Chevilly ressemble redoutablement à quelque chose qui pourrait être anglais... Nous sommes « faits ». Le mitrailleur appelle ses camarades, qui nous mènent au commissariat de police de Spire, d'où on nous transfère à Landau, où nous sommes confiés... à la *Hitler-Jugend*. Nous y resterons vingt-quatre heures, gardés par une douzaine de fort jolis petits nazis d'une quinzaine d'années, dont le fils du maire de Landau, avec qui je ne sympathise que trop, surtout la nuit. La « nuit des longs couteaux » était loin! Ce sera ma grande nuit d'entre 1939 et 1943. Il faut croire que je leur ai laissé un aussi grand souvenir : pendant plusieurs années, après 1945, je recevrai des lettres de quelques-uns d'entre eux, avec photographie. (Le temps ayant passé, ils auront perdu leur charme et, après la découverte des camps d'extermination, qui aggravera ma germanophobie congénitale, tout ce qui est allemand me fera horreur.) Je répondrai, vaguement, amusé quand même, sans zèle... Le lendemain, on nous incarcère à la prison civile de Spire : la seule nuit de captivité que j'aurai dormi dans un lit. De Spire, on nous mène au camp de Ludwigshafen, d'où on nous fera réintéger Hammelbourg. Là, il faudra payer. Un mois de *Strafkompanie*, sous l'aimable houlette de Baraken : « pelote » trois fois par jour, plus béton, plus cachot [1]. Plus d'un brave mord la poussière, doit être hospitalisé ou se déclarer volontaire pour repartir en commando. Votre serviteur, opiniâtre, tétanisé par la haine, prend à cœur de purger sa peine jusqu'au bout; il y reste le dernier et, grâce à l'homme de confiance, Hardy, négocie une entrevue avec le comte Silva-Tarouca, *Ritt- und Feldpost-Meister* (comme les Tour et Taxis à la cour de Vienne), dès qu'il sera sorti. Je l'ai échappé belle : un mois plus tard, les punis devront décharger des tombereaux de cadavres russes dans des tranchées de chaux vive... Car les Russes arrivent par régiments entiers (les Ukrainiens désertent en masse). Parmi eux, on dit que figure Jac-

1. Il faut dire que le même traitement est appliqué aux soldats allemands punis.

ques Staline, l'un des fils. L'accès au camp russe est strictement interdit.

Le comte Silva, d'une famille portugaise austrianisée sous Marie-Thérèse, est en quasi-disgrâce au camp : lui et Winter, charmant garçon, artiste-peintre, deuxième classe, antimilitariste, irrécupérable, sont les deux seuls antinazis que j'aie connus en Allemagne durant les trois ans que j'y aurai passés. Klaus était trop jeune pour être pour ou contre. Le comte, sans doute pour sa sauvegarde, fait quelques conférences antibolcheviques dans des clubs d'officiers : ce n'est pas à l'encontre de ses convictions. En fait, son seul souci est la recherche héraldique : grâce à quoi je pourrai lui recommander Blech, qui lui dessinera et coloriera des blasons. Je réussis à le persuader de me prendre sous sa protection. La musique me sert : ce Sudète ne peut pas se déclarer sourd. Il me met à mi-temps à la poste : l'autre mi-temps, comme pianiste, je répète avec l'orchestre des prisonniers, dirigé par une excellente trompette du théâtre de la Monnaie de Bruxelles, à qui je succéderai, après son départ. Le piano est une casserole, mais qu'importe? Pour ce qu'on joue! Quant au bureau de poste, il est (je suis) sous la férule d'un affreux petit *Gefreiter*, du nom de Wellner, qui, certainement, espionne le comte Silva et Winter. Spectacle réjouissant et quotidien : le matin, Silva vient saluer le bureau; Wellner, se dressant comme un guignol, bras tendu, hurle : « *Heil Hitler! Herr Rittmeister!* » Le comte, nu-tête, avec une noblesse infinie, retirant de ses lèvres son long fume-cigarette, souriant de ses yeux quelque peu bridés – il lui reste des traits lusitaniens (un peu d'Asie?) – : « *Guten Tag! Herr Wellner* [1]! » Cet homme, le seul qui ait émergé de l'océan d'infamie de ma Germanie d'alors, aura l'insigne privilège, à la « libération », d'être déporté par les Tchèques résistants et par les Russes. La divine Providence est insondable en ses desseins. Il eût été décent que, à titre posthume, le gouvernement français lui attribuât quelque légion d'honneur : il a servi tant de Français. Honneur à lui. Une ombre : il se laisse suborner par un individu fort douteux, qui, disant se

1. Cette réponse aurait valu le bagne à tout autre que lui.

nommer Pressac, est l'indicateur de la Gestapo. Le comte le sait-il? Mais Pressac lui fait venir de Paris les documents dont il a besoin pour son héraldique... Quelles que soient les limites de ce genre d'aristocrates, elles sont rarement atteintes par les humanoïdes. La grandeur d'âme ou la pusillanimité, souvent concomitantes en un même sujet, restent encore l'apanage des « grands » (*cf.* Pascal). Est-ce vraiment dû à la condition sociale? Dans cet ordre de choses, ce qui m'a ému, depuis l'enfance, est rare : Sadate, par deux fois, a trouvé le sublime, dans son discours à la Knesset et dans son attitude vis-à-vis du chah de Perse et de la chabanou. Franco [1], testant, a probablement rédigé le dernier testament chrétien. Paul VI a battu tous les records de la honte [2] par la manière dont il a agi avec le cardinal Mindszenty... Je ne puis faire entrer en ligne de compte les hommes atteints de la peste, rouge ou brune : ils sont hors limites. On aimerait que le « peuple », qui fut longuement admirable, avant d'avoir été métamorphosé en souverain de dérision, puis en bourreau, enfin en robot, sût redonner des exemples de sa grandeur (je l'aime mieux que les « grands »). Comme si le sublime était désuet... Continuez, comte Silva, continuez vos collections héraldiques parmi les morts, en langue morte : que l'Erèbe vous fasse justice, et à votre héroïque opiniâtreté dans l'élégance, dans le refus de l'inhumain.

A cette poste des prisonniers, on portait sur des registres les mutations intervenues : c'était notre besogne. Comme dans toutes les armées du monde, nous étions dix là où il aurait suffi d'un ou deux. Nous volions le papier à lettres et les « étiquettes de colis ». Comme nous en faisions des distributions dans le camp, il est étrange que ces prédations aient échappé à la vigilance des contrôleurs... Nous recevions souvent trois « colis » par semaine : les préposés fermaient les yeux, grâce aux petits cadeaux qu'ils requéraient (chocolat surtout, savon, eau de Cologne...). La censure était exercée par l'interprète : comme je recevais beaucoup de livres, surtout

1. Que, moutonnièrement, j'ai haï jusqu'à sa mort... Il a trouvé le comble de l'ignominie en livrant Laval.
2. Selon moi.

d'André Berne (merci à lui) [1], je les censurais moi-même en dérobant le tampon *Geprüft* à ce petit gommeux [2]... dont le nom m'échappe.

L'autorité morale française était bicéphale : l'aumônier, l'abbé Potiron, aidé d'un petit crétin de séminariste vendéen, l'abbé Pain, et le médecin, lieutenant je crois, Ballade. Je ne sais à quelle occasion, un discours sur Pétain est exigé par les autorités allemandes : les bicéphales, ne voulant pas se compromettre ni subir un discours de Pressac ou de Vallery-Radot (je vais en parler) me pressent de m'exécuter. Je le fais en rechignant : quel pensum! Je fais popote avec Maurice Blech, des Blech de Saint-Dié et de Sainte-Marie-aux-Mines, architecte, peintre (il a fait de très jolis paysages, gouaches ou huiles), huguenot impénitent, sarcastique. Il aime avant tout la raille, « la rogne et la grogne » et déteste les autorités de tout genre, sauf les Sauvage [3] – Saalburg et Cassandre, qui sont tabous. Il connaît évidemment Léontine Phulpin : nous en rions souvent... Morati-Gentile, juriste, s'est joint à nous; il est plus lié avec Blech qu'avec moi... Les aubaines érotiques, je dois les exploiter dans un coin, ne voulant pas qu'elles soient vilipendées par Tirésias et par le procureur... Blech fait cabale contre les bicéphales (Potiron-Ballade), disant qu'ils « bouffent » les envois de la Croix-Rouge, dont peu de chose nous parvient. Je resterai ami avec Blech jusqu'à sa mort, survenue en 1980.

Je ne sais plus pour quelles raisons, Potiron cessera de diriger le théâtre, et je ne sais plus qui me le confiera. Pour rompre la fatalité Labiche, à laquelle Potiron s'était voué, et n'ayant encore rien sous la main, je fais d'abord représenter ma *Reine Isaure*, compote érotico-ésotérique, et donne le rôle principal (la reine!) à un aspirant polonais d'un mètre quatre-vingt-dix, étonnant de naturel dans l'obscur : à Paris, l'accent slave est apprécié chez les acteurs... Il tiendra à merveille le rôle d'une sorte d'Edern-Ablou femelle des *Minu-*

1. Un de Gertrude Stein : *400 000 000 Customers*, de je ne sais plus qui. Malheureusement, ses lettres, en anglais, étaient illisibles, et ses colis bien pauvres : la zone libre était bien plus mal lotie que l'occupée.
2. L'interprète-censeur.
3. Il est mort naguère chez le docteur Sauvage.

tes de sable mémorial d'Alfred Jarry. L'assistance, polie, reste figée. Après quoi, n'ayant toujours pas de texte, j'écris en cinq sec un *Œdipe* (cinq actes) dans la ligne de *La Machine infernale* de Cocteau : grand succès; j'ai la plus belle Jocaste du monde, aux cheveux de jais, au teint de prune : Marc Tolédano; un aspirant timidissime, Quignon, tient le rôle d'Œdipe (on croirait Madeleine Ozeray)... Suivent *L'Amphitryon* de Molière, *Le Jeu d'Adam et d'Ève, Il faut qu'une porte soit ouverte ou fermée,* de Musset. Blech fait d'aussi beaux décors que possible dans un tel lieu. Je trouverai mon point de chute avec *Ubu roi* [1], que j'aurai l'extrême plaisir de faire représenter devant un parterre d'officiers allemands, sous la conduite de l'*Oberst-Graf* von Crailsheim, monoculé, sans doute de la même espèce que les officiers qui, ultérieurement, fomenteront le complot contre Hitler. Les Allemands [2] sont restés jusqu'à la fin, par discipline, mais les adjudants français ont déserté... Les bicéphales utilisèrent ce semi-Waterloo pour exiger ma démission, que je remis bien volontiers : c'était épuisant (le public surtout, comme ailleurs).

Une fois par mois ou quelque chose comme ça, les Allemands ont l'extravagance de nous mener aux douches (en allemand : *Entläusung, i.e.* « épouillage »); comme ils étuvent les vêtements, la séance de douche dure la moitié de la nuit. Nous restons nus trois ou quatre heures, dans une sorte de *tepidarium.* Ils ont bizarrement donné la responsabilité de la chose au médecin (russe) du camp russe et à sa cour : une dizaine de jeunes Russes, qui semblent être ses mignons, jouent de la balalaïka et chantent tout le temps que nous attendons. Je tombe amoureux fou de l'un d'entre eux, un Ukrainien d'à peine vingt ans, instituteur, Nikolaï Tichtienko. Il me faut soudoyer un *Feldwebel* (argent, chocolat, eau de Cologne...), qui me prête sa chambre pour pratiquer le culte de l'admirable Nikolaï. Tous les dimanches, il me laissera les passer au camp

1. Loubet, dentiste à Saint-Quentin, fut un Ubu ahurissant de justesse et de vigueur.

2. *Ubu* n'est qu'une bouffonnerie de collégiens. Il reste que le faire représenter devant les Allemands d'alors ne manquait pas de sel : leur *Führer* était un super-Ubu... et toutes ces allusions à la Pologne, et le reste... Bref, Blech et moi, nous y prîmes beaucoup de plaisir...

russe (les Allemands ne s'y risquent pas, dans leur terreur du typhus). C'est très roborant : après mes deux Catalans du Stalag I B et en dépit de mes fonctions, la musique n'a plus surgi, et les Russes sont d'admirables chanteurs. C'est très effrayant aussi; ils transportent des cadavres à la distribution de soupe : frappés, ils les laissent tomber, après avoir « touché » une ration supplémentaire... Ils meurent de faim, du typhus; les cadavres gisent au milieu des travées-couchettes... Je reviens du camp russe exalté, déprimé, je ne sais... Jusqu'à mon départ, je nourrirai Nikolaï et son groupe de « biscuits de guerre », de tout ce que je pourrai trouver... Nikolaï, qui n'a jamais lu Marx, se dit tout sauf communiste, comme les autres Russes. Il sait que, s'il survit, il est voué à la mort : Staline l'a promise à ceux qui reviendront... Mon amour pour lui, total, est teinté de tragique. Mes adieux seront d'une infinie tristesse : j'aurai l'impression de déserter, déserter l'horizon chimérique pour prendre le train de 8 h 47... Si je prononce son nom, les larmes me viennent encore, même si son image est devenue floue (l'antichambre de la mort est obscure).

J'anticipe. Revenons en arrière. J'étais très lié avec un petit groupe d'aspirants polonais; j'avais un faible pour le grand d'un mètre quatre-vingt-dix dont le nom m'échappe (!), qui tint le rôle de la reine Isaure, que je retrouverai en France en 1943. Le camp comportait un certain nombre de Yougoslaves, « gentils », mais peu communicants (question de langue?) : nombre d'entre eux, sans doute musulmans, étaient aguichants, mais on les disait prostitués aux Allemands. Il y avait une petite centaine d'Australiens, sans le moindre intérêt, raides de l'amidon britannique, attifés comme des « fayots », très respectés des Allemands : la vieille, la brave et la bonne Angleterre, comme dira l'autre, restait en guerre. Des Belges, je nomme l'admirable Louis Bouillot et Jean De Beucken (pourquoi dans ma mémoire, reste-t-il lié à Marie Gevaers?).

Tragédie : un jeune « chtimi », tuberculeux et cancéreux à la fois, meurt à l'infirmerie. Je l'ai assisté de mon mieux (il était bien seul...). On n'en finit pas de mourir, à vingt ans. Les Allemands lui ont rendu les honneurs militaires... Pauvre enfant.

Un type remarquable : François Vallery-Radot, fils de Jean, père du Saint-Esprit. « Collaborateur », il est l'ami de Brasillach, que nous méprisons fort (ses éditoriaux, avec photo, dans le torchon-journal *Le Lien*, distribué aux prisonniers, qu'on n'ouvre même pas, où on le voit vêtu de l'uniforme allemand, sont émétiques...). F.V.-R. est très cultivé. Sa « collaboration » n'est qu'intellectuelle [1] : je ne parviens pas à le détester. Il fait popote avec André Pénicaud, délicieux et nonchalant Poitevin. Les prisonniers n'ont qu'une seule opinion politique : ils sont anti-allemands; pas question d'être pétiniste, ne serait-ce qu'à cause de la mission Scapini, pas question d'être gaulliste : c'est tout juste si on sait que, à Londres, le général De Gaulle s'agite.

Après Stalingrad (chose étrange, la radio nazie, qui beugle dans les baraques, ne cache rien), rien ne va plus. Les Allemands cessent de triompher; ils redoutent d'être expédiés au front russe. Les bombardements anglo-saxons se multiplient : toutes les nuits, le ciel est illuminé par la défense antiaérienne. Le comte Silva reste imperturbable, mais son sourire s'élargit. Le nôtre aussi.

Le comte Silva et Winter me font inscrire sur la première liste des rapatriés au titre de la relève (j'étais loin d'être un doyen d'âge...) et me conseillent d'inonder de chocolat le préposé à la liste : ce que je fais, sans trop d'espoir. Miracle : fin février 1943, la liste de la première fournée de rapatriés est publiée. Je suis dessus. Blech se lamente et grince un peu des dents (il a dix ans de plus que moi)... Adieu! Nikolaï... Les libérables sont transférés dans un autre camp, que j'ai oublié, puis acheminés vers Soissons, ou Noyon, je ne sais plus [2], où les Français nous prennent en charge. L'enthousiasme n'est pas grand de se retrouver sous commandement français, mais, Dieu merci, à Paris, je suis démobilisé en vingt-quatre heures, boulevard Masséna. J'avais cru ne plus jamais quitter l'état militaire : je le quitte, pour toujours...

1. Il n'a jamais commis d'acte répréhensible.
2. Quel comble!

Six ans, c'est trop pour que changer de vêtements [1] suffise à faire croire que l'on est redevenu civil. Cependant, j'avais été si peu militaire dans l'âme que, en très peu de jours, l'armée, la captivité me parurent lointaines. J'eus deux séquelles de captivité : je m'étais fait, sans narcotique (les prisonniers n'y avaient pas droit), arracher quatre ou cinq dents, restées « en soin » depuis 1940. Autre séquelle, une affection du grand sympathique : contractions des muscles du diaphragme. J'en ai toujours des crises : nausées, nausées, nausées. Mon souvenir des militaires ressemble à celui que j'ai des banquiers : comble de la cécité, voire de la folie, chez les unicornes; comble de la nocivité, camouflée derrière le plus épais brouillard mental, chez les banquiers; les deux groupes, aussi sadiques que frustrés – on comprend ça, du moins pour les banquiers. Les militaires, d'une simplicité de butor, les banquiers, de castor. Il m'a fallu naviguer pour survivre et refuser le pathétique, tant fut grande *l'horreur du sol où le plumage est pris.* Me sentant bien peu bipède – mammifère supérieur à station verticale, vivant généralement en couple, j'étais *a priori* un de ceux qui souffraient le moins de ces fratries barbaresques. Cette période, si longue, m'avait accablé du monstrueux ennui. Mondains, intellectuels, artistes avaient pu, mieux que d'autres, s'adapter à tant de trivialité et d'ignominie; le non-sportif absolu avait surmonté les épreuves mieux que les champions; le germanophobe, incarcéré par les cyclopes dont il avait la terreur, avait su ruser avec eux. Militaire français, j'avais pu surmonter ma stupeur devant un monde où toute référence à l'individu aurait pu être passible de mort (ô conquêtes des républiques! ô droidlaumes!). J'avais su m'adapter, ne gardant intacts que deux de mes penchants : celui du tabac – apothéose de l'inutile, sacrifice de parfum, refus du monde ambiant –, et celui de la « pédérastie » – déni de l'accouplement à la tribale (pendant six ans, j'avais eu tout le temps d'en apprécier les résultats sur les moitiés coupées et restes non réchauffables) –. J'avais pu, grâce aux garçons dont le culte avait été à ma portée, trouver en eux et par eux la magique possibilité d'oublier tout et, radieux, de

1. Ce n'est pas que je réprouve l'uniforme; au contraire, je trouve qu'il rehausse le visage, lequel est amoindri par les bariolages de l'accoutrement civil moderne.

gagner le septième ciel, du fond de l'abîme : je savais désormais que, par eux et en eux, l'on pouvait, en toutes circonstances, trouver l'antidote de la piteuse condition humaine. Au principal (!), j'avais perdu tout civisme : pendant ces six ans, je n'avais vu que des abus d'autorité commis par des incapables, des lâches ou des indignes. Je n'étais ni pour Pétain, ni pour De Gaulle, d'autant moins que rien de militaire ne serait mien désormais. Les militaires n'étant que la main-d'œuvre des pouvoirs civils, à bon droit, j'en transférais l'abjection sur leurs manipulateurs : les politiciens. Je mourrai tel, sans une larme ni pour un élu ni pour un adjudant. Les militaires [1], je les ai voulu oublier. Dans les années qui suivront, il faudra bon gré mal gré supporter les élus, les passions ambiguës de la guerre, de l'Occupation, de la Résistance, les épurateurs; nonobstant la mode grotesque de la littérature engagée, j'aurai vite fait de les renvoyer au même ciel que les militaires [2], celui d'Ubu... Reste que deux courants emportent le rapatrié que je fus : une haine accrue des Allemands (comment peut-il y avoir des collaborateurs?) et, à l'ombre de mon vieil ami Félix Fénéon, une sorte de flirt avec le communisme [3] et un brin de russophilie, d'autant plus aisée pour moi que j'avais été stupéfié par mes compagnons de captivité russes. Et le céleste Nikolaï m'avait magnifié la Soviétie profonde.

En débarquant à Paris, que je garderai comme point fixe jusqu'en 1954, je trouve de grands changements. En apparence, Paris est monochrome. Seuls ont droit à la parole ceux que les Allemands tolèrent ou dirigent. L'obscurcissement, le grand nombre de panneaux allemands (quel graphisme!), d'uniformes, l'occupation des locaux, le gouvernement militaire, la Gestapo... sont suffocants. Nageaient comme poissons dans l'eau les membres du gouvernement Laval à Paris et d'autres

1. Je ne suis pas antimiliariste, mais *a*-militaire (*a* privatif). Et pourtant, l'armée n'est que la caricature des anciens ordres militaires et hospitaliers.

2. Je ne peux toujours pas dire « Monsieur le président » ou « Monsieur le ministre », pas plus que je n'arrivais, sans rire, à dire « Mon adjudant-chef, mon tout ce qu'on voudra... » (Il n'est pas mien, le petit chien!).

3. La distance entre les vieux communistes (1850-1950) et les actuels est infinie.

collaborants. Roger Peyrefitte finissait ses *Amitiés particulières* et raillait tout, Pétain, Laval et collaborateurs y compris. Henri d'Amfreville, qui était au cabinet du maréchal, au 2 de l'avenue de Tourville, s'apprêtait à prendre ses distances, tout en portant la francisque. Pour « sauver » l'immeuble des Brageac (le nº 1 de l'avenue), il en avait pris la gérance et s'y était logé. Selon lui, l'immeuble avait été pillé : il ne restait pas grand-chose ; on avait volé l'argenterie, le linge, les tableaux, dont ceux de Claude Roger-Marx : cela vaudra bien des ennuis à Elzéar et d'injustes soupçons dudit Marx. Mes livres et ceux d'Elzéar avaient à peu près disparu : cela, d'Amfreville l'imputait à H., qui les aurait vendus au jour le jour. Elzéar, dont la manie de s'approprier les restes ne faisait que croître, n'avait rien trouvé de mieux que de persuader à ce petit Tropézien qu'il devait faire du théâtre et venir à Paris : c'était bien incongru, dérisoire, et fort peu de mon goût ; je le dis à H., m'en faisant du coup un grand ennemi : il m'accordait d'ailleurs le mépris de celui qui avait su se mettre en tête de liste pendant l'absence forcée de l'introducteur. C'est l'application d'une loi sans faille. Que de fois n'aurai-je pas l'occasion d'en vérifier l'inévitable ! Il me faisait sentir qu'il était le premier après le maître, prétention fort dégoûtante : cohabiter était une épreuve (il s'était armé d'une autre prétention, intellectuelle... : pauvre !).

J'allai très vite chez André Berne, qui habite rue Montalivet. Le soir, quand on dépassait l'heure du couvre-feu, on était obligé de coucher où l'on était. André avait abandonné la médecine et fondé avec Pauwels, Antoine Marchal, Cervione, entre autres, un club dit des Ursulines, qui agonisait lors de mon retour. Ils avaient publié des *Cahiers*. André préparait pour Plon *Présence de Valéry* (c'est chez lui que je vis Paul Valéry pour la première fois). A l'époque, nous nous entendions parfaitement. Pour aller chez lui, je longeais le théâtre Marigny, près duquel, le soir, un agrégat d' « homosexuels » franco-allemand (les Allemands en uniforme) créait des figures de ballet du plus haut comique, volontaire ou non. Les jeunes Allemands, « si blonds », avaient plus d'un succès à Paris, surtout près des gens huppés (ne citons personne), mâles ou femelles. Hélas, j'étais insensible à leurs charmes : je les avais trop vus à l'œuvre.

Roland, lui, était au studio d'essai, rue de l'Université, sous le gouvernement d'Albert Olivier, qui devait mourir prématurément. Il avait communiqué des textes [1] de moi à Léo Preger, élève de Nadia, dont la musique, excellente, certes stravinskienne, aura eu comme destin de n'être jamais jouée, ou à peu près. Désormières s'y intéressait, qui, une dizaine d'années plus tard, devait être frappé de la même maladie que Valéry Larbaud; il enregistra nombre des œuvres de Preger au studio. Preger est mort; sa sœur, Clara Lanzi, est extrêmement active, et je suis toujours son ami.

Félix Fénéon était à Châtenay-Malabry, hospitalisé à la Vallée aux Loups, devenue clinique et tenue par le docteur Le Savoureux, dont la femme était la fille de Plekhanov, le révolutionnaire russe. Félix haïssait le docteur et le traitait en aubergiste véreux : Le Savoureux, président de la société Chateaubriand, en subissait les quolibets sans broncher. Lors de mes fréquentes visites, j'y trouvai Bernard Grasset, en traitement (il devait avoir une hitlérite, car il s'était fort « compromis avec les Allemands ») et l'abbé Mugnier, très charmant vieillard ratatiné, et célèbre, que Félix louait très fort. Félix se levait fort peu, lisait beaucoup. Il me donna une édition de Mallarmé, dans laquelle il avait noté les mots que Mallarmé avait substitués au vocable *Dieu.* Inutile de dire que ce livre (sans autre valeur) disparut très vite de l'avenue de Tourville. Il me donna aussi un exemplaire de *Moralités*, de Paul Valéry, avec cette dédicace : « *A Félix Fénéon, rare ami rare* [2] ». Avant la guerre, il m'avait donné deux dessins de Seurat, qui, par miracle, avaient échappé au pillage : je lui demandai la permission de les vendre, car je n'étais toujours pas riche, loin de là, et le « coût de la vie [3] » à Paris (« vérité des prix » du marché noir!) était devenu himalayesque. Je les vendis à la Salle des ventes, par Me Bélier, qui était son commissionnaire habituel : la vente fit quelque dix-sept mille francs. Quand j'y pense, un soupir m'échappe... Fanny était aux trois quarts immobilisée par sa Parkinson, aggravée par l'émo-

1. Comme on dit aujourd'hui.
2. L'exemplaire n° 1 de *Colloques*, dédié et dédicacé à Fénéon, m'a été également volé.
3. Quelle expression désastreuse!

tion de voir Félix au bout de sa vie. On restait gai : Félix ne cessait pas de rire. Ils s'étaient liés avec Bernard Groethuysen [1] et Alix Guillain, nièce d'Élisée Reclus, qui venaient voir la femme du Savoureux, parfois avec la « petite dame », alias M. Saint-Clair, de son véritable nom Mme Van Rysselberghe [2], la compagne de Gide (il était en Afrique). Paulhan, qui suivit Groeth à la Vallée aux Loups, s'évertuait à communiquer à Félix sa passion pour Fautrier : Félix s'y était fait. Je resterai ami avec Groeth et Paulhan jusqu'à leur mort. On y voyait souvent Solange Lemaître, présidente de la Société des amis de l'Extrême-Orient, au musée Guimet : c'était une vieille amoureuse de Félix; un jour, elle apporta un beau poème de Joseph Baruzi *(L'être et le paraître?)*, qui plut beaucoup à Félix. Les frères Baruzi! Il faudrait retrouver l'accent de Gide pour bien rendre l'exclamation. Je me liai un peu avec elle, dans la mesure où sa nature, froide, y conviait (nous étions voisins : elle habitait rue de Grenelle) : c'était me lier avec lesdits frères Baruzi, car elle s'était engouée de Jean, l'ennuyeux professeur au Collège de France, spécialiste de saint Jean de la Croix. Pour ma part, j'estimais que Joseph (dantisant, conservateur à la Mazarine) avait beaucoup plus de génie que son frère, à qui il servait de torchon (leur appartement de l'avenue Victor-Hugo n'en était pas moins une roulotte de saltimbanques). Pendant mes séjours à Paris, j'allais au moins une fois par semaine à la Vallée aux Loups. C'était un long parcours. J'y menai Henri d'Amfreville. André Berne devint fénéoniste : il est du comité des prix Fénéon. J'anticipe.

Le lendemain même de mon retour à Paris, j'avais eu la grande peine d'assister à la messe de funérailles du chanoine Henri Colin, célébrée par le recteur de l'Institut catholique. Loi des contrastes. Une dizaine de jours après, j'allai voir mes parents, dans les Vosges, qui avaient été longtemps en zone « interdite » : elle ne l'était plus. Ma mère s'adonnait à un gaullisme exacerbé, bien que je lui fisse remarquer que mon retour était dû à Laval. C'était la taquiner en vain : son gaullisme était inconditionnel, et, chaque fois qu'on prononçait

1. On l'appelait Groeth *(Groute)*.
2. Elle connaissait F. F. depuis toujours.

le nom de Pétain, elle entrait en fureur, le traitant de tous les noms d'oiseaux. Mon gaullisme était beaucoup plus tiède : j'étais exaspéré par le bruit permanent de Radio-France libre, que ma mère écoutait inlassablement, en dépit du brouillage : à Bains, les soirées étaient de pénibles séances où l'on tentait d'ouïr l'inaudible. De surcroît, je n'approuvais pas plus les dénonciations des Londoniens que celles des Vichyssois.

Quelques jours plus tard, je gagnais Saint-Tropez. La zone sud étant envahie par les Allemands, il n'y avait plus besoin de visa pour passer d'une zone à l'autre. Train bondé, jusqu'au bout, y compris la patache Saint-Raphaël – Saint-Tropez, qui vomissait des escarbilles par milliers : on en sortait négrifié. Les Tropéziens mouraient de faim. La population avait triplé : j'étais effrayé de la concentration des réfugiés juifs et les trouvais fort imprudents de s'offrir en masse à une probable déportation, les Allemands ayant pris la relève des Italiens; hélas, mon pessimisme ne devait se trouver que trop justifié. Le comte et la comtesse continuaient sans heurts leur existence à la limite du réel. Ils n'avaient plus de voiture pour aller à l'église : la comtesse prenait Tondut, vieux taxi de Saint-Tropez (il avait dans les soixante-dix ans). Alors que, en Berry, ils auraient eu tout ce qu'il fallait, ils préféraient rester là, « à cause du climat » – le comte s'y disait exempt de rhumatismes –, à cause de la vue sur la mer, à cause de la vigne. J'eus un choc : Elzéar, très amaigri, était fort surexcité. Il faisait horoscope sur horoscope et s'exaltait à qui mieux mieux, en compagnie de Toby, fox à poil dur, promu demi-dieu : de quoi être inquiet. Ils hébergeaient les Landau, famille réfugiée dont le chef était artiste peintre. Ils avaient aussi un Hollandais, Wagenaar, venu en touriste : cet architecte, plein d'idées générales, les communiquait avec une excessive générosité. Michel Brodsky, époux d'une Schiffrin à moustaches (sœur de Jacques, fondateur de « la Pléiade »), habitait Saint-Tropez; sa sœur, Vava [1], vivait à Londres. Parmi les innombrables clients d'Elzéar, figurait Charlotte Kalmis, peintresse, bavarde, peu supportable, qui semblait vouloir être comtesse (!). René Leibowitz jouait de la flûte : j'eus quelques conversations

1. Actuellement femme de Chagall.

avec lui, qui ne comptent pas parmi les grands moments de mon existence. A mon étonnement, je retrouvai Guardiola près d'Elzéar, intronisé par René T. : je ne sais quel démon l'avait poussé à se lancer, grâce à eux, dans une entreprise de charbon de bois, à Trans. Ledit Guardiola trouvait en cette entreprise un alibi pour ses perquisitions érotiques. L'ancien secrétaire de Negrín était au mieux avec les Allemands, disait-il. Son grand amour d'alors était « le petit Mazzuchelli », de Draguignan ou des Arcs : il n'était pas sans quelque vénusté. Mais deux chiennes, loulous de Hongrie, occupaient la première place dans le cœur de l'ex-secrétaire. Sa présence me fit peur : avec Jacques G., c'est l'un des deux personnages en qui j'ai cru trouver une ébauche du diable. Il énonçait des projets effrayants, d'où l'assassinat n'était pas exclu. Était-ce forfanterie? Je m'ouvris de mes inquiétudes à Michel Brodsky; il n'avait pas connu Guardiola avant la guerre : il trouva que j'exagérais...

Au retour, je m'arrêtai à Lyon, pour voir René, qui m'hébergea une nuit. Il s'était marié avec la fille d'un ferrailleur lyonnais, dont il est toujours l'époux : il me parla de sa revue *(Confluences)*, où il avait publié je ne me rappelle plus quel écrit que je lui avais envoyé du *Stalag XIII C*. Nous déjeunâmes avec un couple, que, dans ma distraction coutumière, je pris pour le consul et la consulesse de Suisse, lui genre dandy 1922, elle évidemment slave. Auguste Anglès, que je connaissais d'avant, assistait au déjeuner. Le couple partit très vite à la fin du repas. Je dis, plutôt agacé (j'aurais préféré parler librement avec René) : « Quelle idée d'avoir invité le consul et la consulesse! Quels emmerdeurs! – Tu es fou : c'est Aragon et Elsa! » Ledit Aragon collaborait à *Confluences* sous le nom de François la Colère. Ce fut ma seule rencontre avec l'illustre couple, symbole de l'honneur de la France (!).

Je m'étais promis [1] d'accomplir une mission pour les prisonniers rapatriés : je devais, pour cela, aller à Vichy; René me recommanda d'aller voir François Lachenal et Jacques Laurent. François Lachenal, citoyen helvétique, petit-fils d'un président de la République, fils de l'avocat du Crédit suisse,

1. Exactitude morale.

arrière-petit-fils d'un cuisinier de l'évêque d'Annecy, était secrétaire d'ambassade auprès de M. de Montenach qui, je crois, représentait la Croix-Rouge internationale près le maréchal. Jacques Laurent (vingt-quatre ans) était secrétaire du chef de la censure, le ministre Marion. René me dit : « Il est charmant, il te plaira; mais méfie-toi : il est pour Laval. »

De Lyon, je fis un saut à Belley, où restaient quelques Italiens [1] à qui tout le monde faisait fête, oubliant leur cynisme abject de 1940 : ils allaient sous peu être raflés par les Allemands. Depuis Stalingrad et le débarquement des Alliés en Afrique du Nord, sauf Laval et quelques autres, tout le monde pensait que les Allemands perdraient. Mais quand?... Tante Léontine, inchangée, André, son fils, *idem*, dont les enfants grandissaient : Jean (l'aîné) et moi, nous fîmes amitié. Chaboute, Sainte-Marie-Perrin, l'abbé Chauffin permanaient en leur être. J'allai déjeuner chez Gertrude Stein, qui venait de ou allait sortir son livre sur la France occupée : elle était fort amie de Bernard Fay, qui la protégea jusqu'au bout, à qui elle garda son amitié jusqu'au bout. Il y avait chez elle May d'Aiguy, qui la traduisait parfois; elle était sa proche voisine : de Béon à Culoz, il y a deux ou trois kilomètres. Table exquise, conversation piquante, que je ne me rappelle plus. Outre le cher Baskett, son chien, elle avait une poule apprivoisée, qui voletait vers sa bouche chaque fois qu'elle y portait la fourchette. Je ne réussis pas à me faire expliquer pourquoi elle m'avait envoyé les *400 000 000 Customers :* je pense qu'elle avait oublié. Elle me chargea d'aller voir Picasso (elle ne se risquait pas à Paris) et de lui transmettre un mot. C'était bien peu nécessaire : la censure inter-zone n'était guère efficace, et l'on disait que Picasso avait l'oreille du maréchal Goering.

Rentré à Paris, j'allai voir Picasso, rue des Grands-Augustins; il me reçut en compagnie de quatre ou cinq officiers allemands en uniforme : ses yeux rusés, son acuité m'amusèrent. Je ne l'ai jamais revu. Groeth mena Pierre Souvtchinsky avenue de Tourville : début d'une longue et vive amitié, avec réciprocité. Dans les jours qui suivirent, Pierre Souvtchinsky me fit connaître Soulima Stravinsky, second fils

1. J'aime l'Italie, j'aime les Italiens, mais il me faut convenir que, en tant que nation, ils sont parfois indécents.

d'Igor, qui vivait avec Françoise, sa femme actuelle, laquelle attendait d'être divorcée pour l'épouser : nous nous aimons toujours. Ils étaient mes voisins très proches (elle habitait en haut de la rue de Bourgogne) : nous nous verrons sans cesse jusqu'à leur départ pour les États-Unis, en 1948. Je voyais souvent Arthur Adamian et Marthe Robert, que j'aimais beaucoup.

Albert Rivaud me dit qu'il était obligé de confier mon diplôme à Goguel (mon diplôme sur saint Paul, que je pensais terminer). J'acquiesçai tristement. Rivaud ou Goguel, je ne finirai pas ce diplôme : j'étais trop vieux pour aller à l'école.

Je débattis longuement de l'opportunité d'aller à Vichy avec Fénéon, avec Groeth, avec Paulhan, qui était grand résistant. Non seulement ils ne voyaient pas d'inconvénient à la mission que j'entendais accomplir, mais ils m'y engageaient. J'aurais dû dire plus tôt que cette mission était envisageable parce que Lecourt, mon camarade du *Stalag I B*, très gentil garçon, était à Vichy [1] le chef de cabinet de Masson, ministre des prisonniers. Lors d'un séjour à Paris, il avait insisté pour que j'entreprisse une inspection des sanatoriums dans lequels étaient soignés d'anciens prisonniers tuberculeux. J'arrivai à Vichy en juillet, je crois. Il y faisait fort chaud. L'« atmosphère » en est indescriptible. Il est probable que le fait de Vichy, qui n'a pas de précédent, ne se répétera jamais. Opérette cauchemardesque, ambiance fuligineuse, tragédie farcie de rigolade cynique. Tragédie? Et le dérisoire de ce maréchal nonagénaire, qui passait sa garde en revue vers midi, mangeait cinq kilos de viande par jour, jouait au bézigue avec son médecin, tripotait les seins des dactylos. Il haïssait de plus en plus Laval, qui le lui rendait bien. Il était d'une sérénité minérale : je n'ai jamais vu plus beau vieillard, comme disait Cyrus de son grand-père. On disait qu'il restait en rapport avec les Américains. Etc. La Gestapo était le vrai maître du lieu. Toutes sortes de ragots circulaient. Les courtisans intriguaient avec les gaullistes, avec les Allemands; ils avaient perdu le sens de la pesanteur et semblaient flotter entre enfer et purgatoire : c'est plutôt l'enfer qui les attendra. Je descendis à l'hôtel je ne sais plus quoi, où je

1. Que faisait-il dans cette galère?

fis souvent venir les deux huissiers de la section de ministère tenue par Lecourt, le petit Coquillat (très jaune de teint, noir de cheveux, trés érotisé, fort érotisant) et le jeune frère de Michel V., très joli Russe, bête comme une oie. C'est la seule fois que je réussis un bref ménage à trois. On va voir ce que cela va me coûter. J'allai voir Lachenal, avec qui je sympathisai beaucoup, et Jacques Laurent : hépatique, drôle, un peu poulbot, indulgent pour les pédérastes... Sa fonction m'effrayait, mais cela lui donnait du sel; c'est tout juste si je n'allais pas m'amouracher de lui. Je ne lui cachai pas que je ne partageais pas ses opinions : il ne m'en tenait pas rigueur, mais cela lui faisait faire un rictus, que, dans la suite, je devais lui voir souvent. Il me chanta pouilles sur René T. et *Confluences*, disant que la revue était un repaire de gaullistes. Je tâchai de le convaincre de ne sévir pas : ce qu'il fit, sans que je puisse m'en arroger le mérite. Notre amitié subsiste.

Lors de mon passage à Belley, j'avais vu le baron d'Aiguy, mari de May : il avait un poste au ministère du ravitaillement. J'obtins de lui des bons de sucre à distribuer lors de mes visites dans les sanatoriums. De Vichy, j'allai d'abord à celui de Grenade-sur-Adour, dans les Landes : j'eus la surprise d'y trouver « la reine Isaure », l'aspirant polonais d'un mètre quatre-vingt-dix. Il avait fort mauvaise mine, et je fus très inquiet de l'issue de sa maladie (je n'ai plus eu de nouvelles de lui). J'allai au Touvet, dans le Nord, un peu partout. A la longue, c'était ennuyeux, lassant, inutile; je tenais une promesse dont l'inanité ne me donnait que dégoût. Grâce à François Lachenal, qui avait ouvert une maison d'édition à Genève, Les Trois Collines, où il a publié ce qui aurait été interdit en France, j'eus l'occasion amusante de véhiculer un livre d'André Malraux, *Les Noyers de l'Altenburg :* sans en tirer la moindre gloire, j'en transportai les vingt premiers exemplaires lors d'un bref voyage de Vichy à Paris et les remis à Lescure, qui s'occupait des éditions de Malraux. Il n'y avait là rien d'héroïque, mais plusieurs trouvèrent très audacieux que je « passe la ligne » avec des Malraux interdits...

J'étais excédé de ma mission. Je saisis le prétexte d'un incident fâcheux qui m'arriva, séquelle odieuse de mon intimité avec les deux jeunes huissiers, pour dire à Lecourt que, devant mes responsabilités dans cette affaire, morales, ou plutôt immorales, je lui demandais de mettre fin à ma mission. Il acquiesça, à condition que ce ne fût pas sur-le-champ, je ne sais pour quelles raisons. Les deux énergumènes, qui me faisaient ma valise quand je voyageais, n'avaient rien trouvé de mieux que de voler tout un paquet de bons de sucre du baron d'Aiguy. J'ai rarement été aussi honteux. J'avouai la chose à Lecourt en exigeant que mes éliacins ne fussent pas poursuivis : il me fit la grâce de ne leur refuser pas l'absolution. Je traînai deux ou trois semaines dans un Vichy de plus en plus sulfureux. Deux jours avant mon départ, vint de Paris François Mitterrand, porteur de la francisque, qui était chargé de mission au siège parisien du ministère des prisonniers. Il fit un long exposé, que j'écoutai assez peu, dont le ton me déplut fort. Si je me rappelle bien, il pressait les Vichyssois de se hâter d'adhérer au gaullisme, future couleur de la France. Je n'eus point la révélation que ce Mitterrand serait un jour président de la République... Je ne suis véritablement pas prophète en politique; après lui, ce sera Malraux, Debré, Pompidou, Giscard, Deniau et autres : jamais, au grand jamais, je n'ai deviné que ces gens auraient la carrière qu'ils ont faite.

Je n'ai jamais revu Lecourt. Qu'est-il advenu de lui? C'était un garçon assez mou, incertain, mais ce n'était pas un damné, loin de là. J'allais oublier de relater que, pour m'occuper avant mon départ, ledit Lecourt m'avait chargé d'organiser une grande soirée (organiser, c'est beaucoup dire) en faveur des prisonniers, où fonctionneraient la môme Piaf, alors avec son boxeur, et Jean Nohain que, hélas, je devais revoir ultérieurement. L'une et l'autre me firent une égale horreur.

Après ces quatre mois de « mission » (novembre 1943), je réintègre Paris, où je retrouve Blech : Dieu merci, il a pris le deuxième train de relève. Il habite dans le même immeuble que les Onnen (Frank est violoncelliste, Lia pianiste), amis hollandais des Soulima : je suis toujours lié avec eux (ils ont deux jumeaux d'à peu près un an).

Les Groeth m'ont fait connaître Henri et Colette Thomas. Henri [1] débute son œuvre, après avoir été un temps secrétaire

1. Il est vosgien, ex-élève du lycée d'Épinal.

de Gide. Colette, extrêmement séduisante (Groeth l'adore), est bibliothécaire de l'École normale supérieure, rue d'Ulm. Autour des Groeth, qui viennent passer le dimanche avenue de Tourville : Paulhan, Jean Tardieu, Courtade, Ponge, Marie-Jeanne Durry, les Desanti et bien d'autres (évidemment Pierre Souvtchinsky). Des heures durant, Groeth me fait jouer au piano : en bon Allemand, il a le culte de la musique. Groeth et Paulhan, je leur fais visite le mercredi, vers six heures, à la N.R.F., dans le bureau de Paulhan. J'y fais la connaissance de Malraux : je lui apprends que j'ai transporté ses *Noyers* de Vichy à Paris. Ça ne l'émeut guère. Il ne vient pas tous les mercredis. Malraux fascine Groeth et Paulhan. Je me rappelle que, début 44, à Paulhan et à Groeth qui lui demandent comment la discipline est respectée dans son maquis, il répond qu'il n'a eu qu'une seule affaire de pillage : il a lui-même abattu le pilleur [1]. Je suis horrifié... Travaille chez Gallimard un beau garçon : Dionysos Mascolo ; je lui envoie un poème : silence... Félix Fénéon ne quitte plus son lit ; il décline de jour en jour. Je suis très affligé.

A Noël, je vais passer trois semaines à Saint-Tropez, où règnent les Allemands. Les Brageac et leurs hôtes continuent leur vie immuable, égayée par la présence de Michel Brodsky, qui a cessé de résider en ville. Guardiola vient très souvent, avec ou sans le petit Mazzuchelli, toujours avec ses chiennes, son génie diabolique sans cesse en éveil (où en est donc le charbon de bois ?). Je vais à Saint-Jean-Cap-Ferrat m'acquitter de la promesse que j'ai faite à Pierre David, de « donner de ses nouvelles » à sa femme Françoise et la rassurer (comme on verra plus tard, il n'y avait pas lieu). Je déjeune chez son hôte : elle est hébergée, elle et ses enfants, Marie-Laure et Olivier, dans la villa de Somerset Maugham, « la Mauresque », que son hôte a louée, tout à fait somptueuse. Françoise et moi, nous sympathisons d'un coup : pendant des années, nous ferons *Bastien et Bastienne* à la table de Suzanne Tézenas. Le ravitaillement de Saint-Tropez est toujours aussi mauvais (je suppose que les Brageac ont vendu le Berry pour s'approvisionner au marché noir !). Cela n'empêche pas Elzéar de

1. Est-ce vrai ?

maigrir dangereusement; il s'exalte de plus en plus : je suis de plus en plus inquiet.

A mon retour à Paris, Félix Fénéon est à l'extrémité. Il mourra le 27 février, je crois, de nuit, près de Fanny, elle-même clouée au lit. Le jour de sa mort, je demande à Henri d'Amfreville de dessiner son masque : le dessin est assez beau (je ne sais ce qu'il est devenu). 1944 est année bissextile : c'est le 29 février qu'on l'enterre, par un très beau temps au départ de la Vallée aux loups, mais un froid très vif, la neige recouvrant les forsythias en fleur des jardins de banlieue. Fanny, immobilisée, nous a demandé, à Jean Paulhan et à moi, d'accompagner le corps et d'accomplir les formalités voulues. Tapotant sur le cercueil, de sa voix aiguë, Jean Paulhan : « François, vous croyez à la survie? » Je ne réponds pas, mais souris, pour cacher un agacement qui l'eût comblé [1]; il continuera de tapoter jusqu'au Père-Lachaise, où nous attendent les Groeth, la petite dame, Solange Lemaître, André Berne et deux ou trois autres. Le gaz du four crématoire manque de pression : on nous dit que nous ferions bien d'aller nous chauffer quelque part. Ce que nous faisons, dans un bistrot [2]. Quand nous revenons, une fumée noire s'échappe du four. Il faut encore attendre dans la fausse chapelle, glaciale. Quand la crémation est enfin terminée, Paulhan et moi, nous devons assister à la réception des cendres. L'odeur... Il reste un tibia... Le ridicule petit cercueil dans lequel on transporte les cendres à leur niche [3]... Personne ne trouve heureuse la solution que Félix a choisie. Il voulait léguer ses collections au musée de Moscou. Fanny morte, il n'en sera rien : on l'aura persuadée de les donner au Louvre (je crois qu'elles sont au Petit Palais). Je ne reverrai guère Fanny : elle m'agaçait beaucoup. Elle est morte vers 1950 (Berne s'en occupa). Cette donation à l'État contribue à

1. J'aurai le même agacement en lisant – bien en retard – son récit de la mort de Groeth, publié par Fata Morgana.

2. Entre-temps, le ciel s'est couvert et le froid, aggravé.

3. Vers 1977, accompagnant Ariane Zographos de La Rochefoucauld au Père-Lachaise (elle transfère les cendres de son père), je demande au concierge où est la niche Fénéon : les cendres ont été dispersées, personne n'ayant renouvelé la concession. Honte à la fondation Fénéon!

augmenter le nombre des nécropoles que sont les musées, nécropoles qui sont la preuve que l'art est mort, comme Hegel l'a prophétisé. Il est paradoxal qu'un individu contribue en quoi que se soit à la richesse de son plus grand ennemi : l'État. Groeth regrettait beaucoup que Félix ne m'eût pas fait son légataire (moi aussi!), au grand scandale d'Alice la fanatique.

Au lendemain de la crémation, Fanny me demande d'aller faire part à Valéry de la mort de Félix : échange de banalités polies de part et d'autre (c'est la seule fois que je suis allé chez lui). Paul Valéry : « Vous a-t-il dit s'il s'intéressait à ce que je fais? – Je crois que, depuis qu'il a gardé le lit, il a toujours eu vos poèmes à son chevet. – Quel dommage! Je ne le voyais plus : j'étais persuadé qu'il n'aimait pas mon œuvre. » Valéry ne survivra pas longtemps à Fénéon : il mourra l'année d'après, et le bruit de sa mort sera couvert par le vacarme des événements « mondiaux ».

Je me lie avec Cocteau, pour qui j'ai une sympathie immédiate, d'une amitié (mutuelle) qui tiendra jusqu'à sa mort; amitié pas très intime, pas très exigeante – il est assailli de partout –, mais qui, de ma part, ira croissant au fur et à mesure que le dédain et la calomnie l'accableront. Les balourds, les pédants haïssent l'alacrité.

Je vais deux fois à la Comédie-Française, pleine d'Allemands en uniforme, voir *Le soulier de satin*, de Claudel (les acteurs ne me plaisent guère, mais la pièce est hors série; Claudel est enchanté; il lui suffit d'être joué) et *Les mouches*, de Sartre. Blech me mène un jour déjeuner chez les Sauvage, où je rencontre Cassandre, qui fait des décors à l'Opéra et à la Comédie-Française : début d'une intimité qui ne cessera qu'avec sa mort [1].

Les événements se précipitent, les bombardements américains s'intensifient : on sent que le dénouement approche. Les prix du marché noir ont tellement monté que je n'arrive plus à faire face; il est sage que j'aille chez mes parents. Le cœur serré de laisser tant d'amis dans de probables adversités, je pars pour Bains. Léontine est là, Henriette Hirtz aussi. Un très charmant Vogelweidt, d'Épinal, dirige un centre d'enseignement tech-

1. Refrain.

nique, récemment fondé. Mme Galippe, les Corbery, Mme Simon et sa descendance (son petit-fils Laurent), la délicieuse Claudie Mathieu sont également là. Mlle Kiener et sa vieille mère sont réfugiées à la maison... Je m'amourache, un peu par provocation, du fils d'un gendarme, à qui succède un petit paysan du Raval, d'origine italienne, d'une bêtise étonnante, mais ses traits sont d'un Carpaccio (il a un accent vosgien très prononcé!). Je reprends d'immenses promenades qui raniment mes passions topo-historiques. Le Noirmont me voit souvent, avec sa Léonie Peureux dite *Pompon* (soixante-quinze ans), chez qui les sourires « ravaudent », qui brode « des draps de dix francs ». Je passe souvent à La Forêt, chez les Martin : leur second fils, Mimi, grandit; il a un corbeau qui me ravit. *La* Georgette Bernot est toujours une source de rires intarissable. Je vais à Haudompré, chez Duhoux : les promenades sont souvent doublées d'une quête de beurre (il faut troquer). A la Lande, j'aide les Brégier et leurs trois fils pour les foins, pour la moisson; ils ont un somptueux miel de fèves en rayons.

Lors d'un bombardement d'Épinal, trois prisonniers indiens s'évadent et passent à Bains, où ils sont arrêtés par les gendarmes. Le brigadier, qui s'appelle Chopin (c'est un arrière-cousin de Frédéric, dont le père était de Mirecourt) vient me chercher; je parle anglais : il me demande d'être interprète. A Bains, il y a des mouchards, comme partout. Me méfiant des gendarmes, je leur demande des garanties et prends ces Indiens à la maison. Je leur donne à manger et les héberge pour la nuit. Le lendemain, je les mène à la gare par des chemins de forêt; ils veulent aller en Suisse : je les fourre dans le Nancy-Bâle.

Si ma mémoire est bonne, Bains compte 0,1 % de « collaborateurs », 10 % de gaullistes, 10 % de pétainistes; le reste est... anti-allemand. Le maquis de Grandrupt fait des incursions dans les boutiques de chaussures et dans les bureaux de tabac. Dans un écart de Bains, une fille qui « couche avec les Allemands » est assassinée : menace de prise d'otages (ils menacent souvent, mais ne le font jamais). On voit très peu d'Allemands à Bains : il n'y a pas de garnison.

Épinal est bombardée sans cesse : on réquisitionne tous les hommes pour enlever les cadavres, les blessés, et déblayer les décombres. Ça ne m'enthousiasme pas. Ces bombardements font beaucoup de victimes et de destructions : les Allemands réparent en moins de vingt-quatre heures ce qui les concerne et laissent cadavres et ruines aux soins des Français.

Sur l'insistance de ma mère, que mon ataraxie indigne, tant elle est « patriote » (mais n'avais-je pas suffisamment servi ?), et d'un ami recruteur de résistants [1], je m'inscris sur les listes de la « Résistance », qui était dirigée par un des médecins et par le pharmacien. Ils sont restés chez eux : je dis que je ferai comme eux. Bien m'en a pris : une nuit, les Allemands s'emparent du maquis sans coup férir et déportent plus de neuf cents jeunes gens (pour la plupart, des réfractaires) à Buchenwald : il en reviendra une dizaine, je crois. Comme moi, le médecin et le pharmacien sont restés dans leur lit...

Vers Pâques, Épinal devenant inhabitable, le collège Saint-Joseph renvoie ses élèves chez eux : Jean (dans sa quinzième année) en revient à pied. Il est le fils d'une amie de mes frère et sœur, qui a perdu son mari (ingénieur de la marine) lors d'un bombardement de Bizerte : elle a réintégré Bains. Elle se lamente : Jean ne fait rien en classe. Je conviens avec elle que je le ferai travailler. Coup de foudre irrésistible... Commence un amour fou, anéantissant, qui durera dix ans. Il est cancre, mais poète, et déjà ivrogne (selon sa mère, il tient ça d'une de ses grand-mères). Il « court » une fille de Fontenoy, qu'il n'a pas choisie parmi le « gratin ». Sous ma tutelle haletante, il va entamer une lutte avec l'ange, pour et contre moi. Ce sera une longue saison en enfer : je serai l'esclave de ce jeune despote, aussi cruel que tendre. La référence Verlaine-Rimbaud, qui saute aux yeux, ne me convainc pas d'être prudent. Les cancans vont bon train : je n'en tiens aucun compte. Mon aliénation est totale.

Je fais venir Elzéar à Bains, pour qu'il fasse une cure alimentaire (il en a besoin). Cela me vaut l'extrême ennui d'avoir H. et sa donzelle, qui, à l'instigation d'Elzéar, débarquent un beau jour ; fureur de mes parents. Dieu merci,

1. Ce garçon, dont le nom m'échappe – triste mémoire –, me repêchera un peu plus tard, dans la retenue de la Manufacture, où je me baignais en compagnie d'une joyeuse troupe : pris d'un malaise, j'avais coulé à pic.

ils trouveront gîte ailleurs. André Berne vient nous rejoindre. Les Thomas, réfugiés à Amance, viennent faire un séjour à la maison : mon amitié pour eux augmente, d'autant plus qu'Henri aime les poèmes de Jean, que Colette ne me hait point, que je suis sous son charme (Henri n'en prend pas ombrage).

De juin à septembre, comme dans toute la France, anxieux, pendus à la misérable radio du général De Gaulle, on attend que la guerre finisse. Avec les vacances, pour mon plaisir, Colette Déchaseaux revient à Bains. L'aînée des filles Rose s'est mariée avec un Voiriot, cousin des Poincaré; la cadette, Lucienne, va épouser un certain Poirot (pour son malheur) : son père avait écarté la candidature d'un mien cousin. Je dois souvent coucher chez Léontine Phulpin; elle a peur, la nuit, de rester seule à la maison avec sa renarde : tous ces Allemands, puis tous ces Américains! Vers le 10 août, Elzéar, inquiet pour ses parents, trouve un camion qui va vers le Midi : il arrivera à Saint-Tropez le jour du débarquement franco-américain.

Les Allemands partis en débâcle, André Berne et moi, nous sommes requis par la Résistance; je maugrée fort : il me répugne d'avoir à obéir aux responsables de l'extermination du maquis de Grandrupt. La nuit, il faut monter la garde aux sorties de Bains.

Les Américains arrivent enfin, le premier jour de septembre. L'absence d'Allemands épargne à Bains la destruction (s'ils trouvent la moindre résistance, les Américains cassent tout avant d'entrer). Le docteur Henry et le pharmacien triomphent sur un char. Le jour même, les résistants incarcèrent tous les « collabos », dont mon amie Corbery (quel déni de justice!), la nièce du curé d'Épinal, assistante sociale, *la* Rouge Gorette, et bien d'autres. Je me précipite dans les hôtels réquisitionnés où on les parque. Je leur apporte de quoi se nourrir, des couvertures etc. J'interviens auprès du docteur Henry pour qu'on ne tonde pas Corbery. André Berne surenchérit en arguant du secret médical! Nous réussissons pour Corbery, mais pas pour les autres : elles seront tondues. Indigné de voir la Résistance recourir aux mêmes méthodes que ses ennemis, je rédige une lettre par laquelle je me démets de ladite Résistance (nous sommes le 3 septembre). Pas de réponse. Le secrétaire me dit que cette démission n'est pas valable, que je suis mobilisé. Je refuse de reconnaître la ridicule autorité dont ils se prétendent investis. André Berne, lui, reste jusqu'à ce qu'il trouve un moyen de regagner Paris. Une nuit, on sonne à la porte de la maison, tout en tapant dedans à coups de pied. Je descends ouvrir et me trouve devant un Noir américain qui pointe un revolver sur moi. Je me demande comment je réussis à le repousser (après de longs palabres en *slang*) : il est ivre mort. C'est un des innombrables traînards de l'armée Patton. J'ai le sentiment de l'avoir échappé belle.

Fin septembre-début octobre, excédé de Bains, excédé de la guerre, excédé de tout, sauf de Jean, j'arrive, avec beaucoup de mal, à trouver un convoi vers Paris : un camion, qui n'est pas bâché. Je fais signe aux Thomas, que nous prendrons au passage près d'Amance. C'est enfin le terme d'un cauchemar qui a commencé pour moi en 1937. Je croyais que mon mépris pour les nations, les partis, les idéologies avait atteint son comble. Eh bien, non! Les six derniers mois l'ont accru. Je ne me sens pourtant pas tenu d'aller « à la recherche du temps perdu ». Ces sept ans m'ont mithridatisé contre tout, sauf contre moi : je n'ai toujours pas fini de pâtir de moi-même.

Comme on s'y attend, j'ai réussi à persuader la mère de Jean qu'il vienne à Paris; elle saisit l'occasion de se démettre d'une responsabilité qu'elle ne se sent pas en mesure d'assumer : son fils ne lui obéit en rien. Jean et moi, nous avons déjà eu de grands conflits, il passe de longs jours à Fontenoy, trop, à mon goût (il y retrouve sa précoce maîtresse). J'hésite à faire ma vie avec lui : hélas! l'excès de ma passion m'ôte tout bon sens. A Paris, je l'inscrirai à un cours privé, pour cancres (Leduc?), où il fera semblant d'aller, alors que, en fait, il court la prétentaine (je finirai par l'apprendre).

Dès le mois d'octobre, je travaille au TEC [1], grâce à Colette Thomas : elle y a été embauchée. Sous la présidence de Touchard et la direction de Maurice Delarue, cette entreprise communisante (Tollet, de la C.G.T., est membre du comité)

1. Travail et Culture, rue des Beaux-Arts.

n'aspire à rien moins que de rendre accessibles au monde ouvrier les privilèges de la « culture » (un peu grâce à Malraux, le mot a fait fortune). Colette et moi, nous sommes fort sceptiques : nous croyons bien à l'intention, pas au résultat. Delarue, qui est loin d'être un sot, est absolument aimable [1], au sens fort. A Paris, toute l'intelligentsia est plus ou moins sous pression communiste : comme De Gaulle, d'ailleurs. Le TEC? Pauwels en est secrétaire général. Au comité : J.-L. Barrault, Dullin, bien près de sa mort, Humeau, je ne sais plus qui. Membres actifs : les Serreau, André Bazin, Adamov [2], l'abbé Morel (quelle fourchette!), Jean Lods, que j'aime beaucoup. Je persuade Cocteau de venir présider une projection du *Sang d'un poète.* Alain Cuny, que je connais et apprécie, vient de temps en temps. Pourquoi? Je ne me rappelle plus. Mon emploi est aussi maigrement payé que peu contraignant : on m'a dévolu la musique, art que je dois servir avec deux ou trois autres, dont X. (son nom m'échappe!), compositeur dodécaphonisant, qui habite tout à côté, rue Visconti, et une belle-sœur d'Humeau, approuvable. Je ne me rappelle pas en quoi consiste exactement mon travail. J'ai un cours d'histoire de la musique, avec quelques élèves, dont au moins un frère Jacques (Touraine) et Yves Robert qui, avec beaucoup de gentillesse, ne fait qu'assister : il n'a aucune envie d'apprendre quoi que ce soit en fait de musique. Malheureusement, il y a de très fréquentes réunions : les gens de gauche ont accoutumé de se complaire dans les conférences et comités.

Mon amitié avec Groeth est continue : le dimanche, il vient avenue de Tourville et, un soir de la semaine, nous nous retrouvons chez André Berne. Groeth ne cesse de maigrir et de tousser : ni Alix ni Paulhan ne s'inquiètent.

Je vais souvent chez les Sauvage [3] avec Cassandre : c'est en 1945, je crois, que j'y rencontre Louise de Vilmorin et son frère André, qui sort de sanatorium. Elle vient de (ou va) divorcer

1. Je regrette d'avoir perdu contact avec lui.
2. Après les victoires de Staline, beaucoup d'Arméniens soviétiques ont changé *ian* en *ov*.
3. Mme Sauvage est quelque chose comme vice-présidente de l'association *Pour que l'esprit vive*, dont la présidente est la princesse de Faucigny-Lucinge, née Ephrussi.

de Paul Palffy. Coup de foudre réciproque, assez paradoxal : je réponds si peu à ce qu'elle cherche. L'amitié de Louise sera une constante de ma vie. Tous les dimanches soir, je vais dîner chez Marie-Blanche de Polignac, où Roland habite désormais. Chez elle, où la table est exquise, on fait de la musique : elle a deux Bechstein et l'orgue de tante Winnie [1], morte à Londres pendant la guerre. Les habitués sont Christian Bérard, Kochno, Auric, Sauguet, Poulenc, Jacques Février, Jacques Dupont, Guillaume Gillet (qui fait de la peinture), Georges Poupey etc. Tout le « grand monde », de Lady Cunard à Elisabeth de Clermont-Tonnerre, d'Étienne de Beaumont à Emilio Terry, à Hélène de Wendel, avec qui mon amitié est pérenne, à Bidou de Neubourg (par qui je connaîtrai les Lévis-Mirepoix, les Saint-Phalle, les Charles-Roux, Maurice Dumoncel), les Béthouard, Gaston Palewski, Ginette de Chambure etc. Les musiciens y viennent de partout : Gendron, Dinu Lipatti, Bernstein, Clara Haskil, Copland etc.; Conrad arrive d'Allemagne en uniforme américain. Marie-Laure de Noailles, que j'ai connue chez les Soulima, est rare : Marie-Blanche et elle n'ont pas d' « atomes crochus ».

Les Soulima? Notre intimité ne cesse de grandir. Les enfants de Françoise, Hélène et Jacques, sympathisent avec Jean. Hélène est liée avec Michel Bataille, qui deviendra architecte et auteur. Je suis non moins intime avec Pierre Souvtchinsky et sa femme, Marianne.

Gisèle Peyron, que j'ai connue par Léo Preger, vient souvent chanter chez moi : elle a une voix faible, mais ravissante, et, chose rare pour un chanteur, elle est bonne musicienne. Elle fait partie du quatuor de Nadia, avec Marie-Blanche, Doda et Cuénod. Elle est la seconde femme du général Peyron, de l'Armée du salut, qui en a été radié après son mariage : on lui a imputé à luxure le fait d'épouser une femme beaucoup plus jeune que lui. Il ne va pas tarder à mourir, et Gisèle enverra un étrange faire-part [2].

1. La princesse Edmond de Polignac, née Singer.
2. J'ai une défaillance de mémoire : il est peut-être mort en 44. Dans son faire-part, elle célèbre l'envol de son mari vers les cieux. J'oublie de dire que Gisèle est suissesse, originaire de Morges, dans le canton de Vaud.

Michel Brodsky revient de Saint-Tropez. Elzéar ne se décide pas à rentrer à Paris : il est de plus en plus mystagogue. Il s'occupe beaucoup de cailloux et « d'objets de mer ». Toby aime la mer. Michel m'apprend que la Kalmis l'occupe de plus en plus. Par elle, il s'est lié avec Jean-Jacques (ami de Gérard Jarlot), qui est tuberculeux : j'arriverai à trouver de la streptomycine pour lui, je ne sais plus par quel moyen, peut-être par Burckardt, l'ambassadeur de Suisse. Michel est un compagnon très agréable, un peu susceptible. Il est en train de divorcer. Il ne quitte pas Ida Bourdet (Claude est déporté), cousine d'Adamov et amie d'Irène Tatéossian. Nous faisons bande. J'irai une fois à Vence avec Ida, dans la maison de Catherine Pozzi, et nous rendrons visite à Matisse, alité... En fait, ma vie est axée sur Jean, qui ne fait de devoirs que ceux que je fais pour lui. Ses poèmes sont de plus en plus beaux.

Revenons en arrière. Fin octobre 44, Pierre David rentre... du Liban. Après avoir passé une nuit chez les Philippe, il débarque chez moi, d'où, après deux ou trois semaines, il repartira faire du ski. Il me relate succinctement [1] sa vie postérieure à février 41, date de mon départ du Stalag I B : il s'est évadé en franchissant la frontière russe, a été incarcéré notamment à la Loubianka de Moscou, puis transféré par les Russes en Angleterre (mission Billotte). Interrogé par le général De Gaulle, il lui a répondu qu'il n'était qu'un dissident, que lui, il veut réintégrer la France et son chef, le maréchal Pétain... De Gaulle l'a condamné à mort. De l'Uruguay, Supervielle est intervenu auprès de Roosevelt et de Churchill : sa peine a été commuée, il a été transféré à Dakar. Dans la baie de Dakar, infestée de requins, il s'est jeté à l'eau, a gagné le Liban (où il s'est lié avec la tribu des Schehadé). Stupéfiant Pierre David! Il me mène chez les Philippe et chez les du Plantier [2]. Françoise est toujours à Saint-Jean-Cap-Ferrat...

Peu après, Paul M. revient lui aussi. Même périple que Pierre David, sinon qu'il accepte d'être gaulliste : il a été envoyé en Syrie. Il est toujours une merveille de grâce et de tolérance. De me trouver avec Jean ne l'étonne pas. Sympathie : on

1. Il est la pudeur même.
2. Le décorateur.

s'accommode. Après un temps, il repartira, ne pouvant plus supporter la France. Je ne l'ai jamais revu. Je l'aimerai toujours. Autre retour : Dominique (que de sœurs il a!).

Herbart a libéré Rennes à la tête de ses F.F.I. (il est aussi modeste que Pierre David). Quel séduisant personnage! Il s'emploie à faire revenir Gide, à qui le général De Gaulle pardonne mal son non-gaullisme. Je suis par lui fasciné. Je l'appelle « la guivre ». Il dresse de grandes cartes de politique contemporaine sous l'œil attendri de la petite dame, de Groeth, de Clara Malraux, de la froide Élisabeth, sa femme. Ses rapports avec Henri Thomas vont du mieux au pire; Thomas, comme moi, en subit le charme, mais Colette le déteste de tout cœur. Il a de la ferveur pour Jean, dont les poèmes le charment. Par Paulhan, m'arrivent Jean Denoël qui revient d'Afrique du Nord (en tenue d'adjudant-infirmier, il va à la N.R.F. le mercredi), Jean Beaufret, Marcel Jouhandeau, qui me mène chez Florence Gould, avenue Poincaré. Par Cassandre, j'entre en contact avec Geneviève Perreau, qui prépare une revue de luxe, *Signes*, à laquelle je collaborerai. Gendron vient souvent avenue de Tourville avec son violoncelle; je l'accompagne : rude épreuve – il entre dans une sorte de transe fort impudique –. Il se prend pour un dieu, un dieu qui parle vert. Il est provocant, insatiable : il ne me déplaît pas de cocufier Marie-Laure de Noailles, pour qui ma sympathie est mince.

Puis c'est le grand retour des émigrés, des Anglais : Henri Hell, qui a collaboré à *Fontaine* et ressemble à un berger berbère; Cyril Connolly, Stephen Spender, Peter Watson, avec qui je sympathise beaucoup, que je reverrai souvent à Saint-Tropez (il s'est brouillé avec Sherban Sidéry, qu'il accuse – à tort – d'avoir vendu indûment ses Picasso pendant l'occupation). Blech me présente à Mounir Hafez et à sa femme, Adrienne Ségur, qui publie chez Flammarion des livres illustrés : la mère de Mounir, au Caire, est en grande amitié avec Louis Massignon. René Tavernier revient de Lyon, dont il a été le commandant F.F.I.; il a cessé de publier *Confluences*. Je vois beaucoup Henri et Marie-Louise Michaux, Pierre et Betty Leyris, d'où Balthus, d'où Carmen Baron.

Guillaume de Van, lui, a toutes sortes d'ennuis. Expulsé de la Nationale, où il a fondé le département de la musique sous

Bernard Fay, il veut quitter la France et, en Italie, se consacrer à éditer Dufay. Son fils Gilles (dix ans) est stupéfiant de vivacité et de verdeur de langage; « tante Corose » est grand-prêtresse des steinériens de Paris...

Roger Peyrefitte a fini ses *Amitiés particulières.* Il m'en confie le manuscrit pour que je le propose à Paulhan qui, très vite, me dit que le comité de lecture de Gallimard n'a pas donné un avis favorable à la publication. Un mois après, volte-face : le comité a changé d'avis; trop tard : Peyrefitte a signé avec Vigneau.

Paulhan dirige *les Lettres françaises* avec Aragon. Il ne tardera pas à s'en démettre, indigné (comme moi) de l'épuration [1] : la France, qui a été peu héroïque, qui a tout fait si mal, « libérée », s'acharne à se trouver des boucs émissaires et les immole en ses lieu et place. Le procès de Pétain, le procès de Laval... Je me rappelle que c'est au carrefour Bac-Saint-Germain que je lis le récit de l'exécution de Laval dans *Paris-Midi* : j'ai un tel haut-le-cœur que je ne puis déjeuner. Décidément, je me sens de moins en moins gaulliste. Les chantres de l'épuration sont gens dont les faits de résistance n'ont rien d'éclatant (c'est le moins que l'on puisse dire!) : Aragon et Sartre. Il en est souvent ainsi : pour se pardonner ses « faiblesses », on dénonce les crimes des autres. Une page des *Lettres françaises* [2] est un album de proscription : on y dénonce à tour de bras. Quant aux *Temps modernes,* ils avertissent en exergue qu'ils ne publient pas les condamnés à mort [3] : y en avait-il tant? Parmi eux, combien prétendent collaborer aux *Temps modernes*?

Herbart, qui collabore à *Combat,* prépare *Terre des hommes* : il a convaincu Gallimard. Nous vivons très près les uns des autres, « la rue Vaneau », les Groeth, les Thomas et « l'avenue de Tourville ». Colette veut que je rencontre Sartre : ce qui se fait, un jour, vers deux heures de l'après-midi, au

1. L'exécution de Brasillach, de Paul Chack... Bien que je n'aie aucune sympathie pour les « collaborateurs », je déplore que les intellectuels soient les victimes privilégiées de l'épuration. Et les dénonciateurs? les militaires? les industriels? les trafiquants?

2. La deuxième, je crois.

3. La mode a bien changé.

Flore. Obnubilé par son regard, je ne trouve pas un mot à lui dire ; je ne me souviens pas de ce qu'il a dit, lui. Je ne le reverrai jamais.

J'ai oublié de relater que, fin 1944, Gertrude Stein fit à l'ambassade des États-Unis une conférence destinée aux *G.I's*... sur le maréchal Pétain : un véritable panégyrique. Les *G.I's* furent médusés. Gertrude demanda si personne n'avait de question à poser. Après un certain silence, un jeune Américain à lunettes se leva et dit que l'assistance avait l'impression que la « conférencière voulait dominer l'auditoire »... Elle a rendu à Bernard Fay ses bons offices : je suis convaincu (sans preuve) qu'elle a aidé à son évasion et à son passage en Suisse.

Jean veut à tout prix aller à la pêche (à Bains). Scènes habituelles. J'obtiens qu'il abrège, pour que nous puissions nous rendre à Saint-Tropez, où nous retrouvons Michel Brodsky. Elzéar est hors de ses gonds : j'attribue le fait à la disette, qui sévit toujours à Saint-Tropez. Je m'inquiète d'autant plus que Guardiola exploite l'état d'Elzéar et se fait complice de ses anomalies (l'année d'après, il sera ambassadeur de Negrín près de Tito).

Retour à Paris. Gide est rentré. Herbart me présente à lui : non-passion réciproque. La sécheresse de la petite dame me glace de plus en plus. Élisabeth ? Passons. Catherine Gide est en concubinage avec Jean Lods [1], qui lui a fait un enfant. Elle le quittera pour Jean Lambert, le nouveau secrétaire de son père. Les Camus habitent rue Vaneau [2], et Clara [3] Malraux, qu'André a quittée (ils sont en instance de divorce), y vient souvent. Herbart a une petite chambre, longue et étroite, un étage au-dessous du despote, loin de ses exigences. Jean Denoël – agent recruteur de Gide – habite également au 1 *bis*, au-dessous de Gide, dans un appartement que loue Claude Blanche.

1. Jean Lods : la dernière fois que je le verrai, ce sera à l'enterrement de Cassandre, et nous nous promettrons de nous revoir vite. Hélas...

2. Francine vient faire du piano avec moi.

3. Les Groeth viennent un jour à Tourville avec Madeleine Malraux, pour que je l'entende : je l'entendis.

Henri Monnet [1], grand ami de Stravinsky, féru de musique, est revenu de guerre. Il s'est remis aux affaires et à la politique [2]. Il loue avec sa femme, rapatriée du Canada, une maison à Longpont, où je retrouve Germaine Dieterlen (l'aîné de ses fils, excellent pianiste, est élève de Soulima), Griaule, Georges-Henri Rivière, Michel Leiris et autres ethnologues.

Ponge est devenu directeur littéraire de la revue communiste *Action*, dont le rédacteur en chef est le merveilleux Pierre Courtade. A l'automne 1945, il me semble, l'orchestre national, dirigé par Rosenthal, exécute (dans les deux sens du mot) l'œuvre de Stravinsky, que les Allemands avaient interdite. Je prendrai un vif plaisir à critiquer vigoureusement cette scandaleuse exécution dans quelque six articles d'*Action* (là, on ne peut pas m'accuser d'antisémitisme). Au passage, j'égratigne les compositeurs chargés de chronique dans la presse : ils ont besoin de Rosenthal et de l'orchestre pour se faire jouer et se montrent d'une exquise indulgence... Roland Manuel ne me le pardonnera jamais, Auric me bat froid. Lors d'un des concerts, le poulailler hue et siffle Igor Stravinsky : c'est la première manifestation des « sériels » en France. Pierre Souvtchinsky, que toute opposition intéresse, se précipite et fait la connaissance du meneur : il se nomme Pierre Boulez, est élève de la classe Messiaen. Pierre se lie avec lui, l'aime et l'admire : il me mènera plusieurs fois chez lui, rue Beautreillis. Bien que ce soit quelque peu paranoïaque, Boulez a convaincu Pierre qu'il est une sorte de Rimbaud, qu'il a rompu avec sa famille, qu'il est sans ressources. Barrault le prendra comme chef d'orchestre de sa compagnie au Marigny.

A la rentrée 45-46, à ma grande stupéfaction, je suis promu secrétaire général du TEC : je ne sais pour quelles raisons, Pauwels s'est démis de ses fonctions. C'est sûrement à Delarue, au charmant Delarue, que je le dois. Outre l'amitié de Delarue, c'est peut-être mon apolitisme qui a joué en ma faveur, plus que mes qualités de prosélyte, nulles. Peut-être les communistes avaient-ils besoin de sans-parti. Le salaire est meilleur (rien d'époustouflant, loin de là). Ne serait-ce que par amitié pour

1. Frère de Georges, l'ancien ministre de Léon Blum.
2. Il a eu un poste au cabinet du général.

Delarue, pour Serreau, je ferai ce que je pourrai pour n'être pas trop indigne de ma fonction.

La fin de l'année 45 est doublement affligeante, d'abord en raison de l'état d'Elzéar, emporté vers le septième ciel par les excès d'hélio-cynophilie et d'ésotérisme; soutenu par son garagiste (communiste d'origine tchèque), il a couvert les murs de Saint-Tropez d'étranges [1] affiches et inondé les *V.I.P.* [2] (De Gaulle, le pape etc.) d'une correspondance aussi aberrante qu'intempestive. Parmi les destinataires, Gide : le grand homme de la rue Vaneau me fait mander par Herbart et, telle une libellule féroce, se lance dans une philippique contre Elzéar [3], avec une véhémence qui me donne à penser qu'il me tient pour responsable. Cela m'offusque, venant du voyageur du Congo, du pèlerin de Moscou, de l'apologiste de l'acte gratuit. Sans doute veut-il se garder l'exclusivité de l'erreur méthodique. Bref, Elzéar a commis un crime contre la déontologie huguenote. Le parangon de la bonne critique attire mon attention sur un point (le seul que je retienne) : « S'il correspond avec les grands, la police le fera interner, et quand sera-t-il relâché? ». Herbart fait chorus (il aime aussi peu Elzéar que Gide Marcel Proust, et, en fait de noblesse, la petite dame n'aime que la républicaine). Il faut faire quelque chose [4]. M. Brodsky, Guardiola et moi, nous combinons un stratagème. Je le ramène à Paris en train. Michel nous attend en gare de Lyon avec des infirmiers, qui sont censés être les plénipotentiaires d'une célébrité toute guardiolesque (la Pasionaria!), qui le mènent directement à une clinique de Suresnes. J'interdis tout traitement psychiatrique. Bien nourri, loin des oreilles complices, de son chien, guéri de l'extravagance par celle de ses consorts, au bout d'un mois, il sortira parfaitement remis, grossi de moitié, aussi enchanté de s'être offert ce drôle de luxe qu'amusé de

1. La teneur? Mélange de carolingisme (les Brageac en descendraient par le vagin), de socialisme utopique, d'eschatologie à apocalypse etc. Surprenant! Elzéar est encore moins politique que moi.
2. « Personnalités très importantes. »
3. Qu'il n'a jamais vu.
4. « Il faut l'enfermer! » Dans le même temps que son entourage fait campagne pour qu'on libère Artaud de l'asile de Rodez!... – La comtesse, désarçonnée, se borne à prier : elle croit son fils possédé du démon.

s'être par soi laissé surprendre. Pour parfaire sa cure, je l'envoie au Caire avec Charlie Shoop, que Pierre Farman consent à prêter, puis en Corse, chez Dominique (mon amour de lui s'est éteint [1] : le brasier de l'amour de Jean...).

Avenue de Tourville, je m'étais laissé circonvenir par un redoutable squatter américain U.S., du nom de Rubin, qui, venu pour un jour, resta deux mois, à ma grande fureur. Pendant que j'étais à Rome, il donna une grande fête au Tout-Paris en l'honneur de Gertrude Stein. Gertrude ne put monter l'escalier à claire-voie du perchoir Tourville : elle resta dans sa voiture, où elle reçut les hommages. En juillet, elle entra à l'hôpital américain et mourut très vite (je n'étais pas à Paris), débutant pour moi la série noire qui s'abat ordinairement sur tout humain qui atteint la trentaine [2].

Fin 45, Ida Bourdet donne un grand dîner pour célébrer Claude, revenu de déportation. Ce sera l'unique fois que j'aurai vu Léon Blum. Massignon, parrain d'un de ses fils, est là, Mauriac aussi, Ingrid Bergman, Chagall et beaucoup d'autres. Ledit Claude semble avoir surmonté l'horreur avec une quasi-frivolité supérieure. On s'attend qu'il soit ministre (en fait, il aura la radio, un court temps, puis il animera *Combat*, avec Camus et Herbart). Mon amitié avec les Bourdet aura un terme : petit à petit, les rencontres s'espaceront... jusqu'à cesser.

L'automne 1945 tint du cauchemar. L'effroyable découverte des camps de concentration nazis : si tout le monde s'attendait à l'horreur, personne ne pouvait concevoir l'absolue monstruosité dont s'étaient souillés l'ignoble Hitler, sa clique, et, hélas, par son silence complice, la quasi-totalité du peuple allemand, avec les « collaborateurs » de tout poil et de toutes nationalités, y compris le gouvernement français de Vichy et sa Milice. Personne ne pouvait imaginer cela, ni moi, ni Groeth, tout antinazi qu'il était. Pour lui, c'était profondément douloureux : de souche néerlandaise, il avait été longtemps allemand (il avait enseigné à Göttingen, je crois); il était philosophe et

1. Il a décidément trop de frères et sœurs.

2. Je ne reverrai Toklas qu'une fois ou deux. Gertrude a mal rédigé son testament : son frère, légataire universel, expulsera Toklas de la rue Christine (elle vendait les tableaux!).

écrivain allemand. Il fut lacéré, humilié, détruit : que le germanisme eût effectué de telles virtualités lui était insupportable. Je suis persuadé que cela contribua beaucoup à accélérer le processus mortel dans lequel il était engagé, dont personne ne se doutait, Alix moins que toute autre, obnubilée qu'elle était par le stalinisme vainqueur et par la bonne pensée à la mode du jour (elle passa plus d'un mois à explorer le fond de l'âme de sa femme de ménage, qu'elle traitait sur un grand pied d'égalité, en bonne communiste, mais qui, en retour, ne la payait qu'en avanies de tout genre!). Du haut de sa loggia d'ironie, Paulhan ne voulait rien voir, perdu de rhétorique, tout à son *F.F. ou le critique*, cultivant ses fleurs de Tarbes... Pendant ce même temps, le gouvernement gaulliste ajoutait aux hontes de la France de Pétain et de Laval celles de l'épuration gaullo-communiste [1], sonnant en contrepoint mineur avec les horreurs nazies (la France semble avoir définitivement adopté ce système). Brasillach fusillé, Paul Chack (!) exécuté, les académiciens mal pensants radiés (en tête, Maurras, condamné à mort, puis gracié)... Les exécutions tribales rituelles sont si répugnantes que, même justifiées, même restreintes en nombre, si on les compare à celui, si grand, des massacres de Hitler et de Staline ou à celui, moins grand, Dieu merci, des justices populaires en France, elles vous couvrent de honte, parce que, judiciaires, elles présument votre solidarité. Vive Badinter!

Henri Monnet nous signale, à Soulima et à moi, qu'une résistante conseillère municipale, collectionneuse de chines, veut donner un concert chez elle et qu'elle prévoit un double cachet de dix mille francs de l'époque. Quelle aubaine! Nous allons incontinent prendre langue avec l'édile. Soulima lui propose la sonate à deux claviers de Mozart, les valses de Chabrier et les *Danses concertantes* de son père. Elle acquiesce à Chabrier et à Stravinsky, mais, peur d'être prise pour une niaise, s'exclame : « Attention! Moi, je me méfie de Mozart! » (nous jouerons quand même la sonate). Nous revenons du

1. Outre la trivialité répugnante du *spoil system*, entré dans les mœurs de toutes les nations (sauf de la Finlande!) : d'où ces comités nationaux d'écrivains, d'auteurs etc., qui épuraient pour se mieux servir.

conciliabule en pouffant de rire. Ç'aura été l'un de mes rares « cachets » de pianiste, avec ceux que me donneront Albert Lévêque (je remplacerai au pied levé un de ses élèves, salle Pleyel, dans le concerto à quatre claviers de Bach-Vivaldi), la radio (j'y accompagnerai Bernac, sous Alain Trutat, dans des musiques pour Shakespeare) et l'armée française d'occupation en Autriche (j'y reviendrai).

Fin 45, Paulhan nous engage fortement, Groeth, Pierre Souvtchinsky et moi, à répondre à une invitation [1], qu'il transmet, de Suzanne Tézenas : dans son salon de la rue Feuillet, elle prête un site au père Kowaletzky, qui disserte sur l'orthodoxie [2]. J'y rencontre Marie-Madeleine Davy, qui va fonder son collège de philosophie avec Jean Wahl. C'est le début d'une très longue mienne amitié avec ladite Suzanne, que, à l'époque, on disait l'une des « veuves » Drieu : il venait de réussir son suicide, au soulagement général : du moins évitait-il le sort de Brasillach et consorts.

Mon penchant naturel à compenser (j'ai trop d'amis résistants ou communistes) me fait trouver de l'agrément à connaître les Jouhandeau. Incriminé de « collaboration », Marcel a pu s'en tirer (comme Montherlant), lors des nombreux interrogatoires qu'il a subis, et qu'il relate avec humour. J'ai dit qu'il m'a mené un soir chez Florence Gould, soustraite d'office à l'épuration comme américaine. Elle habite avenue Malakoff. Je me rappelle l'abondance insolite du buffet et du champagne. Mes relations avec elle culmineront à leur fin, en 1953-1954. Quant à Caria [3], elle est aussi ahurissante qu'insupportable : ex-danseuse nue, mère-maquerelle en retraite reconvertie en punaise de sacristie, elle est entourée d'ecclésiastiques. Son numéro-repoussoir de Marcel est très au point ; trop. Ils mèneront avenue de Tourville Marie Laurencin [4], Arletty, Valentine Hugo (avec qui je serai très lié : bien qu'elle ait divorcé de Jean, ils sont restés très bons amis).

1. A laquelle il est empêché de se rendre.
2. Il est pour.
3. Femme de Jouhandeau.
4. Je l'avais connue chez Marie-Blanche.

Le très subtil Jean Beaufret est l'ambassadeur de Heidegger [1] en France : professeur à Condorcet, il sera en congé de thèse pendant sept ans et, à ce titre, émargera au C.N.R.S., sans avoir la moindre intention de soutenir sa thèse : il ne se souciait pas d'être breveté P.L.G.

Pierre David m'amène un personnage qui sera mon familier jusqu'à sa mort : Charles-Albert Cingria. De Raguse par son père (qui a gagné Genève pour émarger chez Patek-Philippe), polonais par sa mère, né à Constantinople, il se dit turc, mais son passeport est helvétique. Ami de longue date d'Igor Stravinsky, de Ramuz, de Gagnebin, d'Auberjonois, il l'est devenu, à Paris, de Paulhan, qui lui a attribué une chronique à la N.R.F. Pendant la guerre, il s'est replié à Genève : la Suisse l'a trouvé plus soviétophile que de raison. François Lachenal l'édite (en concurrence avec Mermod) à ses Trois Collines. C'est le dernier des troubadours : aussi savoureux dans l'oral que dans l'écrit, environné de fidèles qui déclenchent en lui une verve d'abeille argumenteuse [2], inépuisable, cocasse, vivant dans un imaginaire à thèmes fixes et peu « commercialisables », gourmand comme Pantagruel, ivrogne comme Bacchus, énorme, vêtu de bric et de broc, féru de bicyclette et de culottes courtes, susceptible comme tous les pauvres nés riches [3], lâche comme un courtisan, il me bombardera de ses radiations quasiment tous les jours : nous le ferons vivre, Elzéar et moi, jusqu'à sa dernière année, que Méraud Guevara le recueillera, à Paris, puis à Aix. Dieu merci, il est aussi ingrat qu'un sanglier. Il habite, au cinquième étage du 59 de la rue Bonaparte [4], une double chambre de bonne, dont il a fait un « chenil », où personne n'a le droit d'entrer. Je m'ingénierai à lui trouver des tables amies (il en a déjà beaucoup); à l'exception de Marie-Blanche, à qui il fait peur, il ornera de ses histoires, qu'on se

1. Il mènera longtemps bataille contre Jean Wahl, Hippolyte et autres, en faveur de Heidegger : sous le coup du délit d'opinion, le dernier des grands philosophes ne sera jamais invité en Sorbonne. Le procès dure encore!...

2. *Cf.* l'office de sainte Cécile.

3. Il s'est ruiné très vite (trois fois, dit-on).

4. Sa concierge, d'âge plus que canonique, n'a jamais traversé la Seine.

rapporte de bouche à oreille, bien des déjeuners ou dîners, notamment ceux de Suzanne Tézénas et de Florence Gould, où il agace beaucoup Jouhandeau [1] et Léautaud, ses concurrents. Il est versé en musique (il a été, à Rome, l'élève de Szgambati); dans son antre, il se régale en jouant de la main gauche sur un harmonium en voie d'anéantissement, de la droite sur une épinette du XVIIIe siècle, posée sur l'harmonium. Maniaque de grégorien, il a accumulé une documentation malheureusement corrompue par la crasse paléologique et noire de son antre et les déchirures dues à des voisinages agressifs (bicyclette, cornes à chaussure, outils, tout cela hors d'âge). Mensuraliste acharné (ami de Dom Jeanin), il se fixe deux buts : à partir d'un réquisitoire contre Solesmes, qu'il entend réduire, il résoudra l'énigme du rythme de cette musique mère de la nôtre, et prépare une histoire de Provence [2] (quand il séjourne chez Méraud, il va à la Méjane). Évidemment, ces deux sommes resteront à l'état d'ébauches. Il est fort jaloux de mes facilités au piano : cette jalousie, jointe à sa méthode d'ingratitude agressive, me vaudra de sa part une haine toujours croissante (j'aurai mainte preuve de ses commérages inspirés de sa haine). Aucune importance, je n'attends rien de lui : plus il est sournois, plus il m'amuse. Sa haine est accrue de celle que réfléchit son *alter ego*, Abdul Wahab, peintre tunisien, pour qui je n'ai aucune inclination : ça tombe bien... Charles-Albert pratiquera constamment une politique de balance entre Elzéar et moi, qui, elle aussi, me laisse froid. L'amitié à base de haine larvée [3] est bien plus durable que l'amour, surtout chez les vieillards. Je répète que, de haine, je n'en ai pas l'ombre à son égard : il mourra sans savoir que je n'ai jamais été dupe de son hypocrisie. Disparu, il me manquera.

En octobre 1945, un comité informel décide de faire un « banquet Cingria », à l'instar des banquets Verlaine etc. Il a lieu, un soir, dans une brasserie des Gobelins, avec une bonne cinquantaine de participants : évidemment Méraud, Paulhan,

1. Il traite Jouhandeau d'« araignée de fromage ». (*cf.* un des *Cahiers de la Pléiade.)*

2. C'est son alibi : quand, ivre mort, il veut faire la sieste, il va « travailler à l'histoire de Provence ».

3. Les vieux ménages...

André Salmon (alors en épuration), Dubuffet, Léger et sa femme Jeanne etc. C'est là que je me lie avec Lise Deharme (qui a épousé naguère en troisièmes noces Jacques Parson, libérateur F.F.I. de Rouen et haut fonctionnaire à la radio), avec Jean Follain et sa femme, fille du peintre Maurice Denis. Comme Lise habite au coin de l'esplanade des Invalides et de la rue de Grenelle, elle va devenir mon habituelle commensale, et vice versa.

Pierre Leyris et sa femme, Betty, papiste anglaise, sont fervents du Bugey, qu'ils ont connu (sauf erreur) par Balthus, qui loue, en Novalaise, la maison forte de Champrovent. Balthus, qui fascine Cassandre [1], sympathise avec moi. Son atelier est cour de Rohan. Sa femme, la Suissesse Élisabeth de Watteville, déborde de sociabilité. Son frère, Pierre Klossowski, qui habite avec leurs père et mère rue du Canivet, lui ressemble bien peu (il est vrai que Balthus se croit le fils adultérin de Rilke). Avec Cassandre et lui, je vais chez Carmen Baron, ex-femme de Pierre Colle, rue de Varenne; ses trois filles sont les héritières de Max Jacob.

Ida Bourdet me mène dîner un soir chez la fille de Gulbenkian, avenue d'Iéna : l'hôtel, quasi démeublé, a une cave somptueuse, pleine de coffres-forts : la célèbre collection...

Je vois trop peu Jacques Laurent, sorti d'une réclusion rituelle, tout au long de laquelle Martine Roland a été d'un admirable dévouement, le choyant comme son bébé. Il travaille comme un forçat à ses *Caroline* et va devenir riche comme Crésus, et dandy. Jean Lemarchand [1] lui a été fidèle (très bien!); François Sentein aussi.

Fin 1945. Depuis l'automne 1944, je vais souvent dîner chez les Didy (Philippe), que j'ai connus par Pierre David. Ils ont deux fils, dont le plus jeune, Jean-Loup, est une sorte de petit Suédois ravissant, aussi cancre qu'imaginable. La chère y

1. Cassandre est le parrain de son fils Thadée.
2. Il avait dirigé à et sous Vichy *Les cahiers français* et va être directeur de *la Table ronde*, sous Mauriac.

est assurée par un factotum, maîtresse d'un plombier, sensuelle-nymphomane, qui ne cesse de déblatérer contre sa maîtresse, sous le regard circonflexe du très ivrogne maître d'hôtel, Armand : elle est excellente cuisinière. Quant à Didy, si ses oniriques exaltations et ses extases un tantinet mercantiles la font divaguer dans le style plat (« entre gens de qualité » etc.), elle n'en a pas moins le plus solide des bons sens et ne perd jamais le nord. Marie-Madeleine Davy, qui est verre et fourchette, aussi pieuse [1] que vaillante guerrière (ses mains sont criblées de cicatrices de blessures résistantielles), lors d'un dîner chez Didy, me propose de l'accompagner au congrès de philosophie qui se tiendra à Rome, autour de Noël. J'accepte avec enthousiasme. Didy s'enflamme : elle aussi veut philosopher. D'abord « négatif », je me ravise, songeant que mes finances, fort maigres, ne couvrent pas l'aléatoire et qu'il est assommant de courir les agences pour avoir un wagon-lit quand on s'y prend trop tard. Bob [2] est parfait : en vingt-quatre heures, il a réuni tout le nécessaire et s'est abouché avec je ne sais quel Romain pour, le cas échéant, nous dépanner (la France [3] ne cessera plus, désormais, de contrôler ses sorties de devises : vivent les *droidlaumes!*). Comme Jean est parti chez son grand-père à Portel [4], dans l'Aude, et que le TEC est en vacances, rien ne me retient à Paris : nous partons, un soir, Marie-Madeleine et Didy vers les tic-toc-choc de la dialectique, moi, vers les lumières de la Ville éternelle. Dans le train, nous trouvons le R. P. Fessard, grand hégélien, Gabriel Marcel [5] et je ne sais qui. Au matin, je me réveille vers Brigue; j'irai d'émotion en émotion jusqu'à Rome : le Tessin, le lac Majeur, la Lombardie, la Toscane... et *Roma-Termini.* C'est et ce sera toujours la plus belle ville du monde (jusqu'à sa destruction,

1. Avec une propension continue au gnosticisme. Dans son gîte du boulevard d'Arago, elle porte l'habit de tertiaire de saint François.
2. Mari de Didy.
3. Quant au visa italien, il m'est immédiat : le chargé d'affaires à Paris est le merveilleux marquis Benzoni, mari de Lorice Schehadé.
4. Quelque refus que je lui aie opposé.
5. Gabriel Marcel est inénarrable. « Son théâtre, son œuvre, son existentialisme chrétien, sa musique », plus massenétique qu'autre chose, sa voix suraiguë, son élévation minimale! Après « son » accident, réparé de fond en comble, il ressemblera à l'un de ces bonshommes que font les enfants avec un marron et des allumettes.

prévue par les apocalypses); à l'époque, avec son million cinq cent mille habitants, elle est aussi admirable de mesure qu'alléchante par la beauté sans pareille des jeunes Romains, beauté innombrable, désespérante parce qu'inépuisable; je ne ferai aucune description [1] esthétique : consulter le Baedeker. Nulle part ailleurs, on ne se sent aussi exalté par le simple fait d'être là. Nous logeons à l'hôtel d'Angleterre, près de la place d'Espagne. J'irai deux ou trois fois au palais Madame, où le congrès tient séance, quand, par politesse, je ne pourrai pas faire autrement. Empêtré de Didy, qui ne me lâche pas [2], je bats le pavé romain et en vénère les dieux... C'est avec Didy que je vais faire visite à Maritain, ambassadeur de France au Vatican (j'ai été introduit près de lui par une lettre de Giorgio Benzoni [3] : tasse de thé, échange de banalités polies, ponctué des pataquès nougateux de Didy. Il habite le palais Taverna : je lui révèle que, par le vagin, Giorgio descend des princes de Taverna, qui nomment encore la demeure (il « descend » également des princes de Venosa, dont l'étonnant Gesualdo). Comment filer? Au grand déplaisir de Didy, qui surabonde de propos aguichants à destination de l'Excellence thomiste, au premier « blanc », je me lève pour partir : il ne se doute pas qu'il me doit de l'avoir soustrait à l'appétit de la frêle ogresse.

A Saint-Pierre, en bon pèlerin, je veux baiser le pouce du pied du prince des apôtres, si luisant des léchages de dévotion : je me relève, et (merci, grand saint! quel cadeau!) mes yeux sont happés par ceux d'un jeune Mantegna, au teint de brique, aux yeux de braise, qui me sourit avec autant d'invite que de pudeur. Nous voici rebaisant de conserve à l'autel de la confession, nous voilà déambulant dans Rome, main dans la main : j'ai du mal à ne pas léviter au-dessus du pavé romain. Jusqu'à la fin du séjour, nous ne nous quitterons plus. Il s'appelle Raffaello (communément Lello), a dix-huit ans, fait sa première année de médecine. Il réside chez l'un de ses oncles, le colonel de carabiniers D'Agostino. Il habite Agrigente, où son père, originaire d'Udine, est capitaine *finanziere*. Didy, agacée,

1. Je ne serai jamais touriste.
2. Je n'aurai de paix que lorsqu'elle se sera entichée d'un gigolo de boîte de nuit.
3. Chargé d'affaires d'Italie à Paris.

toussote, rit gras, se rallie de force, mais s'aigrit [1] devant le supplément de dépenses imprévu que me vaut Lello, alors qu'elle ne cesse de s'acheter tout ce qui lui passe par la tête en matière de colifichets : elle suffoque de voir écornés les comptes du ménage rocambolesque que nous formons. Je me vengerai en lui refusant les fleurs dont elle voudra s'adorner le pis pour l'audience pontificale : comme si les femmes pouvaient se fleurir en présence de Sa Sainteté! Je ne réussirai pas à me débarrasser d'elle pour aller déjeuner chez les Ibert à la Villa Médicis (je les avais connus chez Marie-Blanche) : c'était moins gênant que chez Maritain.

Le congrès se termine par une audience accordée aux congressistes par Pie XII. Je n'avais qu'antipathie pour ce pape, au tempérament de vieille fille, anti-liturgiste [2] (il était tout sauf intégriste, comme le prétend la sotte opinion actuelle, détestait « célébrer », supprima les offices du chapitre de Saint-Pierre etc.), amoureux de ses canaris, n'ayant pour familiers que ses tristes neveux, son médecin (qui laissera rater son embaumement!) et sœur Pasqualina, qui devait lui faire une bien mauvaise popote, suisse allemande qu'elle était. L'Église était en fait gouvernée par le jésuite allemand (futur cardinal) Bea, qui avait une emprise totale sur le pape. Cela dit, après sa mort, quand il faudra entendre les stupidités proférées contre lui par les sionistes, les protestants et la puante aristocratie romaine (« il n'avait pas élevé la voix contre l'holocauste » etc.), qui l'a pris comme bouc émissaire pour faire oublier ses lâchetés [3], je prendrai sa défense contre la stupidité, l'inexactitude, le grégarisme dont témoigne un tel grief. Au sujet de sa personne, je n'en pense pas moins ce que j'ai dit. Revenons à l'audience, ennuyeuse comme il se doit : Pie XII fait un interminable discours contre l'existentialisme (pour le néo-thomisme mari-

1. Je réplique : « Je maigrirai, tu t'aigriras. »

2. Quel scandale ce sera, en Italie, lors de son agonie télévisée, quand il répondra à son aumônier, qui l'incite à la prière des agonisants, qu'il veut qu'on lui passe la cinquième de Beethoven!

3. En 45, les Italiens ne se rappelaient ni Mussolini, ni le coup de 1940, si élégant; ils nous accusaient avec véhémence, nous Français, d'avoir été des « pétinistes collaborateurs »! Le voilà, le miracle italien!

tanien). A la fin, tous les philosophes vont au baise-main [1] pontifical, Julien Benda en tête, qui manque de tomber et de se bastonner de sa canne en voulant s'agenouiller devant Sa Sainteté; tous, à l'exception d'un seul, le R.P. Fessard, qui grommelle, en fond de salle : « Je ne mange pas de ce pain-là » (ou quelque chose comme ça). Nous sommes également reçus, et fort bien, au Farnèse, par le chargé d'affaires, le Lyonnais Balaÿ : il a tout le raffinement qui convient au maître d'un tel logis (c'est si rare, dans le monde diplomatique, que cela vaut d'être signalé).

Malheureusement, il faut rentrer à Paris. Le ménage adiabatique et temporaire est à bout de ressources. Quelques heures avant de partir, arrive à l'hôtel un messager de l'intermédiaire trouvé par Bob, qui apporte (tout ou partie?) de la somme convenue en « compensation privée »: boni auquel on ne croyait plus. J'en profite pour écorner une dernière fois le magot du ménage : je prends un billet de wagons-lits aller et retour Rome-Milan pour Lello (les trains internationaux d'alors sont plus que lents), qui l'utilisera avec l'autorisation expresse que j'aurai arrachée au colonel d'Agostino. Nous passerons une nuit en larmes, Lello et moi. Va commencer une correspondance suivie entre Lello et votre serviteur, jusqu'à ce que... Nous verrons ça plus tard.

1946. Pour prolonger mon séjour, pour « recoucher les saints », au retour de Rome, je me précipite chez les Benzoni, mes voisins de la rue de Varenne (le théâtre de l'ambassade d'Italie est fort joli : les Benzoni l'utiliseront une fois ou deux). Giorgio est le plus courtois des hommes; sa carrière avortera à cause de son hostilité foncière à l'égard de la démocratie chrétienne. Quel humour! Que de naturel dans sa haine de l'Allemagne! Sa femme, Lorice Schehadé, libanaise [2], sœur de Georges, publie des poèmes chez Lévis-Mano. Toute la tribu libanaise se succède à l'ambassade, sans que Giorgio fronce les sourcils, qu'il a presque aussi touffus que ceux de Georges Pompidou. Je les regretterai beaucoup, quand Giorgio (très vite, trop vite) sera rappelé à Rome... Je ne les ai revus qu'une fois, hélas.

1. Il y a longtemps que le baise-mule a été supprimé.
2. C'est évidemment par Pierre David que je les ai connus.

Je me réintègre dans la vie parisienne : Suzanne Tézenas, Marie-Blanche, Louise de Vilmorin, Leonor Fini, Hélène de Wendel etc. Je me laisse avec joie envahir par la jeunesse « dorée », par les musiciens, par les jeunes auteurs, par tout ce qui daigne venir dans le bateau ponté de l'avenue de Tourville. Je cite, au fil de la mémoire, le superbe et amical Michel Romanov, qui ressemble si fort à Nicolas II, son grand-oncle, et ne tardera pas à quitter la France pour les États-Unis, où il veut faire du cinéma; la peu princière Chakovskoy, journaliste; Yves de Bayser, déjà poète. Henri de la Tour d'Auvergne, qui a failli épouser Barbara Hutton (Jean de Baglion l'y poussait), vient souvent, toujours en retard, griffé qu'il est, sur le trottoir, par sa féline Troubetzkoy. C'est un ami prévenant. Hélas! il aime la chasse (et le cheval). Il me mènera à Rochecotte, chez son oncle Emilio Terry, qui a restauré cette relique de Talleyrand. Ledit Emilio se plaint des grandes dépenses qu'il fait pour redorer ses lambris de la place du Palais-Bourbon; architecte, l'un des premiers commentateurs de Ledoux, il fit le tombeau d'Anna de Noailles à Amphion. Il adorait Henri (qu'il contrait sans cesse)... jusqu'à lui préférer comme héritier son neveu Castellane. Quand il mourra, en dépit des objurgations de Louise de Vilmorin, je n'irai pas l'enterrer... Henri a eu deux frères, François, le benjamin, et Bernard (mort naguère – il était architecte). Un jour, Henri se mariera, avec une Irlandaise (ah! l'amour des chevaux!) : je ne le reverrai plus.

Ces riches Terry comportent deux mâles, Emilio, mort célibataire, l'autre, Terry y Terry, avec postérité, et trois femelles : la princesse « Nathé » de Faucigny-Lucinge, qui, timide, mélomane et toujours en retard, tintinnabula longtemps dans les salles de concert grâce aux sonnailles de ses robes – chapeaux chinois, en se glissant furtivement dans son fauteuil d'orchestre, la comtesse de Castellane et la mère d'Henri. Lors d'un dîner chez les trois frères, boulevard Lannes, Emilio Terry : « Évidemment, Henri, ta mère n'est pas là. Cela devient tout à fait exagéré. Quand cessera-t-elle de faire de la moto, toute la nuit? Tu n'as aucune autorité! » La princesse, en effet, dormait le jour et, la nuit, sillonnait le bois de Boulogne de ses raids à motocyclette. Les Terry, planteurs cubains de canne à sucre, avaient d'abord habité le château de Chenonceaux (où il y avait tant d'écureuils). Quant à Emilio, si je ne me trompe, il formait, avec Charles de Noailles, Jean de Polignac et Charles de Besteigui, quelque chose comme l'escadron volant [1].

Jules Supervielle, avec Pilar et la « petite dernière », Anne-Marie, est revenu d'Uruguay : jusqu'à sa mort, il nous débitera ses poèmes, d'une voix terreuse, à nous et à qui voudra. Ils habitent rue Massenet, dans la maison d'Alfred Bruneau. Ils feront de longs et fréquents séjours dans celle que Bob et Didy louent à Saint-Gervais, près de Blois (non loin des Achard et de Paul-Boncour), où j'irai souvent avec Jean, avec Cingria, où je trouverai les David, avec Olivier et Marie-Laure (actuellement Folin), dont l'âpre valeur n'attendit pas le nombre des années. Anne-Marie est vaguement fiancée avec Clavel. Suzanne Tézenas n'y viendra jamais : elle affectera toujours d'ignorer Didy.

Julio est conseiller culturel d'Uruguay, ainsi que Susanna Soca, dont j'aurais dû parler déjà, que la guerre a coincée au George V avec sa mère [2], assez comparable à celle de Nadia : présence auguste et silencieuse, elle impose à Susanna quelque rigueur dans l'emploi du temps. Susanna, poète total (en castillan), susurrant ses mots [3], qu'elle précipite, en petites cascades, avec un effroi chétif de mésange apeurée, comme se précipitent les grains du pavot lors de la déhiscence finale; plante aussi précieuse qu'un palmier d'or. Elle est la fille d'un richissime médecin et de la mère que j'ai dit (d'une illustre famille pan-latino-américaine). Elle donne de grands et excellents déjeuners « chez Joseph [4] », rue Pierre-Charron : elle y prépare sa revue, *La licorne* (1947), qu'elle confie à Pierre David et à... Sherban Sidéry. Des drames surgiront. Suzanna ira en Uruguay. A son retour, elle trouvera une *Licorne*, selon elle, détournée : c'est Suzanne Tézenas qui donne les déjeuners littéraires. Chose étrange, cette créature éthérée en prendra un

1. Ne commettons pas le pataquès du général (quarteron).
2. Valentine Hugo, elle aussi, a eu très longtemps une mère-clepsydre.
3. Hélas, beaucoup se perdent, tant sa voix, pourtant grave, est sujette au *fading*.
4. Le restaurant de feu le duc de Guise, avant proscription.

tel ombrage qu'elle mettra fin à *La licorne* en 1948 [1]. Est-ce Michaux qui a refusé de l'épouser ou vice versa? Je ne sais plus. Elle reviendra à Paris tous les ans, ou à peu près. Son dernier séjour (toujours au George V) date de janvier 1950 : elle réunit beaucoup de monde, Éluard, Cioran, Yves Bonnefoy, Caillois, Cingria, Sherban, entre autres. Depuis longtemps, elle voulait connaître Louis Massignon : je la mène chez lui deux jours avant son départ. Elle exulte. La veille de ce départ, elle donne une dernière soirée. Le lendemain, son avion se pose sur une piste de l'aérodrome de Buenos Aires et, à l'arrêt, prend feu. Cette déesse vert trismégiste aura eu la fin la plus horrible qui soit : elle meurt brûlée vive (avec tous les passagers). Cette mort par le feu [2] confirme, dans le tragique, son immatérialité (que n'était-elle un phénix!). Elle laisse, dans le noir intersidéral, une voie lactée, petite, mais scintillante... Sa fortune ira à sa mère, qui, à sa mort [3], la léguera à je ne sais quels collatéraux, aussi peu suzanniens que démesurément latino-américains.

Michaux [4] a épousé Marie-Louise. C'est l'ex-femme du docteur Ferdière, médecin de l'asile de Rodez où vit Antonin Artaud. Ils viennent souvent à Tourville. Il me fait jouer du piano, mais il me choque gravement : il répudie Mozart, signe que je trouve détestable. Ils se lieront beaucoup avec les Schwob de Lure [5]. Michaux fréquente Mounir Hafez, l'ami de Blech. Par moi, il trouve un ami et admirateur indéfectible : Pierre Souvtchinsky. La tragédie de la mort de Marie-Louise (1948) : sortant d'un bain, elle enfile un peignoir de nylon et se sèche à un radiateur électrique; le peignoir prend feu : elle mourra [6] après un martyre de trois semaines...

1. Elle la reprendra ultérieurement en Uruguay, en castillan plus qu'en français.
2. Massignon en sera très frappé.
3. Elle mourra quelques années plus tard, qu'elle aura vécues murée dans sa grande maison, tous volets fermés.
4. Il habite rue Séguier.
5. Schwob est devenu le géant de l'avenue de Tourville. Il se suicidera d'une manière remarquable. Traitant à dîner quelques convives, il s'esquivera entre la poire et le fromage : on le retrouvera pendu à l'espagnolette de la fenêtre de sa salle de bains (je crois).
6. Michaux et le feu : Marie-Louise, Susanna.

J'oublie de citer, parmi mes pratiques, Alexandre Astruc, qui sera aussi tenace dans l'oubli qu'il le fut dans un commerce quotidien. C'est avec stupéfaction que, bien plus tard, je le verrai, à la télévision, dans le film qu'il a fait sur Sartre, où il tient un rôle d'enfant de chœur. La rue de Bourgogne est très « habitée » : les Stravinsky, Alain Cuny, Michel Galliéni, que sa mère a attaché nu à une poutre du grenier : il réussit à s'enfuir par une lucarne et, vêtu de je ne sais quel oripeau, vient se réfugier chez moi. Il va bientôt jouer une pièce de Michaux au théâtre de Babylone avec une fille de Lady Abdy, puis *Victor ou Les enfants au pouvoir*, de Vitrac. Tendre, fidèle à longues éclipses, Michel (alias de Ré) mourra prématurément d'un cancer du poumon. Il fumait trop? Je fume trois ou quatre paquets de cigarettes par jour depuis cinquante ans. C'est ce que j'aurais pu dire à Martine Sarcey, à Saint-Roch, quand on enterrera Michel et que, ne me reconnaissant pas, elle éludera mes questions; elle me mettra un mot dans lequel, sans faire de rapprochement avec le questionneur qu'elle a jugé indélicat : elle me dira que Michel lui a parlé souvent de moi et de son affection pour moi.

M.-M. Davy est chargée de cours à l'École des hautes études; il me semble qu'elle le fut au moins deux ans, l'un avec Guillaume de Saint-Thierry ou Guigues le Chartreux, l'autre avec le *Cantique des cantiques*. Elle demande qu'on y vienne : la maintenance des cours est en jeu. Viennent signer Tézenas, des inconnus, quelques clochards qui s'y chauffent et moi. Est-ce cette année-là que nous allons, elle et moi, à Marle-en-Brie, dans un ex-château Mirabaud, où la baronne Édouard de Rothschild (que j'ai connue chez Marie-Blanche), qui se pique de philosophie (Jean Wahl, son confesseur, lui a donné Gilles Deleuze comme précepteur), organise une session de philosophie? Toute la gent philosophe y fait acte de présence. J'ai l'œil attiré par le benjamin des congressistes, Michel Butor (dix-huit ans?), que je ne reverrai qu'une fois, qui me donnera son premier livre avec une dédicace si ambiguë que, féru de courtoisie élémentaire, je lui en garderai rancune. Ce n'était peut-être que malheur d'expression.

Dans les mêmes temps, *Dieu vivant*, grande revue, donne lieu à des réunions trimestrielles, je crois, chez son fondateur et nourricier, Marcel Moré, quai de la Mégisserie. C'est un personnage extravagant. Fondé de pouvoir chez un agent de change, ex-résistant (comment? quand? je ne sais), il a religieusement laissé intactes les traces de balles de la « bataille de Paris » en 1944 : son appartement à miroirs brisés évoque un P.C. au soir d'une défaite. Exégète pulpeux, styliste remarquable, musicien acharné [1] (il aime Mozart plus que tout, mais Dieu qu'il joue mal et quelle épreuve de jouer avec lui!), à peine libéré [2] (par la mort) d'une mère pieuse, qui l'a longuement frustré des plaisirs à domicile auxquels il aspirait de toute sa libido inassouvie [3], il n'est que tics [4]. Pédéraste comme Euripide, généreux dans l'hospitalité, le contraire d'un gourmet, il a fondé *Dieu vivant* avec l'admirable Louis Massignon. Selon lui, les membres de son comité de direction ne sont par lui choisis qu'à une seule exclusive : pas d'ecclésiastiques, mais les collaborateurs le peuvent être; parmi eux (ils participent aux réunions) Berdiaeff [5], les RR. PP. de Lubac, Jean Daniélou, Urs von Balthazar, l'abbé Combes [6], l'abbé Montchanin, P. Vulliaud [7], Maryse Choisy, Jean Wahl, Sartre, G. Bataille, Michel Leiris, Merleau-Ponty, Raymond et Robert Aron, le swami Sideswarananda (patronné par M.-M. Davy) etc. Massignon y fait d'étonnantes communications (il en fait également au Collège de France et au Collège philosophique). Je ne suis pas admis aux dîners... particuliers que Moré donne chez lui (Leiris et Klossowski en sont) : il m'invite à son restaurant habituel, place du Châtelet. Quand Massignon se fera ordonner prêtre (melchite arabe), il se brouillera avec lui, lui vouera une haine obsessionnelle, que Massignon mourra sans avoir soupçonnée, sabordera sa revue et se consacrera à Jules Verne (deux volumes aussi remarquables qu'ignorés, publiés chez Gallimard). Plus tard, j'aurai droit à quelques dîners intimes, trop

1. Comme l'est ordinairement l'amateur pas doué.
2. Lui aussi!
3. Il fut, comme tant d'autres, démantibulé par le freudisme.
4. Éclairs d'yeux, gestes des bras et des mains à déclic automatique, écrasement des pieds du voisin etc.
5. Quelle langue il tire!
6. Il a restitué la véritable sainte Thérèse de l'Enfant Jésus.
7. Il est dommage que, négligeant la sotte querelle grec-hébreu, il n'ait pas traduit davantage les évangiles.

intimes (il a comme cuisinier un tourneur de chez Citroën, marié, quelque quarante ans, l'un des plus mauvais cuisiniers du monde), où il m'assommera de pianotage et écrasera les pieds de mon dieu d'alors. Il déménagera avenue Charles-Floquet... et mourra en mon absence (de Paris). Nous n'aurons eu aucune conversation fondamentale : me sachant massignoniste inconditionnel, il prend mes oreilles comme exutoire privilégié de sa haine démente. Inutile de dire qu'il ne suscite en moi que mauvaise patience [1] et pitié : ma ferveur, mon admiration pour Massignon sont adamantines.

Autre bizarrerie dans ma vie : Marianne Oswald, rencontrée un jour chez Cocteau, s'entiche quelque peu de moi; à mon grand dam, elle débarque sans prévenir avenue de Tourville, s'empare de la cuisine en conquérante et me gave de nouilles à l'oignon, chose que je déteste...

Pierre Souvtchinsky essaya vainement de m'intéresser à Boris de Schloezer (et à Marina Scriabine, son épouse) : pas la moindre attirance de ma part (il était déjà sourd). Pierre Schaeffner-Béret [2], peu tolérable, était brouillé avec le clan de Germaine Dieterlen (il avait impitoyablement épuré G.-H. Rivière). Là encore, pas de passion.

Dans l'hiver 1945-46, Nadia Boulanger est enfin rentrée des États-Unis. Elle doit faire face à un certain ostracisme, fort injuste (tous les gens réfugiés aux États-Unis l'ont subi peu ou prou). Pour faire taire les concasseurs (sans le lui dire), je lui propose de faire un cours d'histoire de la musique au TEC : elle accepte. Efficace? Probablement. Une goutte de communisme lave de tout. En l'occurrence, il n'y avait strictement rien à laver. Je crois qu'elle aura fait à peu près six cours, annoncés par une belle affiche de Mourlot. Pas un « travailleur » n'y vient, en dépit de quelques maigres miens efforts; mais la « boulangerie » s'y est reconstituée (Marie-Blanche en tête). Elle reprendra ses séances à l'Interallié : j'y « créerai » avec elle, je ne sais plus quelle année, la *Sonate à deux pianos* de Stravinsky (ah! l'odeur de naphtaline des visons et vigognes

1. J'aurais dû me brouiller avec lui, mais son étrangeté me fascinait.
2. Il s'affublait, même à l'intérieur, d'un béret cache-calvitie. J'en affuble son nom.

des interalliées!) : j'y retrouverai le peu fanfaron, mais bavard Skarjinsky, ami de Soulima et secrétaire du club en question.

Deux autres événements mémorables de mon secrétariat du TEC. En 1946, je crois, je fais faire à Cingria, dans la salle excellente de l'ancien conservatoire [1], une conférence, avec chants (G. Peyron, Derenne?) et disques, sur Pétrarque et Philippe de Vitry [2]. Salle comble, rien que du gratin, pas un téquiste. Triomphe de Cingria, qui doit abréger sa prestation : il veut faire entendre des disques, mais, faute de prise de courant, il doit se contenter d'en faire l'ostention (ce doit être ça, l'*effet Glapion* d'Audiberti). En 46 ou 47, cette fois, à la Sorbonne, salle Louis-Liard, conférence de Salvador Dali [3], intitulée je ne sais comment : il s'agit de choux-fleurs; de cornes de rhinocéros, de la gare de Perpignan. Là encore, salle comble, fort mêlée (il doit même y avoir quelques téquistes). J'ai eu beaucoup de mal avec ses choux-fleurs; il est venu en Rolls, et l'arrière de la voiture était plein des fleurs en question : autant j'ai trouvé de main-d'œuvre de bonne volonté avant la conférence, autant, à la fin, j'ai de difficulté pour faire évacuer les choux-fleurs (tout l'auditoire, en transe, a raccompagné Dali à sa Rolls). Nadia, Cingria, Cocteau, Dali : tel fut l'essentiel de ma contribution au mariage instable du travail et de la « culture », mariage resté stérile, évidemment.

Colette Thomas se sentait de moins en moins TEC, de moins en moins Thomas, de plus en plus... michaélienne. Henri, lui, faisait campagne, dans *Terre des hommes* (d'Herbart), contre le docteur Ferdière, pour qu'on libérât Artaud, en vue de quoi une vente eut lieu, patronnée par Paulhan, au profit d'Artaud. Début 1946, Colette me téléphone à Tourville : « François, courez rue Vaneau! Herbart est en train de vous voler Jean. » Hors de moi, j'y cours. J'évite le grand homme et l'effrayante petite dame [4] et vais droit à la chambre d'Herbart. Sur le divan,

1. C'est l'acoustique qui en est excellente : à cause de quoi elle a été naguère désaffectée.
2. Autre affiche de Mourlot.
3. Alors hébergé par Arturo Lopez.
4. Elle m'aura toujours effrayé, ne serait-ce que par sa gidienne façon d'appeler les gens par leur nom de famille, Gide y compris.

Jean, et « la guivre » qui se penche sur lui. Sans un mot, j'empoigne Jean et le ramène. Je ne reverrai pas Herbart avant 1948 ou 49, ni Gide, ni la petite dame.

Pierre David me mène chez Robert Delle Donne, fils [1] du propriétaire de l'Hôtel Vouillemont, rue Boissy-d'Anglas, où j'habiterai un mois : (quand? j'ai oublié). Marié à une très belle Autrichienne, il habite dans les derniers numéros de la rue de Lille, au rez-de-chaussée. Il est très lié avec Pierre Vogt, de Kali-Sainte-Thérèse, et avec la sœur dudit. Chez lui, je dînerai une fois avec Pierre Boutang (qui fait alors sa *Lanterne*) et G.-L. Pringué, l' « incroyable » auteur de *Trente ans de dîners en ville,* sur sa fin. C'est par Delle Donne que j'ai connu Schwob de Lure, qui gère l'avenue de Tourville au lieu d'Henri d'Amfreville [2], décidément plus soucieux de ses propres intérêts que de ceux d'Elzéar. Le même Delle Donne me mènera entre cinq et sept chez Thérèse d'Hinnisdal, propriétaire de Julien Green : d'elle et de cette seule mienne visite, grand souvenir, comme d'un voyage à reculons, vers une sorte de reine de Naples de Proust, mais pas démunie, genre vicomtesse de la Grandière, en plus nordique. Que la mémoire est bizarre, dans ses lumières et ses clairs-obscurs!

Voilà qui fait contrepoids aux innombrables gens de gauche avec lesquels le TEC m'accole : Marguerite Duras, Colette Audry, Adamov [3], le gentil J.-M. Serreau, qui monte *En attendant Godot* au théâtre Récamier etc.

Sur l'autre plateau de la balance, encore, Hélène de Wendel, avec qui je suis en amitié. Elle est mal remise d'une longue maladie, qui la cloue au lit la moitié du temps. Personne rare [4], fort éprise de tout ce qui est intelligence et art (musique surtout) : elle est intime avec Poulenc, sur qui elle publiera. Je

1. Chose étrange : il garde un grand souvenir de Maurice Sachs, qu'il avait longtemps fait héberger par son père. Pourtant...

2. Vers cette époque, Henri, exultant, monte au perchoir avec Lanza del Vasto et Lou-Albert Lazare : je reste de glace; un autre jour, avec l'étonnante comtesse Gabriel de La Rochefoucauld, née Richelieu, morte naguère à cent ans, à Monte-Carlo, de laquelle je garde un grand souvenir, tout restreint qu'il est.

3. Irène Tatéossian s'est fixée à Genève.

4. Que j'ai toujours pour « rare amie rare ».

jouerai chez elle ses *Mamelles* avec lui, à quatre mains [1]. Je la trouve parfois en compagnie de Georges Salles. Elle habite au-dessus des Margerie : j'irai deux ou trois fois chez Eugénie, « la génie du christianisme », égérie du R. P. Teilhard de Chardin. Si je ne suis nullement en accord avec ledit Teilhard, si ses conférences m'assomment, on y voit à l'état de jeune fille la future princesse Pignatelli, Diane (ultérieurement Mme Dominique Fernandez), et son frère, qui sera le père de la rousse et délicieuse Laure. Eugénie est sœur d'Alfred Fabre-Luce et nièce d'André Germain... Hedwige de Neubourg, née Chabannes, autre amie et parente de Marie-Blanche, me témoigne de l'affection. Elle a perdu son mari à la guerre de 1914 : d'où, sous son enjouement naturel, un fond de mélancolie. Elle écrit des romans pour Tallandier. Elle me mène chez les Créqui-Montfort (où a lieu un concert d'œuvres de sa mère, née Armande de Polignac), chez les Saint-Phalle (Alexandre), qui habitent rue Séguier au-dessous de Michaux, chez le duc de Lévis-Mirepoix, chez les Charles-Roux. Elle se remariera avec « son vieux cousin », le prince François de Polignac [2]. Mes rapports avec Daisy Singer [3] et son second mari, Hervé Dugardin, seront sans cesse nuageux, à quelques rares éclaircies près (Géza Anda).

Du côté des Polignac encore, je sympathise beaucoup avec Anthony et Alwilda Chaplin. Il est spécialiste des reptiles au muséum de Londres : il y en a plein leur maison du Mée, près de Jouy-en-Josas, dans des vivariums sertis dans le mur de l'escalier : il en a plein ses poches, en liberté ou en boîte (certains sont très venimeux); le séjour que j'ai fait chez eux, avec les Soulima, me laisse un souvenir ambigu : autant leur hospitalité a de charme, autant ces serpents troublent l'âme. La Norvégienne Alwilda a hérité cette maison de la feue princesse Edmond de Polignac. Le ménage Chaplin dissous, chacun d'eux se remariera.

Avec les Soulima, nous allons (avec Jean) quelquefois, en fin

1. Ça devait plutôt être à trois mains. Poulenc chantait, ou plutôt nasillait, d'un bout à l'autre.
2. Il vient de mourir naguère.
3. Nièce de la princesse Edmond de Polignac. J'ai le même genre de rapports avec Denise Bourdet.

de semaine, à l'auberge du moulin de Montigny-sur-Loing. Il y a à manger (ce qui est rare sous Ramadier). L'île sur le Loing, la retenue, les jeux d'eau, la végétation font un lieu assez enchanteur, presque autant que les rives de la Marne à Créteil, avec leurs osiers, leurs saules, leurs berceaux de lianes (ici, on a beaucoup détruit).

Ombre funeste sur Groeth, qui, jusqu'au printemps 1946, passe ses dimanches avenue de Tourville. Ses derniers temps sont gâchés pour moi par le fanatisme imbécile d'Alix, qui s'obstine à ne pas se rendre compte de l'état de Groeth, obnubilée qu'elle est par son stalinisme (je ne sais plus quel travail de marxologie elle a entrepris pour le parti). Clara Malraux s'en rend-elle mieux compte ? Je ne le crois pas. L'état de Groeth empirant, il sort de moins en moins de la rue Campagne-Première. Quand je pars pour Saint-Tropez (fin juin-début juillet), je vais prendre congé de lui : il n'est pas tout à fait alité, mais peu s'en faut. Je suis à cent lieues d'imaginer que c'est la dernière fois que je le vois. Alix va enfin s'alarmer : Mme Meyrisch le prendra un temps chez elle, près de Luxembourg, puis le fera hospitaliser... et enterrer, car il mourra en septembre, en présence de la seule Alix, bien que Paulhan soit allé à son chevet un jour ou deux avant sa mort. Ainsi finit l'homme que j'aurai tant admiré et aimé [1]. Personne plus que lui ne m'aura charmé de son savoir, de sa finesse, de son infinie tolérance, de son abord exquis, de sa profonde et non chrétienne « charité ». Quel que fût son interlocuteur, il l'exaltait bien au-delà de ce que le *de cujus* avait fait de soi. Il allait plus loin que Platon, pour qui le mal se réduisait à l'erreur : il réduisait à néant le faux et la laideur. Sa modestie était aussi immense que son savoir. Son humanisme, au sens profond du mot, était tel que tout humain lui était phénix : il ne voulait pas distinguer entre un Einstein et un vidangeur, sinon, peut-être, en faveur du second, d'où il pouvait tirer toute pensée, comme Socrate la géométrie de l'esclave Ménon. Ce pauvre parmi les pauvres débordait de bonté. Ses vertus si rares, si altières, lui ont valu ce qu'il fallait attendre : une

1. J'ai admiré Massignon, mais je l'ai moins aimé, restant le cœur serré face à ses constrictions angoissantes.

mésestime [1] aussi générale que l'oubli auquel ce personnage d'un *hortus deliciarum* sera voué [2]. J'apprendrai sa mort par un télégramme qu'André Berne m'enverra à Saint-Tropez : trop tard pour que je puisse me rendre à l'enterrement. Ma tristesse sera infinie, et ma rage.

Je ne reverrai pas Alix; non seulement je serai irrité contre son inconscience, mais je n'oublierai pas la faute qu'elle a commise contre les lois de l'hospitalité [3]. Avenue de Tourville, un dimanche, Cingria, ivre mort, se met à vociférer contre l'antigermanisme parisien et fait un éloge bourbeux de certains écrivains « collaborateurs ». Après quoi, de s'assoupir en tas. Alix me chante pouilles contre lui. « Alix! son ivrognerie répond d'elle-même à votre indignation. » Je lui rappelle d'abondance qu'il avait en Suisse, pendant la guerre, la réputation d'être pro-soviétique. Je ne la persuade pas. Dans la semaine qui suit, en deuxième page des *Lettres françaises* (album de la proscription), l'anathème est porté contre Cingria : Alix a informé un des journalistes dont elle a l'oreille. Et pourtant, j'aimais la belge Alix, qui me rappelait les amies de tante Amélie. J'ai regretté d'avoir à lui appliquer ma coutume, qui n'a que deux articles : il m'est impossible de l'enfreindre [4].

Revenons en arrière. En mars-avril 1946, Cassandre est sollicité par Lifar, alors épuré, maître de ballet à Monte-Carlo.

1. Sur ce point, rendons justice à Malraux, qui, jusqu'à ses derniers moments, le magnifiera toujours, et à Navel, qui, l'an dernier, a donné une belle page sur lui à *Libération*.

2. D'autant plus qu'il ne publia qu'en allemand et toujours sur le mode universitaire, comme parfois Nietzsche.

3. Au sujet de l'hospitalité, que le lecteur me permette de le renvoyer à la postface.

4. Homme d'une grisaille peu séduisante, mais abbé bénédictin parfait, Dom Olphe-Galliard, abbé de Sainte-Marie à Paris, a trois titres de canonisation : pour obéir à la règle bénédictine d'hospitalité, il abrita juifs et résistants et fut, à ce titre, incarcéré par les Allemands ou par la Milice; à la « libération », il subit le même traitement des De Gaulle, Teitgen, Menthon ou autres épurateurs : il hébergeait des « collabos ». Après Vatican II, il trouva plus convenable d'obéir à la règle de saint Benoît qu'aux canons fantasmagoriques de la nef des fous : ce qui est probablement naviguer au plus près de l'exigence première bénédictine. Il fut dégommé par ses moines en révolution.

Il s'agit de faire un ballet, dont décor et costumes seront de Cassandre (aidé de Nadine Hummel, sa seconde femme). Cassandre aimerait bâtir sur une trame de J.-S. Bach. D'abord offusqué, je cède, Nadia consultée opinant [1], je choisis la cantate 215 (pour l'anniversaire d'Auguste III de Saxe, roi de Pologne) et substitue à l'un des airs (indansable) un autre prélevé dans la *« Cantate du café »*. Troper sur les mélodies un mien livret « de chasse » au lieu de l'insipide texte allemand et faire du tout un ballet chanté n'est pas le comble de l'abomination. J'émets une exigence : que j'aie le droit de superviser l'exécution. Cassandre se fait fort d'y satisfaire. Lui et moi, nous sommes convoqués par le mécène d'époque de Lifar, M. Baud (je ne suis pas sûr de l'orthographe), que l'on dit du Comité des forges. Il nous reçoit dans un appartement du quartier de l'Opéra transformé en bureaux (minables) : dans la pièce où nous sommes introduits, quelques chaises et une commode en faux Louis XV. Lifar est volubile : l'accent russe rehausse sa trivialité. Cassandre parle de chienlit, de travail, d'argent. M. Baud ouvre les tiroirs de la commode et en extirpe des liasses de billets de dix mille francs, qu'il jette à travers la chambre. Quelle ardeur! Quel zèle! Quelle abondance! Cassandre est convaincu : le ballet aura lieu. Vers la fin mars, je gagne Monte-Carlo (venant de Saint-Tropez, où je passe les fins de semaine), en tenue archi-tropézienne (j'étais hébergé à l'hôtel de Paris). Je trouve Cassandre et Nadine à bout de forces : leur exigence coutumière fait qu'ils passent leurs nuits à... coudre. Je supervise les répétitions, d'aussi mauvais augure que fastidieuses : l'automatique scansion par huit de Lifar ne modifie pas mon opinion de la chorégraphie (les ballets m'assomment). La Chauviré, déjà nantie de Nepo, et quelques danseurs russes sont agréables. Cassandre chante les louanges de Larionov, qui appartint à la troupe de Diaghilev. Le directeur de l'Opéra est la baderne Bondeville, le chef d'orchestre, Henri Tomasi (venu de Radio-Luxembourg), qui fait des plaisanteries de potache sur les cantates de Bach et dirige comme un gnafron qu'il est. Je me fâche, et, quelles que soient les délices de l'hôtel de Paris et de Caramello (où la crème fouettée surabonde, ainsi que tout

1. Nadia fera réaliser les basses chiffrées par Annette Dieudonné.

ce qui reste rare en France), je regagne Saint-Tropez [1] avec l'assentiment de Cassandre. Je reviens assister à la première : c'est une offense à l'oreille, une pitrerie indécente. Cassandre, Nadine et moi, nous quittons la salle. Le lendemain matin, par huissier, nous faisons opposition au spectacle. Nous serons déboutés : la Société des bains de mer règne à Monte-Carlo. Ultérieurement (1949?), Lifar, réintégré à Paris, reprendra le ballet : je ferai opposition et gagnerai contre Hirsch, directeur de l'Opéra, grâce aux bons soins de Maurice Garçon. *Dramma per musica*, massacré par Lifar et je ne sais quelle mazette d'orchestre, n'aura qu'une seule représentation à Paris. Je donnerai une conférence de presse à l'hôtel du Pont-Royal... J'aurai cependant perçu de la SACEM quelque trois cent mille anciens francs : de quoi rembourser les frais d'huissier, d'avocat et de conférence de presse.

Printemps 1947. Le colonel Vandel [2], qui, au TEC, représente l'armée, organise une tournée musicale en Autriche, au sein de l'armée d'occupation, qui est sous le commandement du maréchal de Lattre. J'embauche Soulima, Derenne et Gisèle Peyron; deux pianos et chant. Dès qu'une troupe d'« artistes » est en jeu, le comique l'est aussi (cf. Scarron) : il sera constant dans la troupe improvisée. Nous nous exécuterons à Innsbruck, à Igl, à Kitzbühl (où nous recevra, je ne sais pourquoi, une très traditionnelle princesse de Windisch-Graetz). A Radio-Innsbruck, nous sommes interviewés par le bien nommé M. Schönherr, dont la beauté parfaite me sidère. Je m'informe du comte Silva-Tarouca; un cousin à lui, *Privatdozent* à l'université, m'apprend qu'il a été déporté en Russie. Toute l'Autriche vit dans l'horreur des Russes, qui l'ont grièvement occupée.

Après vacances à Saint-Tropez habituelles, Groeth mort, j'entame ma dernière campagne au TEC, alourdie par le climat politique français, lui-même alourdi par le contexte international et par la guerre d'Indochine. La tutelle communiste se resserre sur le TEC : les comités se multiplient. Heureusement, mes « salons » font contrepoids : Marie-Blanche, Louise de

1. Pour tromper mon ennui, j'ai pris un bain d'avril à la plage de Monte-Carlo : grippe de « sept ans ».
2. Orthographe incertaine.

Vilmorin, Suzanne Tézenas, Lise Deharme. Chez les Soulima, qui m'offrent sans cesse l'hospitalité, je trouve Marie-Lou, les Théodore, Victoria Ocampo, Marie-Laure de Noailles, qui ne quitte pas Dominguez, Strobel, qu'ils ont hébergé quand il a déserté de la *Wehrmacht*. Soulima reçoit des lettres de son père. Il le presse de quitter l'Europe : il a peur d'une invasion russe.

Jean (dix-sept ans) m'enferre de plus en plus dans le combat qu'il mène contre moi pied à pied, à grands coups de fainéantise [1], d'ivrognerie, de mensonges. Le despote devient l'esclave : je suis paralysé, impuissant.

Dieu vivant continue, le collège philosophique aussi. Paulhan fait ses *Cahiers de la Pléiade*, Herbart, *Terre des hommes*. Henri Thomas a gagné : Antonin Artaud est revenu à Paris, et Colette, doublée de Paule Thévenin, va être victime de celui qui a été « libéré » en grande partie par la campagne de presse de son mari [2].

Cingria est quotidien avenue de Tourville; autour de lui Dubuffet, les Lacroix, des Hollandais dont le nom m'échappe, Hugnet [3], Lachenal [4], Mermod, Léger et sa femme (normande, excellente cuisinière), Grémillon (le cinéaste), les Cros, Dunoyer etc., et, plus présent que s'il était là, Cendrars : Cingria est toute haine pour lui, à cause d'une note insultante à son égard insérée dans *l'Homme foudroyé*.

Elzéar est beaucoup plus à Saint-Tropez qu'à Paris : la sculpture de ses bois, ses « œuvres de mer » et son chien l'y retiennent, et aussi Jean-Jacques, qui commence une longue agonie; il mourra seul, au Touvet, abandonné de tous, y compris de Gérard Jarlot, qui succédera à Mascolo près de Marguerite Duras.

Pour Cingria, Méraud Guiness-Guevara compte beaucoup : la fille du banquier anglo-américain (qui fut un temps la

1. Je dois le laisser abandonner ses « études ». Il s'inscrit à un cours de dessin.

2. Mailles serrées du tricot infernal. Paule Thévenin, elle, est assez forte femme pour n'être pas victime.

3. Qui va bientôt remplacer Jeanne Bucher dans sa galerie.

4. Il vient souvent à Paris, où il apportera *La reine Berthe*, de Cingria, qu'il a éditée à ses Trois Collines.

« deuxième fortune d'Angleterre »), belle-fille de celle qui défraya la chronique par ses larcins en Helvétie, sœur du très élégant Lowell (avion, yacht, Deauville etc.), a épousé un diplomate chilien qui fut en poste à Berne. Elle et lui vivent désormais séparés : il s'occupe avant tout des boxeurs – il prononce *boheu(r)* – marseillais; elle est folle d'amour pour M., qui vit dans le voisinage d'Aix. Elle a un appartement cours Mirabeau, près des Deux Garçons : elle y reçoit tous les ans Cingria. Les Guiness sont propriétaires d'un hôtel à Paris, rue de Lille : Méraud et sa sœur y ont un pied-à-terre dans le bâtiment sur rue qui sert de façade à l'hôtel alors habité par la célèbre Daisy Fellowes [1]. A Aix, Méraud fait des concours de pastis avec Cingria : ils gagnent alternativement vers 23-22. Ce qui n'empêche pas Méraud d'être un grand peintre.

Michel Brodsky a quitté Tourville, où il ne reste qu'Henri d'Amfreville, qui va se marier... H. est enfin pris en main par une de ses femmes (ouf!). Peyrefitte triomphe dans ses spécialités *Crapouillot* et guerroie à n'en pas finir contre les Bidault. On revoit Jacques G., qui subit un long traitement à l'hôpital Foch : il est « gueule cassée »; ça n'arrange rien : il a une petite tête, et son appareillage la fait encore plus diabolique. Il se voue au culte de Roger Peyrefitte : ça l'occupe. Ce culte, il le célébrera jusqu'à sa fin : le célébré lui rendra les honneurs dans une de ses publications.

René T. habite un pied-à-terre rue d'Assas : il a délaissé la littérature et s'occupe d'affaires pétrolières. Sa femme et ses enfants sont à Lyon. Il a une liaison avantageuse avec une aristocrate. Un soir, je rencontre chez lui Marc Lacroix, qui est au mieux avec l'un des quatre fils de Croix, Gilles. Ces de Croix, qui habitent un hôtel de la rue Saint-Dominique, de bonne noblesse [2], fort riches, ont entre autres les forges de Gueugnon et de grands biens dans l'Aisne. Trois (au moins) des fils sont « caractériels » : Gilles l'est (la valeur n'attend pas le nombre des années). J'aurai l'occasion d'en savoir le masochisme : il trouvera chez moi un jour l'inénarrable

1. Mi-Decazes, mi-Singer, qu'admira éperdument Jean-Michel Frank. Il disait, par exemple : « Oh! Daisy! Elle était fo(r)midable! Elle t(r)aînait litté(r)alement sa (r)obe de(rr)ière elle. »

2. La mère est Maillé-Plaisance.

Charles Henry [1], fort rassis, qui vit dans un appartement du XVIIe arrondissement, style Mac Mahon, mausolée de deux douzaines de chats empaillés. A ma grande stupéfaction, j'apprendrai que ledit Gilles, pour qui j'ai de l'affection et qui m'étonne par sa flexibilité, est inséparable dudit Charles Henry... Gilles, qui mourra jeune, comme tous ses frères, habite la maison que sa famille possède rue de Lille : un étage est occupé par le prince François de Polignac et Bidou, un autre, par Jean-Pierre Lacloche et Olivier Larronde, qu'admirent tant Cocteau et Jean Genet [2].

Pierre Souvtchinsky, dont l'amitié m'est chère, est malheureusement en froid avec les Soulima. Il me parle longuement d'Eurasie (Jakobson), d'Igor, de Prokofiev, de Maïakovsky, de Pasternak, de la Russie, de Boulez... Mon amitié avec « Souv », sans faille, profonde, englobe aisément l'exquise Marianne, sa femme. Pierre David publie *La licorne*, avec Sherban Sidéry, que Susanna considère bizarrement comme une pièce maîtresse de son écurie; je lui suggère de s'adjoindre Pierre Leyris : affaire faite. Il s'en félicitera, en dépit des difficultés que suscite Pierre L. en collaboration (maladivement susceptible, il est fait pour travailler seul).

Roland Bourdariat n'est plus stable chez Marie-Blanche (il tente de s'incardiner dans la juridiction du doyen du Sacré Collège Tisserant, cardinal-évêque d'Ostie, de Sainte-Ruffine et de la Forêt blanche). Il s'accroche à Guillaume de Van. Marie-Blanche, comme tous les despotes « mécènes », est agacée [3] des éclipses de Roland : sa piété n'est pas transcendante, en tout cas moindre que sa volonté de puissance, mal occultée par sa fluidité opiacée.

Que je relate un fait resté gravé dans ma mémoire, datant de 1946 ou début 1947. Oliver, qui lance le Grand Véfour, dit à Cocteau qu'il a chez lui table ouverte : Jean en use et abuse [4]. Il

1. Ami de R. Delle Donne.
2. Jean Cocteau commence une campagne qui aboutira, sous Auriol, à l'amnistie (à la grâce?) de Jean Genet, que l'on disait passible de relégation.
3. Plusieurs de l'entourage (Jacques Février) vocifèrent contre les « manies ecclésiastiques » de Roland. Nadia se tait.
4. Il m'avouera fin 47 qu'Oliver lui réclame un million (ancien) de francs.

m'invite un soir avec Sauguet. Après que Goudeket, qui prend un verre avec nous, nous a laissés, nous sommes seuls dans le restaurant. Arrivent les Massigli : salamalecs. Dix minutes après, tout de noir vêtues, entrent Mme Laval et sa fille Chambrun. Cocteau et Sauguet se lèvent pour les saluer : elles répondent d'un signe de tête et passent droit devant les Massigli [1] pour gagner leur table, face à la nôtre. Les Massigli, le nez dans leur assiette, se taisent, comme elles, comme nous. Cette minute de silence, qui brise le temps, coupe la respiration.

Fin 1943, je me suis abonné à la Compagnie des 7, que Vilar vient de monter. Entre-temps, Jean Paulhan s'est toqué de lui : je crois que c'est en 1946 qu'il me l'envoie à Tourville. Paulhan a en tête que je lui propose ma *Reine Isaure*. Je ne pense pas l'avoir fait, je crois même l'avoir dissuadé de s'y intéresser : cette *Isaure* est trop intime, trop confidentielle, trop adolescente [2] (il s'agit de mon adolescence... un peu prolongée : j'ai réuni des poèmes de captivité, dont plusieurs sont des épithalames) pour que me vienne l'idée de la faire représenter. Dans trente ans... quand j'aurai eu le temps [3] de la reprendre.... Vilar s'en laisse convaincre. Je n'ai pas senti sourdre en moi un élan irrépressible vers l'acteur : je le trouve « primaire ». Suis-je un snob dégénéré?

A quel moment de 1947 le drame que je vais dire s'est-il passé? Je ne puis le préciser. Je voyais moins Colette Thomas, qui ne quittait plus Artaud d'une semelle, en compagnie de Paule Thévenin. J'étais désespéré de l'état d'Artaud. Je me rappelle notamment une horrible séance au Flore, le trio et moi, Artaud se masturbant sur sa banquette et poussant de grands cris entrecoupés de grands silences, Colette, dans une sorte de transe corrélative, les yeux fixes et exorbités. Un jour, à Tourville, vers cinq heures de l'après-midi, arrive Colette, plus qu'étrange. Elle veut prendre un bain : je le lui fais couler et vaque à je ne sais quoi. Au bout de quelque trois quarts d'heure, je m'inquiète; je l'appelle : pas de réponse. Je la trouve râlant dans la baignoire : elle a avalé un flacon de détachant qu'elle a

1. Il me semble que Massigli a témoigné contre Laval.
2. Et indéfiniment imparfaite.
3. Et le goût. Ça n'a pas été le cas.

trouvé dans la salle de bains. Affolé, j'appelle Paule Thévenin (son mari est médecin) : par chance, elle est chez elle et me dit qu'elle arrive avec une ambulance. Je ne verrai plus jamais Colette (je ne sais même pas si elle vit encore) : sa famille lui interdira tout contact avec ses amis. Je sais que, quelques années plus tard, « guérie », elle travaillera un peu à la N.R.F., et puis plus rien. Voilà pour une des personnes que j'ai le plus aimées. Je n'ai pas pu m'empêcher de tenir rigueur à Paule Thévenin : elle vivait en permanence en milieu médical et, selon moi, se devait de prévenir la crise délétère qui devait frapper la merveilleuse Colette. Quant à Henri Thomas, n'en parlons pas : un seau à charbon. Artaud, lui, mourra en 1948, après avoir, de lui-même, demandé à réintégrer l'hôpital, en dehors duquel il ne se sentait pas en sécurité.

Ce drame assombrit beaucoup mes derniers mois du TEC et contribua à me décider de le quitter, en dépit de mon affection pour Delarue. J'obtins de lui de n'attendre pas les vacances et me précipitai à Saint-Tropez pour tenter de m'extirper au plus vite de la sinistrose dans laquelle je venais d'être plongé. Cela donna lieu à une grande scène avec Jean : il voulait à tout prix aller à Bains. Ma fureur n'eut aucun effet : il me laissa gagner seul Saint-Tropez, où il ne me rejoignit qu'en août. Entre lui et moi, la bonasse était rare : c'était ou le septième ciel (« l'empire des sens ») ou le septième sous-sol de l'enfer (notamment sous l'effet de ma jalousie et de mon comportement face au mensonge et à l'ivrognerie).

Je crois que c'est durant l'été 47 que le bateau d'Elzéar (un pointu) fut en danger, tout ancré qu'il était en rade de Pampelonne. Pendant le déjeuner, une forte tempête de vent d'est ou de céruse se lève : nous descendons en catastrophe du Pinet à ce qui sera Tahiti, et, sous une pluie torrentielle, un vent à décorner les bœufs, nous employons à sauver le pointu. Quelqu'un surgit d'un abri voisin et nous donne un coup de main, d'autant mieux venu que je suis aussi peu efficace comme manœuvre que comme matelot : c'est Merleau-Ponty, que, le bateau une fois tiré à terre, nous ne savons comment remercier : sa philosophie ne lui ôtait pas générosité et compassion. Je le connaissais un peu de chez Moré ou de chez M.-M. Davy.

C'est la même année, je crois, que, à Saint-Tropez, Didy s'est installée à la Sarrasine, maison qui surplombe la Ponche, succédant à la baronne Franchetti, qui ne passait pas pour aimer les hommes. Elle va se lancer, dents serrées, dans les mondanités tropéziennes. Il me semble que c'est en 47 qu'elle accueille Marc Allégret [1], neveu de la femme de Gide, qui est en compagnie de Vadim et de Brigitte Bardot (ils doivent avoir dix-sept ou dix-huit ans). D'autres jeunes comédiens, non hébergés, encadrent les deux stars. J'avais souvent remarqué Vadim à Saint-Germain-des-Prés : je le vois encore en train d'attendre l'autobus devant les Deux Magots, rayonnant de beauté [2]. Qu'un tel dieu fût l'aubaine d'un tel avare me mettait en rage : Marc Allégret était hideux de lésine, de parcimonie. Jamais je n'aurais imaginé que Vadim et Bardot auraient la carrière qu'ils ont faite : nonobstant la pédagogie allégrique, je les trouvais aussi mauvais que possible. Un exemple de plus de ma cécité.

On avait enfin des voitures. Mon pèlerinage préféré était le Thoronet [3] : cette merveille m'excitait entre toutes, bien plus que Senanque ou Silvacane. Si le glorieux Lérins m'émouvait, ça n'était pas dans son état actuel (mais quel site et quelle histoire!). Et Fréjus, Saint-Trophime d'Arles, l'église des Saintes-Maries, Saint-Gilles du Gard...

J'allais chaque année voir Roland dans l'hacienda de ses cousins Fournier, à Porquerolles : la traversée, à partir de la Tour fondue (fief éphémère des Giscard), était presque toujours mauvaise, parfois terrifiante. Les filles Fournier (quatre ou cinq?) portaient des ceintures en peau de couleuvre (à l'époque, de grosses couleuvres pendaient des arbres de l'île). Roland avait une prédilection pour Doria : moi aussi. Quant à la mère, extravagante femme forte, qui vice-présidait le Cercle d'agriculture, elle était alors en symbiose avec un Anglais incongru [4]. J'allais aussi à Aix, voir Méraud et Cingria. Maria

1. Marc Allégret, Madeleine Rondeau : les deux seules passions (?) de Gide.

2. Comme les Russes sont peu stables en la matière : qui croirait aujourd'hui que Markévitch, Vadim et tant d'autres furent des dieux?

3. Les gens y venaient se servir en matériaux de construction.

4. En 84, j'aurai l'occasion, chez Gérard Masson, de voir un fils d'une des Fournier, Maxime, issu de Podromidès : totalement approuvable.

Ruspoli [1], ex- et future duchesse de Gramont, alors femme de François Hugo, était intime avec Méraud. Elle se plaignait de son ex-associé, Iolas, l'ex-danseur, devenu marchand de tableaux. A dire vrai, elle m'a toujours ennuyé. Bien entendu, nous allions très souvent à Sainte-Maxime chez René Tavernier (il se faisait bâtir un mas en retrait de la mer). On voisinait avec les Tropéziens d'alors, dont Roussin, qui était à Gassin, avec Vialar etc. Lise Deharme était venue et célébrait le culte parfaitement chaste du très jeune Thierry de Brunhoff : je ne demandais pas mieux que d'y être associé. Des crampes au bras menaçaient sa carrière de pianiste : il se faisait masser par Mme Plasset, qui soignait également le père d'Elzéar. Avec Mme Clément-Fouret et la fille Pelet, Mme Plasset formait le trio de base de Saint-Tropez. J'étais devenu tout à fait intime avec Lise, et notre amitié devait être sans nuage (chose rare, de sa part). Parmi ses objets, j'étais fasciné par le pistolet avec lequel Verlaine aurait tiré sur Rimbaud (était-il authentique? qu'est-il diable devenu?). Parmi ses amis d'alors (dont Julien Gracq), je distinguai Pierre Dumayet et Françoise, sa femme : cette camaraderie a souffert de l'érosion. Lise avait l'atroce manie de faire profession de haïr Louise de Vilmorin : en revanche, quelle vénération pour André Breton!

Tropéziens d'un jour, d'un temps : Cocteau (parfois avec Picasso), venu de Toulon, entouré d'une escouade de beaux garçons ou de l'équipe Charon-Hirsch-Iscander [2], comédiens-français, Marie-Laure de Noailles, venue d'Hyères, souvent avec les Auric et quelques garçons non négligeables, et, en yacht, la môme Moineau, le comte d'Athlone etc. Truman Capote, lui, passait inaperçu : il parlait mal français. Peter Watson faisait de la bicyclette. Elzéar, parfaitement remis, faisait souvent l'éloge de sa folie envolée comme d'une fantaisie cocasse. Il « voyait » tout ce qu'on pouvait trouver d'ésotériciens à Saint-Tropez (Carteret), et, venant de Cavalaire, Durbach et sa femme La Baume : palabres, dont la longueur m'impatientait.

1. Georges Hugo, son second fils, était adolescent.
2. Peut-être anticipé-je.

Il me semble aussi que, cette année-là, les Supervielle estivèrent à Saint-Tropez, avec les David et les Bertaut. Est-ce la même année que les Worms débarquèrent d'Argentine? Je les vis pour la première fois chez Suzanne Tézenas. Gérard est le frère de Francine Weissweiller. Jeanine se disait disciple de Caillois : « Mon maître Caillois » ou « Mon bon maître ». Elle se piquait de littérature, discrètement, avec un esprit vif, caustique : sympathie immédiate. Ils s'occupaient beaucoup d'un peintre, Jesus Alfonso, garçon amer, philosophant. A ce petit groupe dans le grand que nous avions formé chez Suzanne, s'agglomérait à l'ordinaire E. M. Cioran, que j'aimais bien : ce grand décompositeur avait déjà figé le rictus du pan-sceptique sur son visage paisible, strié de rides. A quel moment interviendra son compatriote Eugène Ionesco, que j'aimerai toujours plus que ses œuvres? Je ne puis le dire. Jeanine et lui se renvoyaient la balle, en une sorte de ping-pong chinoisé [1] ou de tic-tac de pendule. Ce clan me plaisait, même si je le trouvais un peu désincarné face à ma gourmandise (Jeanine mange à peu près cent grammes par jour, sa belle-sœur Weissweiller, quatre-vingts) et à ma dévotion érotique. Jeanine était sûrement une grande passionnée. Cioran [2] ne se manifestait que seul; il ne s'affublait pas plus de son prénom, dont il interdisait l'usage, que d'une maîtresse qu'on lui attribuait, restée informelle dans le nuage de l'inconnaissable et les spasmes de la misogynie.

Valentine Hugo venait très souvent chez Suzanne (avenue de Tourville aussi) : elle aimait beaucoup la musique. Son culte pour Satie, ascensionnel, ne me donnait pas d'ailes. Culte partagé par Cariathys, l'Élise de Jouhandeau qui, nue, avait dansé je ne sais plus quelle œuvre du « maître d'Arcueil » dans je ne sais plus quel cabaret. Le rite jouhandélien [3] s'accomplissait alors dans la maison que Caria tenait [4] rue du Commandant-Marchand. Je m'en rappelle l'escalier de palissandre,

1. Chinoise, la femme d'Ionesco l'est.
2. Je le raccompagnais souvent à son hôtel de la rue Monsieur-le-Prince.
3. Pas besoin de le décrire : c'est en grande partie la matière de l'œuvre innombrable de Jouhandeau.
4. C'est le mot juste : en avant du temple du couple, Caria *tenait* avec vigueur une maison meublée. Pauvres locataires!

éberluant, la salle de bains de Caria, noire, où, nue, elle lavait solennellement un corps autrefois livré aux regards du public, l'étage de Marcel, où il officiait seul, muni d'un harmonium [1], de divers objets d'église et de son écritoire. L'inénarrable et trop décrite Caria débutait une longue fin de vie, typique des mères-maquerelles en retraite : elle se prenait pour Mme Guyon. Ses Fénelon? le père Couturier, le père Bouyer (ancien chanoine d'Oxford rallié à Rome, très newmanien, très subtil : il habitait alors villa Montmorency) et surtout l'abbé Cognet, qu'elle disait son cousin (auvergnats tous deux, ils s'attribuaient un brin de parenté avec Pascal). C'était un personnage. Bien qu'il ne fût pas oratorien, il était régent du collège de Juilly, fonction qu'il cumulait avec celle de gérant de la Société des amis de Port-Royal. C'était un homme très cultivé, éclectique, très passionné de musique (lors de la rédaction de mon *Dictionnaire* chez Fasquelle, il m'a rendu le service de me boucher des trous aussi profonds que les notices *Bach, Beethoven, Mozart,* pour lesquelles il n'y avait pas de candidat). Il avait deux phobies : Bossuet [2] et le R.P. Teilhard de Chardin. A table, il avait une puissance remarquable. A la robustesse de son appétit, il joignait un style de vie extrêmement délicat : dans sa chambre de Juilly, il ne servait le thé à sa chienne boxer que dans la plus fine porcelaine. Je l'aimais beaucoup, plus que les Jouhandeau, à la longue lassants. Je n'ai eu qu'à me louer de son amitié, sauf en deux points, le premier [3] : d'avoir introduit chez Suzanne Tézenas le R.P. Martin, de l'Oratoire, docteur en Sorbonne avec une thèse sur la musique grecque ancienne, chef des Chanteurs de Saint-Eustache, qui était en train de composer sa pseudo-messe du couronnement de Charles V. Quand, chez Suzanne, Martin, au piano, prétendit jouer une œuvre de Bach, je fus le seul à

1. Il jouait très mal, mais n'aimait que la musique qu'il jouait (à base de plain-chant XVIIIe-XIXe siècles).
2. Il disait avoir mis en lieu sûr l'acte notarié du mariage de Bossuet. Cet acte me semble avoir eu le même sort que celui par lequel Louis XIV annula l'exclusion de Philippe V d'Espagne de la succession au trône de France. Bizarre! Quant à Teilhard de Chardin, Louis Cognet a publié un pamphlet contre lui.
3. L'autre point viendra à sa place chronologique.

l'interrompre : « Assez, mon Père! Ne vous fichez pas du monde. » C'était évidemment un pastiche improvisé. Les Jouhandeau m'accusèrent d'envie, de jalousie! Le père Martin ne jouait pas bien du tout, et jamais, au grand jamais (au diable la fausse modestie!), il ne me serait venu à l'idée de me croire en compétition avec un pianiste aussi médiocre [1]. Je ne l'incriminais nullement de ridiculiser les musicologues : là, toute occasion est à saisir. Mes rapports avec le père Martin devaient être à l'origine des foudres que Caria me lancerait à la tête pendant des années. Que je n'omette pas de dire que, chez les Jouhandeau, comme, moins souvent, chez Suzanne, Jean Denoël était très fréquent : il tissait son réseau d'« intellectuels » et d'« artistes » qui serait la base de son emploi final : « secrétaire littéraire » de Florence Gould. A l'époque, je le trouvais « drôle »; il amenait des garçons avec lui : comment ne l'aurais-je pas apprécié? Je lui dois d'avoir connu Nathalie Barney, dans la maison du temple d'amour de la rue Jacob (où je trouvais parfois la duchesse de Clermont-Tonnerre [2]), et André Rouveyre, qui vivait retiré. J'avais peur que ledit Denoël allât faire son rapport rue Vaneau, avec laquelle j'étais toujours brouillé, mais j'étais rassuré par le fait qu'Herbart le détestait.

J'allais le plus souvent possible à Verrières, chez Louise de Vilmorin : quand on n'a pas de voiture, ce n'est pas un petit voyage. Il est vrai que je la voyais souvent à Paris. Son frère André s'était marié [3]; il avait épousé Andrée de Montesquiou, ex-Lassus, sœur de Pierre, le député-duc. Louise avait ainsi un pied-à-terre à Neuilly. Ses frères et sœurs étaient au complet, dont l'aîné, Olivier (père de Sosthène), qui dirigeait la maison « de grains », et Roger, qui avait épousé en secondes noces

1. Je me trouverai en même situation avec Veyron-Lacroix, venu faire du piano avec moi : au bout d'un quart d'heure, il partira furieux, disant : « Encore un maniaque qui sait par cœur tout le répertoire et le travaille du matin au soir! » Difficile de tomber plus à faux. La plupart des clavecinistes se sont rabattus sur le clavecin après avoir échoué au piano.

2. Celle du *Temps des équipages*. Au sujet de Nathalie Barney, je renvoie le lecteur à ce qu'on vient de publier sur elle.

3. Il est de notoriété publique que la chose ne lui avait pas plu. Louise avait pour son frère André des sentiments exclusifs.

Edith, ex-baronne Ténard, tous avec enfants. Cela faisait beaucoup de Vilmorin : c'était un peu suffocant. Deux brillaient par leur absence : Mapie, comtesse de Toulouse-Lautrec, qui, verre après verre, affirmait dans Paris son allergie [1] à sa sœur (nonobstant, elle était d'un comique irrésistible, ne serait-ce qu'en tant que négatif de Louise; il me semble qu'elle s'adonnait déjà à la concoction de livres de cuisine, encore qu'elle n'eût jamais su cuire un œuf, au dire de Louise, qui, elle, l'aimait beaucoup), et Henri, le frère [2] de qui personne ne parlait jamais : l'agneau noir. Il y avait des habitués, vers lesquels je ne me précipitais pas : le ménage René Clair, les Van der Kemp (Edith a beaucoup compté sur ce géant des Flandres pour défendre la vallée de la Bièvre : elle présidait l'Association des défenseurs), François Valéry, par phases (fallait-il s'en plaindre?). J'y ai vu des « célébrités », desquelles je me fichais éperdument, tels Orson Welles, Maurice Yvain, Léo Ferré, Barbara Hutton, Paul-Louis Weiler. En revanche, je n'avais rien contre les Chauviré-Népo, les Zehrfuss, Svoboda (je devais me lier beaucoup avec sa fille d'adoption, Anne Filali) et autres. Tout ce monde jouait à la pétanque, que je ne pratiquais qu'à Saint-Tropez. J'étais confondu par le nombre de vers français que Louise, Roger et André savaient par cœur, moi qui, après six pieds, tombe en panne [3], et la récitation en pouvait durer des heures. Louise finançait son train (énorme, vu les charges) par des ponctions qu'elle prélevait sur ses éditeurs (elle a pu tirer à l'avare Gaston Gallimard quelques sous chèrement payés [4]), par des cachets à la radio (plus tard à la télévision), par des piges dans revues et magazines (que de corvées pour elle!) et par des aides qu'elle trouvait chez nombre de protecteurs, qui, petit à petit, le temps passant, se feraient de plus en plus tirer l'oreille. Je ne dis pas cela pour l'accabler, moi qui ne suis qu'une « personne assistée », mais pour l'excuser : Louise

1. Allergie qu'elle a passée à sa fille.

2. Après toutes sortes d'aventures aux quatre coins du monde, il viendra mourir dans les bras de Louise.

3. Grand défenseur de la mémoire (j'en ai toujours eu), je me suis stupidement gardé de m'en servir : peut-être aurais-je eu plus de jugement.

4. C'est à lui qu'elle destina : « Je méditerai, tu m'éditeras. »

n'a jamais eu un sou devant elle, contrairement à ce que disaient ses détracteurs. Sa plus grande erreur de stratégie [1] : se mettre à dos la plupart des femmes (elle, si féminine, haïssait « les femmes » de tout son cœur); à ses yeux, toutes étaient d'éventuelles concurrentes, et elle était handicapée; toutes étaient des « emmerdeuses » : elle ne l'était vraiment pas, et détestait s'ennuyer [2], sous quelque prétexte que ce fût. « Les femmes » le lui rendaient bien, la mettant en pièces, comme les bacchantes, Orphée : à leur tête, Lise (je l'ai déjà dit) et Marie-Laure de Noailles [3] (pour qui Louise avait un attrait restreint). Les surréalistes, les gauchistes, les « profondistes » (qu'on me pardonne les néologismes) la lacéraient. Comme Cocteau, elle était incapable de haïr : elle mourrait sans savoir à quel point elle fut haïe. Dieu merci, il y eut des exceptions : entre autres, Marie-Blanche [4], qui l'« adorait », Diana Duff Cooper, la baronne Van Zuylen (quel numéro! comme elle m'a fait rire!), Simone Zehrfuss (c'est presque incompréhensible : ladite Simone triomphait dans l'imprécation), l'inconditionnelle Bico Colcombet (j'en reparlerai). Que venais-je diable faire dans tout ça [5]? Rien d'autre que de lui prouver que je l'aimais parce qu'elle était elle et de lui offrir l'occasion de me donner la preuve qu'elle m'aimait parce que j'étais moi. Si bizarre que cela pût paraître, si gratuit que cela fût, je l'aimais, autant que c'est possible hors passion, et vice versa. Les invités partis, nous riions tous les deux pendant des heures [6], jusqu'à la crampe du *musculus risorius*. Je n'ai eu qu'une brouille avec

1. C'est à son grand dam que les plaisirs du lit s'y intégraient : elle ne s'intéressait à l'« amour physique » que pour ce qu'elle pouvait en tirer, tant en liquide qu'en notoriété. Ç'a toujours été à la mode chez les « artistes ». Ce n'était chez elle qu'une concession crédule faite à une obligation imaginaire, jointe à un essai de compenser son infirmité. Elle était hantée par la « célébrité ».

2. Un mot d'elle, que me rappelait naguère Véronique Cuelle : « Ah! ce que je me serais ennuyée si je n'avais pas été là! »

3. Louise mourra le 26 décembre 1969. Le lendemain, Marie-Laure téléphonera à l'une de ses filles : « Elle est morte, la salope! » Quinze jours après, ladite mourra...

4. Elle m'obligera à me réconcilier avec Marie-Blanche, qui mourra un an après, au bout d'une longue et atroce agonie.

5. La question se pose d'autant plus que, à l'époque, Olivier, Roger et André fonçaient sur les « pédés » à bras raccourcis.

6. Champagne à l'appui.

elle, et je m'en suis bien repenti (j'étais plus royaliste que le roi!) : à propos des *Libelles* que je dirigeai chez Fasquelle de 1954 à 1956. Cette brouille a duré deux ans. Je suis allé à Canossa, furieux contre moi d'avoir préféré un principe à un sentiment, alors que le premier intéressé, pour des raisons diverses, s'abstint de lui faire le moindre reproche. J'ai gardé secrète une chose qui m'a beaucoup peiné. Jusqu'au bout, Louise a affiché un culte pour Cocteau. Après avoir longtemps vilmoriné (il fut un temps hébergé à Verrières), Jean C. en eut un beau jour assez [1]. Louise l'a sûrement ressenti : jamais elle n'en exprima d'aigreur. Tout juste un quart de seconde d'hésitation en prononçant le nom de Cocteau... En 1947, elle était en plein dans l'investissement de l'ambassade d'Angleterre. (Peter Quennel [2] affirme que, membre à membre, le couple Duff Cooper était amoureux d'elle [3].)

Donc j'étais mondain; d'apparence : je n'ai pas été membre actif; mes origines m'ont toujours assuré orgueil et ironie, et mes goûts, contribué à garder distance face au « grand monde », incapable que j'étais d'y trouver un objet de passion. Au lit, j'ai toujours préféré le « peuple » [4], seul capable d'en accomplir les rites avec plénitude et fraîcheur. La dévotion à l'amour, mondaine ou mentale, chasse la magie. Maurras :

1. Rigueur du *karma* : je devais être le témoin affligé d'une même discrépance (à sens unique) entre Igor Stravinsky et Cocteau.
2. Quennel appartenait au clan Marie-Laure.
3. *Aperçus sur le snobisme selon Louise de Vilmorin.* Louise assurait que son père avait hébergé à Verrières les noces de deux rejetons de grand nom et qu'il s'était écrié : « Quel honneur pour moi, pauvre grainetier, de présider à l'union de deux familles aussi illustres qu'éteintes! » – La même Louise citait Louis Veuillot qui, à Montalembert qu'il harcelait et qui lui avait dit : « Taisez-vous, M. Veuillot! N'oubliez pas que je descends des croisés! », répondit : « Eh bien, moi, je monte d'un hôtelier. » En revanche, Louise me disait : « Lors d'une fête, mieux vaut que, vrais ou faux, les titres volent dans l'air du soir. Tu ne voudrais tout de même pas que l'huissier n'eût à cracher que Michel ou Barrière-Lévêque ou Tartempion! Mieux vaut Courtembuche ou Talleyrand-Périgord-Sagan! »
4. Le « peuple » inclut la petite-bourgeoisie. A l'intérieur de ce « peuple », il y avait des castes bien plus séparées que celles du « monde », de l'argent et des « artistes ».

N'omettez pas d'inscrire, comme sources de mon esprit mondain, la grande tradition élitiste, vieille de plus de deux mille ans, la fascination de Proust etc., outre le simple amour-propre.

« L'amour de l'amour tue l'amour! » En fait, ces « grandes manœuvres » mondaines étaient pour moi le juste contrepoids de six années d'armée et de vie rudimentaire.

Cette mondanité était d'ailleurs perforée par la pratique de mon amitié avec Louis Massignon : deux heures avec lui, rue Monsieur, abolissaient trois mois de « frivolité ». Quelle force d'inspiration [1]! Quel génie exégétique! Quel décrypteur de signes! Et ce visage, si beau, ravagé par des rides tellement « signifiantes »! Voilà encore quelqu'un dont l'amitié pour moi, qui jamais ne se démentit, est inexplicable. Autant j'avais avec Groeth de familiarité, autant mon admiration pour L. M. me désintégrait [2] : disons que, en conversation, il parlait cinquante minutes, et moi dix, pendant lesquelles, moi qui ne suis pas sans quelque don verbal, parfois jusqu'au verbiage, jusqu'à l'insoutenable [3], jusqu'au calembourdage quasi lacanian (plus d'un s'en attrista!), pendant lesquelles, dis-je, je trébuchais à chaque mot. Tout au long de mes conversations *in caelis* avec lui, je n'eus que deux zones d'ombre : il répugnait au gnosticisme et omettait ce qui me paraissait primordial : la forme (liturgie, cérémonial) [4]. Pour lui, le symbole [5] ne comptait guère : seul le verbe, seuls les signes, généralement vers l'hyperbole. Voilà pour la première zone d'ombre. Dans la seconde, l'ombre était plus épaisse, plus abyssale : son obsession de la pédérastie. Son attitude, équivoque, était fondée d'une part sur la prière d'Abraham pour Sodome, d'autre part, sur une volcanique frustration d'érotisme (il l'avait fuligineux). Cette obsession allait de la célébration de messes pour les pédérastes (avec Jean Daniélou, Moré etc.) jusqu'à des fureurs peu explicables, comme d'intervenir auprès de Pie XII contre la pédérastie de sacristie. Si je ne pouvais pas échapper à des confidences que je ne sollicitais pas, jamais je ne lui en ai fait la moindre. Tout cela était si loin de moi que je ressentais un grand malaise de l'entendre s'attarder si longuement dans ces

1. Je n'en ai pas connu de telle.
2. Aucune importance : ses mots n'étaient jamais fortuits, et l'échange passait par le regard.
3. Les pères! le père siffleur, le père emptoire etc.
4. Comme tant de « prophètes ».
5. Il serait intéressant de mieux discerner signe et symbole.

zones sulfureuses [1]. Pour prendre ma revanche, en quelque sorte, je lui reprochais avec véhémence d'avoir trop bien tenu le serment léonin que Claudel lui avait arraché : de ne jamais faire œuvre littéraire. (Quel cynisme de la part de ce mercantile Claudel, effrayé par l'éventualité d'une si redoutable concurrence [2]). J'ajoute que ses absences hors de Paris (il était sans cesse en mission, et sa chaire à l'Al Hazar lui prenait du temps), s'ajoutant aux miennes, ne me permettaient pas de l'aller voir autant que j'aurais voulu. (Comme toutes autres, j'ai perdu ses lettres.) Voilà pour un des rares personnages qui m'aient permis de croire au « génie ». C'est peu, et je crains que l'on m'accuse de le dénigrer. Qu'on ne m'impute pas à grief de perforer de trous d'épingle la plus belle image de l'esprit humain qu'il m'ait été donné de contempler. Encore une fois, Louis Massignon est celui que j'ai le plus admiré des « fils de l'homme »; mais je ne suis pas dévot et crois que relater en vérité ce que l'on a ressenti donne du prix à l'admiration que l'on a.

De 1945 à 1960, je revins, en Italie, en Sicile, le plus souvent que je pus. Après ma brouille épistolaire avec Lello [3], il ne s'agissait plus de raids passionnels : j'y allais muni. De 47 à 50, je faisais visite (à Rome, puis à Amalfi) à Guillaume de Van, qui avait quitté la France pour toujours. A Rome, assisté de Roland B., il menait la double vie d'un pèlerin passionné et d'un libertin invétéré. Lui aussi fut un personnage hors série, dont le souvenir, malheureusement, m'est devenu flou. Il cédait peut-

1. Je n'ai jamais compris comment il pouvait accommoder cette obsession avec la mystique. Si on tient pour valide le récit de la Genèse, comment peut-on garder une telle ferveur pour Sodome? La conception biblique me fait horreur, à moi qui ne sais de l'amour que, avec redressements, la version ouranienne de Platon. L'*agapè* de saint Paul n'a guère eu de fidèles.

2. Qu'on n'aille pas déduire que je n'admire pas l'œuvre de Claudel!

3. Je m'étais brouillé avec lui quelque deux ans après l'avoir connu, par lettre, ou plutôt par cessation de correspondance. Il m'avait annoncé la mort de son père en termes si pathétiques que j'avais déclaré forfait, disant que je ne pouvais renchérir sur lui. Il s'en formalisa et n'écrivit plus. A Noël 46, j'étais allé à Agrigente : mon émotion de me trouver en Grèce fut intense (j'y retournerai maintes fois). Indicible rentrée à Naples par bateau : j'y arrivai sous une tempête de neige. Je le reverrai bien des années après, père de famille, travesti en *onorevole deputato D.C.*

être trop à la comédie, tout excellente qu'elle était. Il se prétendait d'origine arménienne, attribuant son nom au lac homonyme : il était né aux États-Unis, à Memphis (l'une des rares villes des U.S.A. dont les archives aient été brûlées...). Il fonda les Paraphonistes de Saint-Jean de Matines (*cf. infra* l'exécution du *Gloria, laus* au Triton), débuta la grande édition de Couperin de L'Oiseau-lyre (Mrs. Dyer), fonda le département de la musique à la Bibliothèque nationale, dans le sillage de son ami Bernard Fay. Il avait épousé (et perdu) la fille d'Yvonne Rokseth, dont il eut un fils, Gilles. Guillaume, personnage haut en couleur (sorte de Burrows supérieur), était dévoré par son idolâtrie des garçons et l'esclavage des paradis artificiels [1]. Je l'aimais beaucoup, mais Roland était toujours en tiers entre lui et moi, d'où l'évanescence de mon souvenir de lui. Vers 1948, à Amalfi, il acheta la Lonne à Nivès Caracciolo, duchesse de Bagnoli, avec qui j'ai tant sympathisé, à Capri ou à Paris. Je fus séduit à jamais par la côte amalfitaine : Positano, Amalfi [2], Ravello, Scala... et, tout près, Paestum et ses lucioles; pays incomparable, où les miracles abondent, comme les câpriers.

C'est en 1947 ou 1948 que, pour la première et dernière fois, je vis Misia Sert et sa cour, en tête de laquelle son héritier, Boulos, assez vite disparu après elle (elle avait beaucoup de monde); elle était très vieille, très rapetissée. C'était émouvant pour moi (c'est pour cela que je le relate) que de combler une lacune dans la recension des fénéonistes [3].

1947 est encore l'année que m'arrive quelqu'un qui, jusqu'en 1973, d'une part, de 1978 jusqu'à aujourd'hui, de l'autre, aura compté pour moi plus que tout : Euryale. Jean, que j'aime toujours, ne cesse de me mettre hors de moi : comme je le harcèle de reproches et d'interrogatoires sur son emploi du temps, que je suis exaspéré de ses mensonges (il dédaigne de leur donner la moindre vraisemblance), il imagine un alibi qui puisse être à ma convenance en la personne de deux de ses camarades du cours de dessin qu'il est censé fréquenter. L'un des deux, Euryale, fort doué pour le dessin, *la beltà perso-*

1. Il devait en mourir.
2. Qui a le tombeau de saint André, d'où coule une manne salvatrice. Très près, à Salerne : le tombeau de saint Mathieu.
3. Elle avait été la femme de Thadée Nathason.

nificata, me subjugue du premier coup. Pour mieux me désarçonner, Jean le prétend favorable à l'amour platonique [1]. Euryale (dix-huit ans) est d'une telle timidité qu'il m'ôte tout moyen de persuasion et m'oblige à recourir à des ambages. Je ruse doublement, car je sais que, si tromper Jean n'est que lui rendre la monnaie de sa pièce (il n'en conviendra que lorsque je romprai avec lui), il ne manquera pas d'exciper d'une mienne tromperie patente pour décupler les siennes. J'ai la preuve de son esprit de mensonge par la résistance qu'oppose Euryale à mes avances. Malheureusement pour Jean, je suis fermement décidé à enlever la forteresse d'opposition qu'est Euryale : j'y mettrai le temps qu'il faudra, mais j'aurai la victoire. Victorieux, je le suis à l'automne 1947, six ou sept mois après qu'Euryale est survenu avenue de Tourville. Jean a indûment prolongé ses vacances (une fois de plus) pour poursuivre sa campagne de pêche, à Bains. Incapable de terrasser le dragon du sol de Tourville, où mon combat d'amour n'a abouti à rien, j'ai recours, non au cheval de Troie, mais à celui d'un fiacre : Euryale accepte de faire avec moi... une promenade au bois de Boulogne, suivie d'un dîner. Après quelque huit heures de la plaidoirie la plus serrée que j'aie jamais prononcée, j'obtiens de lui que, dans un mois, à telle date précise, et à titre d'essai, sans engagement de sa part, il me cédera : il me donne sa parole [2]! Si je remporte la victoire, je suis totalement intimidé, privé de toute facilité pour donner l'assaut. Cette victoire sera complète, mais il n'en est pas de définitive. Si Jean est loin de se douter [3] qu'il a lui-même, à terme, causé sa perte, je suis encore plus loin de me douter que, avec et par Euryale, j'aurai le plus long amour et, à la fin, la plus grande catastrophe de mon existence, au point que, aujourd'hui encore, après tant d'années, mon cœur

1. Admirez comme l'usage des mots peut aller jusqu'au sens contraire du primitif. Comment peut-on appeler *platonique* un amour que Platon célèbre en toute clarté dans ses œuvres et qui, abstraction faite de quelques clauses restrictives attribuées à Socrate, démenties par Aristophane, suscite chez lui tant d'éloges de la beauté physique, qui comptent parmi les sources les plus jaillissantes de ce qui s'appellera longtemps l'« amour grec »...
2. C'est la seule fois que j'ai proposé un engagement à terme.
3. Il ne sait que trop qu'Euryale n'aime que les filles.

s'arrête si j'évoque l'amour Euryale... Taisons-nous un instant.

C'est en 1947 que, sur ma demande, je rencontrai Roger Nimier. J'avais lu ses livres, qui me plaisaient. De Suzanne Tézenas, qui le connaissait, j'obtins qu'elle le priât à un déjeuner réduit à trois. Immédiate et double sympathie, puis amitié profonde, partagée, qui sera sans nuage jusqu'aux années 52-53. A l'époque, Nimier, orphelin de père [1], habitait chez sa mère, boulevard Péreire, et allait à un bureau d'assurances (je crois). La curiosité satisfaite, j'eus une réelle inclination pour lui, à laquelle il voulut bien répondre avec grâce [2], en dépit du « fond de son caractère », sarcastique et paradoxal. De cette amitié, je noterai les stations au fur et à mesure. Il ne connaissait pas Jacques Laurent, que je voyais régulièrement, trois ou quatre fois par an, parfois en compagnie de François Sentein, dont l'adolescence prolongée ne laissait pas de m'étonner. Entre Jacques et moi, c'était toujours l'entrevue du Camp du drap d'or, bien qu'il vitupérât contre ma « manie des gens de gauche ».

Démis du TEC, j'acceptai de servir un temps de secrétaire à Henri Monnet (« le colonel Monnet »), qui était sénateur des Landes. Je ne me rappelle plus si nous sommes allés une seule fois à Dax, siège de sa circonscription. Tout se passait au Sénat. Si l'atmosphère m'en divertissait, la besogne quotidienne était fastidieuse : c'était avant tout répondre à ces quémandeurs dont la voix est nécessaire au candidat (comme je comprends Tchitchikov et ses âmes mortes). Je pus tenir deux ou trois mois. Henri Monnet fut un personnage : la maison Pleyel, la banque, les affaires, la Résistance, brigade d'Alsace-Lorraine, cabinet du général – avec Malraux –, le Sénat, enfin le Comité constitutionnel (désigné par Chaban, je crois). Féru de musique (il joua de l'alto, puis, en autodidacte, du piano), doué d'un talent de pasticheur (peinture), parfaitement cultivé : Protée. Ami de toujours de Georges-Henri Rivière [3], il l'entourait quotidiennement de ses soins, avec Germaine Dieterlen,

1. Est-ce bien la voix de son père qui fut celle de la première horloge parlante téléphonique à Paris?

2. Ses prévenances constantes m'émerveillaient : il les atténuait par une sorte de pudeur doublée de « bourrocratie » (bourru ou bourreau?).

3. Lui-même féru de musique.

Griaule et autres gens du Musée de l'homme. Par son frère, Jean, et par la Résistance, il appartenait de tout temps au monde politique : il était radical, proche de Chaban-Delmas, comme lui, naturel du Bordelais, et pinardier à Saint-Loubès (excellent petit cru). Il avait beaucoup fréquenté Igor Stravinsky et tenu Soulima sous son aile : il l'avait fourni à Germaine Dieterlen comme professeur de son fils aîné, qui, à seize ans, se révélait bon pianiste et compositeur et aurait fait une grande carrière, s'il n'était mort en 47 ou 48 (sa mère ne s'en est pas consolée). De son passage chez Pleyel, Henri gardait un piano double, sur lequel il était amusant [1] de jouer. Il avait épousé une journaliste canadienne, Madeleine, fort bonne maîtresse de maison [2] : la table était bonne.

Les Brageac vivaient sur leur capital. Ils avaient vendu le Berry : loin de rapporter, l'avenue de Tourville leur coûtait [3], et les lois démagogiques du logement ne laissaient guère d'espoir qu'il en fût autrement. Saint-Tropez n'était qu'onéreux. Cela m'inquiétait beaucoup pour eux. J'étais attiré par l'édition; Elzéar croyait ne l'être pas moins. Pour qu'ils cessent de « manger » leur capital (ils dépensaient sans compter), je lui propose de fonder une maison d'édition, et, pour l'asseoir sur un produit certain, de l'étayer sur une imprimerie. Elzéar obtient l'assentiment de ses père et mère. Nous consultons Robert Delle Donne, dont les qualités de conseil juridique sont vantées par Pierre David, et Chaussegros [4], qu'Henri de la Tour d'Auvergne dit l'un des meilleurs spécialistes des sociétés et de la finance. Nous nous abouchons avec Brillard, qui dirige l'imprimerie Bellenand, vieille maison, très réputée [5], de Fontenay-aux-Roses, dont les bureaux sont à Paris, rue de Berry. Je consulte Cassandre et Chardon, son bras droit en matière de typographie, qui est en poste chez Deberny-Peignot. La situation de la société Bellenand est complexe. Les héritiers Bellenand l'ont vendue à la Beljolding, l'une des sociétés des frères

1. Amusant, sans plus : les Pleyel vieillissent mal.
2. Leur fille unique, Joan, a épousé un Bungener (d'où postérité).
3. De surcroît, Henri d'Amfreville l'avait grevée de baux qui lui ôtaient les trois quarts de sa valeur.
4. Ancien juge au tribunal de commerce de la Seine.
5. Bellenand avait imprimé la première édition de *Swann* pour Grasset.

Liebaert, dont tous les biens ont été confisqués à la Libération : elle est administrée par les domaines [1]. Son président va être Maximilien Vox [2], pour qui elle n'est qu'une prébende. Par prudence, nous nous contentons d'acheter une rotative offset, destinée à imprimer *Constellation*, magazine publié par les Éditions de la France libre, dont les gérants sont André Labarthe et Martha Lecoutre. Nous louons cette rotative à Bellenand, incapable d'acheter quoi que ce soit (l'État, les syndics de faillite séquestrent, mais n'investissent pas : ils ne savent que se payer et laisser pourrir le gage... des créanciers), contre une bonne rémunération (fin 1947). En avril 48, Brillard demande aux Brageac un prêt de cinq millions de francs à court terme : à l'échéance, il ne peut payer, et Bellenand doit nous vendre du matériel jusqu'à hauteur de cette somme. Quelque temps plus tard, le même Brillard déclare qu'en fait il est en cessation de paiement. Après expertise, Elzéar et moi, nous nous décidons à fonder une société de gérance, pour exploiter l'imprimerie, avec un bail de trois ans et trois mois : j'en suis gérant, aux appointements de cinquante mille francs par mois, qui me feront de l'argent de poche (mais j'ai une voiture, un chauffeur et d'autres avantages en frais). Après contre-expertise et faillite de la société Bellenand, allègrement demandée par Vox (qui, pour ses bons offices, nous fait reprendre les locaux et les engagements de son Union des bibliophiles, place Saint-Sulpice), nous révoquons Brillard, notoirement menteur, et le remplaçons par Chardon (qui deviendra cogérant avec moi). Delle Donne est secrétaire général. La situation est difficile, mais j'ai la chance de ne déplaire pas aux banquiers (le principal est Worms, où j'ai été introduit par je ne sais plus qui). Pour collaborateurs, je prends Maurice Auberjonois, qui est chez Rueff, Paul Flandin (neveu de l'ancien premier ministre, fils du médecin de Fénéon) et Jacques Lefèvre, technicien de la finance, cousin de mon vieil ami François Kampmann [3]. Nous fondons, Elzéar et moi, la

1. J'apprendrai plus tard que cette Beljolding, séquestrée, est grevée de deux autres revendications, l'une, de l'État, l'autre, des réservataires Liebaert!
2. De la tribu Monod.
3. Fils d'un médecin de Strasbourg.

société d'édition Sulliver, dans les locaux de Vox. J'en suis le gérant jusqu'en 1949, où je prendrai comme successeur l'ex-secrétaire de Vox, Mme Peyronnet (les péripéties de Bellenand me dévorant tout mon temps). Mounir Hafez y sera salarié (il est actionnaire).

Dès ma prise de possession, les ennuis commencent, d'abord avec le syndicat du livre (C.G.T.) : les ouvriers de Bellenand ont profité du séquestre pour obtenir de Brillard une convention collective du genre de celle que Léon Blum consentit au personnel de l'Opéra en 1936 (convention assez exorbitante pour faire de l'Opéra une entreprise à jamais inviable). Ils déclenchent une grève : *Constellation*, pour paraître, devra leur donner des primes « au noir »! Labarthe et Martha Lecoutre ont très peu apprécié l'éviction de Brillard, à qui une bonne complicité les unissait. Au bout d'un temps, ils sauront suivre leur intérêt [1] et daigneront me trouver à leur goût (du moins Martha : j'ai toujours douté des bons sentiments de Labarthe à mon égard). Le couple est en fait un trio : Martha a divorcé de son mari, « Stacho » [2], mais ne s'en sépare plus depuis qu'elle l'a sauvé des geôles soviétiques en lui ménageant une fuite au Danemark, d'où ils ont gagné la France, puis Londres (Labarthe ayant été obligé de fuir à New York les rigueurs du général De Gaulle : il avait trempé dans le complot Muselier), où ils ont fondé *la France libre*, en collaboration avec Raymond Aron. Stacho (vieil ami d'Hannah Arendt), qui est mort sans avoir su le français, a une emprise sur Martha dont elle ne se défera jamais : une bonne partie de ses échecs sentimentaux vient de là. Quant à Labarthe, j'ai eu si peu d'inclination pour lui que j'aime mieux me taire à son sujet.

Le tirage de *Constellation* est le seul secteur rénové, donc rentable, de Bellenand : nous rendons justice à Brillard sur ce point, mais nous ignorons que, en échange des crédits consentis à *Constellation* par Bellenand et de l'achat de la rotative offset (payée par nous!), ledit Brillard s'est fait octroyer, par lettre de Labarthe, une cession de cinquante pour cent des actions de

1. Voir plus loin.
2. On dit que, à Londres, ses chroniques militaires de la guerre de 39 furent excellentes, comme celles d'Henry Bidou, lors de la guerre de 14.

Constellation. Lui révoqué, Labarthe se fera restituer cette lettre, sans du tout éprouver le besoin de la rédiger *à nouveau* en faveur des successeurs exploitants.

Pour relater l'« affaire Bellenand », je vais tâcher d'être le plus bref possible, n'ayant le talent ni de Balzac ni de Beaumarchais : comment rendre attrayant le récit de cette *ténébreuse affaire ?*

Imprimerie. L'action de Chardon le satisfit peut-être, mais les drastiques qu'il appliqua à ce vieil organisme qu'était Bellenand provoquèrent une crise d'urémie. L'apport Brageac était tout à fait insuffisant pour financer la rénovation du matériel qui s'imposait. La situation juridique n'était pas du tout celle qu'avaient décrite Brillard et Delle Donne : elle ne se dénoua que par faillite et liquidation (je n'en ai jamais su la solution : on verra pourquoi). Le manque de trésorerie me faisait dépendre totalement de la banque Worms : il me fallait trouver des apports nouveaux. Mounir Hafez, René Dupuis, que Jacques G. (resurgi) avait apporté comme actionnaire et bailleur de fonds, vinrent s'ajouter aux Brageac. Auberjonois avait mis quelque argent (qu'il sut retirer à temps). Les Brageac prélevèrent pendant trois ans plus d'un million par mois (à peu près leur mise). Mounir Hafez se fit partiellement rembourser, totalement si on prend ses salaires en compte. J'espère vivement que Dupuis perdit tout : c'est lui qui fit exploser l'affaire, en connivence avec B... de la banque Rueff, aussi bête qu'immonde, qui d'ailleurs le serrait comme un chacal sa proie et ne put garder qu'un complice (obligé), Paul Flandin, que je lui avais apporté.

Ce fut la première raison de l'insuccès; la seconde, la médiocrité des créances (notamment celle de *Constellation) :* il fallait soutenir les débiteurs pour qu'ils puissent payer [1] et leur consentir des crédits différés, que certains se gardaient de porter en compte. Sans Bellenand, *Constellation* n'eût pas tenu un an. En 1950, je dus faire accepter les propositions des frères Bigo (« Les petits-fils de Lénard Danel », à Loos), qui, à la fin, et faute d'autre appui, auraient pu être une voie de salut, si mince fût-elle (le syndicat des imprimeurs s'était ligué contre nous :

1. Un peu comme la clientèle tiers-mondiste, tant recherchée.

suppression d'un concurrent!). Je tentai d'autres solutions (dont une coopérative) : en vain. La raideur systématique des Bigo et la folie sado-masochiste de Dupuis aboutirent à l'explosion : en août 51, je dus donner ma démission et partis avec vingt mille francs [1] en poche.

Pendant ces trois ans de bagne, je n'eus que de bien piètres satisfactions [2]. Connaître des éditeurs : Nielsen, Julliard, Plon, Armand Collin, Gallimard (fabrication), Bernard Grasset, que j'aidai à réimprimer ses « grands auteurs »... en lui consentant des crédits. M'initier à la presse par *Constellation*. Martha était alors entourée de Grobel, de Lambert, de Boris Vian, de Scipion [3]; j'y mis Jean en stage. Rééditer, à crédit différé, la grande collection des taoïstes et des confucéens, en association avec Cathasia, organe de l'université jésuite de Tien T'sin (ce qu'on trouvait à quarante mille francs chez les bouquinistes tomba d'un coup à mille cinq cents francs). Savoir d'expérience ce que sont les industriels, les syndicats, les ouvriers, les banquiers (ce que vous pouvez imaginer).

Venons-en à Sulliver, la maison d'édition, que, au début, je dirigeai personnellement [4]. Comme « pas de porte », je rappelle que j'avais dû reprendre les engagements de l'Union des bibliophiles, de Vox (d'où les *Mémoires du général Bertrand*), plus, un temps, Vox lui-même. Dupuis m'imposa Fleuriot de Langle. Mounir s'imposa lui-même comme salarié : il se crut un temps Dieu sait quoi (un Lazareff?). Robert Laffont, que je connaissais d'ailleurs, me proposa sa collaboration (informelle), que j'acceptai, et fit pression pour que Sulliver prît des parts de sa Société d'édition et de dictionnaires [5], qui publiait le dictionnaire des œuvres de Bompiani. Avec Pierre Leyris, nous

1. Anciens.
2. Le vieux prince André Poniatowski, si élégant, que j'avais connu chez Marie-Blanche, vint me trouver pour publier ses mémoires : je l'adressai à Nielsen.
3. Jean préférait Grobel; moi, Lambert, qui était l'ami du charmant Iakovlev, dont les rapports avec Jean Lemarchand étaient dramatiques. Boris Vian ne m'intéressait pas du tout.
4. L'édition, qui était le but primitif de l'affaire, ne fut, par force, qu'un bouche-trou d'imprimerie.
5. « Les gens » croyaient que les Brageac étaient super-milliardaires.

décidâmes de rééditer le *Simplicius Simplicissimus* de Grimmelshausen et Benvenuto Cellini (dans une traduction du XIXe). Leyris envisageait une collection de traductions de l'anglais [1], dont les premiers titres furent un Trelawny et le Rutherford que Gide, à juste titre, portait au pinacle. J'employai Sentein, pour le dépanner (je lui avais acheté un pupitre d'écolier) : je lui dois en partie mon amitié avec Jean Hugo, qui venait tout juste d'épouser Lauretta Hope Nicholson et que j'aime infiniment [2].

J'avais connu Frédéric Ditisheim [3] et Paul Alexandre à je ne sais quelle « rencontre internationale » de Genève. Ils lançaient une collection de romans policiers : je les hébergeai place Saint-Sulpice et fis imprimer leurs livres (à long crédit) chez Bellenand. Autant j'aimais bien Ditis, autant Alexandre m'accablait (mais, assez vite, Ditis se brouilla avec lui). Louis Cognet avait en chantier, très avancés, ses travaux sur Port-Royal. Pierre Herbart, frustré de *Terre des hommes*, que Gallimard avait sabordée sans ménagements, averti par la rumeur de mes nouvelles activités, était venu à Canossa : je m'étais d'autant plus facilement réconcilié que son cœur était entièrement pris par l'amour fou de C., qu'il me demanda de prendre à Sulliver, jurant qu'il le guiderait à tous les instants dans son apprentissage [4]. Il me suggéra de financer la revue *84 :* cette revue, dont quelques livraisons avaient paru, tirait son nom du numéro de la rue de Saint-Louis-en-l'Isle où André Dhôtel avait un pied-à-terre (il habitait Coulommiers, où il enseignait). J'acceptai. Pierre Leyris y collaborait. L'équipe de base incluait, outre les déjà dits, Henri Thomas [5], Jacques Brenner, Marcel Lambrichs,

1. Celle qu'il fera au Mercure de France.
2. A l'heure de mettre sous presse, je viens, hélas, de l'enterrer.
3. Ditis est le cousin d'Odette Grumbach, de Nancy, amie de ma cousine Madeleine. Il l'est aussi de Monique Lange : elle eut la bonté de mettre quelque argent en compte courant à Sulliver. Dieu merci, j'ai pu la rembourser bien avant le fiasco.
4. Eh bien! C. est toujours avec Laffont.
5. Je ne tarderai pas à me brouiller avec lui : ce chosiste utilisera le récit d'un après-midi passé à Tourville comme contribution à *84*. J'ai grande répugnance des abus d'hospitalité. Je subirai le même traitement de la part de Brenner, qui, dans un livre ultérieur, fera de moi un pastiche aussi caricatural qu'immonde : je voudrai le gifler, mais, sur le seuil de sa porte, me contenterai d'une invective abrupte. Ces

Kern et Marcel Bisiaux [1]; C. [2] devint le secrétaire de rédaction.

Je regretterai beaucoup de n'avoir pu éditer à temps les œuvres d'Alexis Remizov, chez qui Pierre Souvtchinsky me mena plusieurs fois : fort vieux, aveugle, tout petit, ange dostoïevskien, il est l'avant-dernier des grands romanciers russes inspirés. Il mourra dans la plus grande misère, totalement ignoré : ses œuvres sont aux trois quarts inédites. J'avais obtenu du R. P. Maître que les classiques chinois de Cathasia parussent sous le double label Cathasia-Sulliver : comme éditeur, Cathasia siégeait également place Saint-Sulpice. J'aurais bien voulu entreprendre la traduction des *opera omnia* de Maître Eckhart, en cours de publication à Stuttgart depuis plus de dix ans : hélas!... Pour parfaire ma relation de Sulliver, il me faut ajouter que la fabrication, supervisée par Chardon, était assurée par Euryale [3], qui, comme Jean, avait fait un stage à l'imprimerie de Fontenay, sous la férule du directeur et de Chardon. Quand Vox sentit qu'il n'avait plus rien à tirer de Sulliver, il partit, y laissant sa secrétaire, Mme Peyronnet (qui me succédera à la gérance). Biémel, outre *Mon ami Vassia*, apporta un Ceram, *Des tombeaux et des dieux*, qui, revendu à Plon, y devint *best-seller*. Pascal Philippon, fils du président [4] du syndicat des éditeurs et beau-frère d'Alain de S.-L., était à cheval entre Bellenand et Sulliver; s'il avait eu plus d'esprit

éléphants (je ne tarderai pas à les appeler ainsi) ne surabondaient par d'élégance, sauf Dhôtel et Lambrichs. Je n'ai jamais eu d'eux le moindre geste en retour (je ne leur en ai jamais demandé). Je suppose qu'ils ont été enchantés de ma déconfiture : « Je n'ai rien, tant pis; Untel, qui a plus que moi (ou que je crois qui a plus que moi) en est dépouillé : tant mieux! »

1. Bisiaux, le plus charmant de tous, était à la fois le cousin de Pabst, mon camarade de régiment, et le neveu du curé de Bains d'alors, le chanoine Wurth.

2. C. ne leur doit qu'une chose : le sens de l'ingratitude, qu'il a très fort.

3. Il se révélera excellent metteur en page et typographe.

4. Son père était l'homme de confiance *in primis* de M. Leclerc, P.D.G. d'Armand Colin, dont deux des enfants devaient, un temps, tenir une grande place dans ma vie. Philippon père était l'homme de Meunier du Houssoy, que j'allai voir une fois ou deux, sans le moindre profit.

chevaleresque, il aurait dû être le Gauvin du roi Arthur : il ne le fut point.

Restent les participations du « groupe ». Nous avons vu ce qu'il en était de *Constellation*, de l'association avec Laffont pour la Société d'édition et de dictionnaires, du traité passé entre Cathasia, Bellenand et Sulliver. Pour consolider une importante créance d'une semi-ordure intitulée *Amour-Digest*, je dus la reprendre en charge : ce n'était que reculer pour mieux sauter. En échange des « services rendus », et pour aider Fournier-Ferrier (le savon *Le Chat!*) à se sortir du guêpier dans lequel il s'était mis, Worms et Cie nous forcèrent à acheter la moitié des parts de *C'est la vie*, hebdomadaire créé par Jean Nohain [1] et par Havard. C'était une sorte de *house-organ* du savon *Le Chat* : l'incroyable succès de l'émission *Reine d'un jour* (avec caravane de déambulation, à l'instar du Tour de France) avait fait monter le tirage jusqu'aux environs d'un million d'exemplaires. Il avait ensuite baissé régulièrement. En nous pressant de satisfaire aux exigences de Pitavino, l'homme de confiance du *Chat*, Worms et Cie nous firent payer cher leur toute relative obligeance. Je n'en tirai qu'une (mince) satisfaction : faire doubler les piges d'Antoine Blondin, que m'avait signalé Sentein (il était rewriter à *C'est la vie*).

Je reprends cette période de 1948 à 1951 pour esquisser ce que fut ma vie « privée », laquelle ne cessa de rétrécir au fur et à mesure que Bellenand m'accroissait les heures de bureau. L'avenue de Tourville devenait pénible à habiter : les parents d'Elzéar occupaient de plus en plus leur appartement, et Elzéar s'était épris plus que de raison du fils d'un gendarme, « Tintin », que j'avais, par foucade, enlevé à Dumaine, le restaurateur de Saulieu : il y ouvrait la portière de voiture des clients. Je cherchais un valet de chambre pour les Brageac et le destinais à cet emploi. Elzéar le déifia, lui fit quitter la veste blanche et conduire sa Talbot. Cet excès rendait la cohabitation à peu près impossible : les autres employés, dont G., le chauffeur de Bellenand, étaient hors d'eux, et les tout-venants, étonnés, surpris, peinés. De plus, avec mon emploi du temps

1. Que je n'avais pas revu depuis Vichy, que, ensuite, je ne reverrai jamais : sans regret.

(François Valéry, à l'époque, disait *timing*) surchargé, je ne pouvais faire de musique que tard le soir : forts du règlement municipal, les locataires de Tourville (en tête, la voisine du dessous, d'ailleurs charmante, Mme X., chez qui le figaresque académicien Jacques Chastenet avait son couvert – quel emmerdeur!) –, se plaignaient du bruit. Enfin, la vie « bureautique » que je menais me faisait aspirer à une installation campagnarde. Je trouvai à Rubelles (à trois kilomètres de Melun) une sorte de folie, ancienne dépendance du château, qui avait appartenu aux Du Tremblay, d'où étaient issus le Père Joseph (de Richelieu) et l'actuel propriétaire, canadien, comte (?) de Marigny. Un petit parc l'entourait, traversé par un ruisseau courant. Les propriétaires étaient les deux frères Bailhache [1]. J'y pus installer mes deux Steinway et un grand clavecin Pleyel, que je louai à Marc Pincherle. Cette surabondance d'instruments, donc de musique, jointe à l'agacement de ressac, sans cesse accru, qu'Elzéar éprouvait à l'égard du mien (il ne comprenait pas pourquoi l'affaire Tintin me hérissait) firent qu'Elzéar [2], d'abord assidu, vint de moins en moins à Rubelles, à l'inverse de Cingria, qui y séjourna souvent pour y « travailler à son histoire de Provence » (entendez faire de la bicyclette, manger, boire et cuver son vin); il s'épanouissait pendant mes heures de bureau, qui lui permettaient de régner à sa guise. Jean, lui aussi, aimait beaucoup Rubelles, où il troqua la pêche contre la chasse (il s'inscrivit à une chasse près du Châtelet-en-Brie). Inutile de dire que, petit à petit, Euryale y passa les fins de semaine. S'ajouta à eux un ex-planton de Bellenand, Jihel, beau garçon, qui venait de faire son service militaire, que je ferais passer de Bellenand à Sulliver, puis à *C'est la vie*. Il était de Fontenay et devint l'intime d'Euryale (marié, il devait le devenir du frère d'Euryale, marié lui aussi, bien avant qu'Euryale le fût... mais n'anticipons pas). Les Brageac avaient dû se débarrasser d'Armand, ivrogne assez indélicat, qui, avant chez Didy, avait « servi chez le duc de Massa ». Je lui donnai une dernière chance, qu'il ne saisit point, et dus très vite le congédier. Je le remplaçai par un Peul,

1. Serge Bailhache, l'actuel quasi-châtelain de Garentreville, ami des Lalanne, est leur cousin germain.
2. Il n'aime pas du tout la musique.

que Mounir m'avait indiqué (le cinéaste-ethnographe surréalisant qui l'employait avait quitté la France). Je le gardai deux ans : il n'avait de talent que pour cirer les chaussures, mais son naturel n'était pas sans charme, et je trouvais assez de patience pour m'en satisfaire. G., le chauffeur de Bellenand, que j'hébergeais désormais pour les allées et venues quotidiennes Rubelles-Paris, tentait de lui inculquer quelques principes de cuisine [1]... jusqu'à ce que le maire de Rubelles vînt requérir son départ : en mon absence, il s'emparait de la carabine de Jean et, sous prétexte de tirer les corbeaux, tirait en direction des Rubellois... Plus tard, j'appris que, après avoir servi de secrétaire à son oncle, conseiller de la République (au titre du Sénégal), Diallo Iero avait épousé la fille d'un colonel français et servait d'huissier au ministère de Malraux. Bravo, Diallo! Lui succédèrent une série d'incapables ou d'odieux, engagés au hasard des petites annonces du *Figaro*.

En fin d'année 48, les Soulima Stravinsky, sur ordre d'Igor (la guerre de Corée sévissait), quittèrent définitivement la France pour les États-Unis (d'abord en Californie, près de leur père), avec leur fils Jean, qui devait avoir à peine deux ans. Ce fut pour eux comme pour moi un arrachement.

Le comte de Marigny vint me faire une visite de courtoisie (c'est moi qui aurais dû vous en faire une, Monsieur le châtelain!), au cours de laquelle il me fit part d'un fait qui lui semblait fort scandaleux : « Il paraît que le préfet [2] de Seine-et-Marne a des mœurs " douteuses ", qu'il reçoit beaucoup de garçons à la préfecture, qu'il est relié par ligne directe à Cocteau [3]. Le comble : il fait répandre le bruit qu'il a reçu la reine Élisabeth de Belgique, en compagnie d'un violoncelliste

1. Sa cuisine était moins mauvaise que celle d'un couple russe recommandé aux Brageac par Michel Obolensky : en trois mois, ils se constituèrent un magot suffisant pour s'acheter une roulotte, qu'ils fichèrent sur un terrain près de Paris. La cuisine de la femme était infecte. Je lui avais demandé quel livre de recettes elle suivait : c'était *Was koche ich morgen früh?* (!). On les liquida : ils emportèrent quelques kilos d'argenterie.

2. Il s'agissait d'un préfet fort mondain, D., qui devait faire une « grande carrière ».

3. Cocteau avait acheté sa maison de Milly en empruntant trois millions anciens à Florence Gould : elle en réclama le remboursement par huissier.

levantin. Quelle époque! Pousser l'imposture à ce point! » Je lui répondis que parfois les apparences étaient trompeuses, que je n'avais pas à juger des mœurs d'un préfet si élégant, que j'admirais beaucoup Cocteau, que l'un et l'autre étaient fort répandus dans le « grand monde », qu'il était d'autant moins étonnant que la reine douairière de Belgique fût venue chez le préfet que Cocteau était académicien belge, que le préfet était grand amateur de musique, art dans lequel Sa Majesté était des plus versée (ancienne élève d'Isaÿe, elle avait fondé un prix du nom de son maître), que ce violoncelliste était son familier et commensal, que les têtes couronnées se dispensaient souvent de respecter les normes du menu fretin, rien ne pouvant leur ôter leur grandeur de naissance et de situation, qu'il n'y avait aucun doute qu'elle n'eût été l'hôte du préfet. Stupéfié de ma réponse, il ergota, baissa d'un ton, et je changeai de sujet. L'honorable châtelain m'invita à déjeuner : je m'y ennuyai à l'extrême et ne le revis jamais. J'imagine que, après quelque temps, il n'a plus ignoré que mes mœurs étaient les mêmes que celles dont il incriminait le préfet et Cocteau et dut se mordre les doigts : il s'était fourvoyé chez un individu de mœurs inavouables, qui n'était même pas préfet.

En 1948 ou 49, j'eus à héberger quelque temps Gilles de Van, qui devait avoir douze ou treize ans; son père n'était pas encore installé à La Lonne, et Gilles était en instance d'internat à Villard-de-Lans. Enfant génial, dont le langage allait du plus grand raffinement à la plus verte trivialité : séducteur irrésistible.

Nimier vint souvent me voir à Rubelles, notamment avec Stephen Hecquet, jeune avocat que je trouvais fort laid et fort bavard : ils étaient amis intimes. Je ne tarderais pas à apprécier fort les qualités fondamentales de Stephen. Nimier m'avait mené chez Jacques Duhamel, qui habitait rue Montalivet, en face d'André Berne : il était alors au cabinet d'Edgar Faure [1], avec J.-J. Servan-Schreiber et V. Giscard récemment d'Estaing. Duhamel m'introduisit près de son beau-père, P.-D.G. de Plon. Il me donnait de ces gitanes que la régie des tabacs réserve au cabinet du ministre des Finances : elles sont du plus fin tabac.

1. Edgar Faure était fort ami avec Labarthe et avec Martha.

Un jour, les Duhamel vinrent avec Jean-Louis Funck-Brentano, déjà brillant médecin, et sa femme, Monique, sœur de Jacques, pianiste amateur, l'un et l'autre grands mélomanes. Nous sommes toujours amis.

J'avais comme voisin Maurice Dumoncel, P.-D.G. de Tallandier, lui aussi mélomane, qui venait chez sa mère, à dix kilomètres de Rubelles. Il était fort timide : début d'une amitié à éclipses, qui dure encore. Bien plus tard, il devait épouser (« que le monde est petit! ») une nièce de Louise de Vilmorin, la fille de Mapie de Toulouse-Lautrec, Constance. Il m'étonna beaucoup en me révélant le montant annuel des droits d'auteur de Delly chez Tallandier : quelque quatorze millions par an!; et elle publiait également chez Plon!

Pierre Farman et Charles Shoop étaient des habitués de Rubelles, où ils menèrent Carlos de Andia, de l'illustre famille espagnole, garçon fort corseté, qui revint souvent : il ne cessait de fulminer contre les « faux de Andia » et contre Alphonse XIII, leur vénal et peu scrupuleux anoblisseur.

Par Biémel, vint Raymond de Tour et Taxis, qui allait bientôt épouser la princesse Eugénie de Grèce, ex-Radziwill, fille de Marie Bonaparte. Son château de Duino [1] était occupé par un état-major allié : il ne pouvait que camper dans son parc. Raymond de Tour et Taxis, dont les ancêtres furent maîtres des postes du Saint-Empire, ne manquait ni de charme ni d'intelligence.

Pierre Souvtchinsky venait souvent avec Geza Anda : nous faisions des séances à deux pianos qui duraient une bonne partie de la nuit. Je ne me rappelle plus si Monique Haas vint à Rubelles, mais tous mes autres amis pianistes firent le pèlerinage. Décidément, je préférais comme partenaire Jacques Février, même si son caractère, épineux, créait souvent des incidents. La pièce en rotonde qui servait de salle de musique (elle n'était pas d'« époque ») avait une bonne acoustique. La musique était mon seul antidote du bureau : elle m'était essentielle. Pendant plus de quarante ans, je ferai mes délices du deux-pianos : outre l'évident plaisir technique que donne cette formation, elle permet de pósséder une bonne partie du

1. Malheureusement, je n'aime pas Rilke.

trésor de la musique, dans la mesure que les éditeurs ont publié, c'est-à-dire piètrement; ils le feront de moins en moins : plus personne n'a un gîte assez spacieux pour y loger deux pianos, et la conserve supplante, inonde tout [1].

Comme j'avais, autant sinon plus que Cingria, la manie du grégorien et des voix d'enfants, je négociai avec le curé de Rubelles, au demeurant fort brave homme, de faire chanter ses catéchumènes à la messe du dimanche : je les faisais répéter chez moi le samedi. Cet ensemble était mince (une douzaine d'enfants, dont deux ou trois filles). Nous alternions avec des nonnes (installées dans un établissement de grands handicapés, hébergés dans un château récent, bâti sur l'emplacement de l'ancienne abbaye de Voisenon [2]), qui chantaient dans le style solesmien le plus châtré [3], alors que ma maîtrise était « mensuraliste ». Ça n'allait pas sans difficultés. La messe paroissiale était fort intime : une douzaine de pratiques, dont Marigny et des La Forêt-Divonne, mes vis-à-vis. Le curé taxa cher ma grégorianomanie : je dus lui payer l'électrification de ses cloches. J'eus à m'occuper plus spécialement de deux des garçons de la maîtrise : j'obtins de Louis Cognet qu'il prît l'un d'eux comme interne à Juilly, au moindre prix; l'autre, dont la mère avait un parler très cocasse [4], dont le cadet lançait des œillades fusillantes, entra par mes soins au collège Saint-Aspais de Melun [5]. Cette maîtrise excitait la hargne de Cingria, qui, si je tournais le dos, tripotait les garçons, mais se précipitait pour empocher les bonbons que je mettais à leur disposition afin

1. Il y aurait beaucoup à dire sur l'édition musicale. En bref, elle a le privilège du faux, en toute impunité.

2. Fondée par Philippe II Auguste ou par son père. Le dernier abbé de Voisenon était ami de Voltaire.

3. Je n'ai jamais pu les empêcher, à l'élévation, d'acclamer : « Mon Seigneur et mon Dieu! ». Mon grief (« C'est anti-liturgique! ») ne les convainquait pas. Cela me faisait sortir de mes gonds.

4. A Elzéar, qui la plaisantait à propos de je ne sais quoi, elle répondit : « Monsieur le comte charrie sans doute! »

5. Cela me vaudra un procès qu'Hecquet gagnera contre ledit collège : après ma déconfiture, ledit garçon restera à Saint-Aspais, mais je ne pourrai plus payer. Cet établissement me citera en justice (les clercs contemporains!) : parmi les attendus en ma faveur, j'arguerai que cet établissement aura fait passer l'élève en question du latin au « moderne » sans mon consentement. Bachot raté, ce garçon, grâce à Saint-Aspais, est « entré dans les chemins de fer »!

que, si besoin, ils pussent s'éclaircir la voix. Le cher homme! ... Et les discussions, parfois aigres, à n'en pas finir, sur la manière de rythmer les mélodies « grégoriennes »...

Que la Brie est belle! Rubelles est à quatre kilomètres de Vaux-le-Vicomte, à deux pas de Vaux-le-Pénil. A peu de kilomètres de Vaux-le-Vicomte, l'admirable Champeaux, copie réduite de Notre-Dame de Paris, construite en partie par Guillaume de Champeaux, ex-abbé de Saint-Victor [1] (évêque de Paris), siège médiéval d'une université de musique (Abélard y étudia cinq ans, je crois : le « grégorien » ne devait pas être si facile que ça!) ... On ne célèbre guère ces deux infinis que proposent Beauce et Brie : il est vrai qu'elles n'obéissent en rien aux normes touristiques...

Quant à mes passions, on a peut-être deviné que, axées sur deux piliers, Jean et Euryale (je n'avais toujours pas avoué à Jean celle que j'avais pour Euryale), elles étaient vives. J'avais trouvé un espion efficace et volontaire en la personne de G., chauffeur de Bellenand. Plus vieux que les autres d'une dizaine d'années, dépourvu de toute vénusté, attaché à son maître [2] comme un chien, jaloux et envieux comme un cingria, il se joignait souvent à la petite bande lors de leurs sorties du soir (pendant que je faisais de la musique). De peur qu'il ne fût l'origine de fuites intempestives parmi les employés de Bellenand, j'avais dû faire ce qu'il fallait pour lui clore le bec et n'avais que trop bien réussi : il était devenu aussi jaloux que quémandeur. Je comprends le priapisme qui affecte les gens arrivés au pouvoir : ils ne font que répondre à la demande, qui survient de partout. Sans être un surmâle, j'arrivais sans peine à m'acquitter honorablement de mes diverses obligations [3], la seule difficulté étant de n'être pas pris en flagrant délit de...

1. Comment se consoler de la destruction de Saint-Victor de Paris, devenu la halle aux vins, puis l'ignoble faculté des sciences actuelle (avec sa tour). Les victorins, grands musiciens (proses et séquences), grands poètes (vers latins rimés, comme en fera encore Baudelaire), sont aux origines de la musique et de la poésie française. Ça n'inspire pas grand monde.

2. Il conviendrait mieux de dire « à ses maîtres successifs » : *non fiebat acceptio personarum apud Vitum.*

3. De mes facilités, les « sexuelles » n'étaient pas les moindres. D'ailleurs, coucher avec son chauffeur atténue l'ennui des voyages.

contradiction par les tiers intéressés. G. me renseignait : lui savait ceux que j'aimais, eux ne savaient pas que G. était initié. Un soir que Jean et Euryale, de sortie, n'étaient pas rentrés à une heure du matin, en rage, j'envoyai G. à leur recherche (il savait où ils étaient). Il revint avec le seul Euryale, que j'intimidais plus que Jean : Euryale avoua (Jean, le lendemain, prétendit, non sans quelque raison, que c'était Euryale qui avait voulu « courir après » une bonniche auprès de laquelle il avait ses habitudes). Quand Jean rentra, au petit matin, il trouva Euryale dans mon lit (il avait passé la nuit dans celui de je ne sais quelle autre bonniche). Quant à Euryale, à la fin de semaine qui suivra, je m'en vengerai effrontément (j'avais, de fureur, expédié Jean à Bains) : « sorti » avec je ne sais qui, à son retour, il trouva son pyjama transféré de mon lit à un autre, et, dans mon lit, Jihel, en chair et en os. Suivit une scène où je fus très violent. Euryale, très « dégonflé », m'avoua que, depuis un an, Jean et lui n'avaient cessé de courir les filles dans tous les bastringues du voisinage. Je gardai le secret de cet aveu vis-à-vis de Jean. Il me faisait tomber de haut : tant de mensonges, tant d'hypocrisie, de la part d'un garçon à qui, quoi qu'il en fût, j'avais voué mon existence. On a beau douter, soupçonner (souvent plus qu'il n'y a), savoir n'en est pas moins déchirant. A partir de ce jour, ma passion pour Jean cessa d'être exaltante; celle pour Euryale ne cessera de croître : il avait avoué.

www.ingramcontent.com/pod-product-compliance
Lightning Source LLC
LaVergne TN
LVHW091318150826
845673LV00006B/1687

9782246340812